情归天目山

一个共和国同龄人的回忆

俞坚华◎著

当代中国出版社
Contemporary China Publishing House

2021年·北京

图书在版编目（CIP）数据

情归天目山：一个共和国同龄人的回忆 / 俞坚华著
. -- 北京：当代中国出版社，2021.10
ISBN 978-7-5154-1133-0

Ⅰ.①情⋯ Ⅱ.①俞⋯ Ⅲ.①俞坚华—自传 Ⅳ.
① K828.2

中国版本图书馆 CIP 数据核字（2021）第 150217 号

出 版 人　曹宏举
责任编辑　袁又文
责任校对　贾云华
印刷监制　刘艳平
封面设计　胡椒书衣
出版发行　当代中国出版社
地　　址　北京市地安门西大街旌勇里 8 号
网　　址　http://www.ddzg.net　邮箱：ddzgcbs@sina.com
邮政编码　100009
编 辑 部　（010）66572264　66572154　66572132　66572180
市 场 部　（010）66572281　66572161　66572157　83221785
印　　刷　北京中科印刷有限公司
开　　本　720 毫米 × 1020 毫米　1/16
印　　张　19.5 印张　1 插页　266 千字
版　　次　2021 年 10 月第 1 版
印　　次　2021 年 10 月第 1 次印刷
定　　价　69.00 元

自　序

　　我是新中国同龄人。伴随共和国七十周年诞辰，自己也不知不觉进入了古稀之年。七十年在人类历史长河中，只是短暂的一瞬间，但就个人而言，大半辈子已经过去。回顾七十年人生岁月，自己生在新社会，长在红旗下，与新中国同呼吸共命运，目睹了新中国在中国共产党领导下，从解放初期的"一穷二白"，走到现在的繁荣昌盛，经历了从站起来到富起来，再到强起来的沧桑巨变。其间每前进一步，都付出了巨大的努力，但每一步都坚定不移。作为新中国发展的见证者和亲历者，我为自己是一名新中国同龄人而感到无比幸运与自豪。

　　光阴荏苒，岁月如梭，弹指间，我已退休十多年时间，但孜孜以求，不断进取，活到老、学到老，应该是我们这代人矢志不移、持之以恒的信念。所以，老有所为，老有所乐，就成了我们这代人晚年幸福生活的追求。退休以后，我除了经常外出旅行之外，也没有其他特别的爱好，后来就萌生了书写自己七十年人生经历的念头，想以此来实现"人生就是一本书"的个人梦想。

　　在我心里，写书似乎是一件离自己非常遥远、可望而不可即的事情。虽然我在以往不同时期、不同工作岗位上，曾经写过不少年度、季度，甚至月度工作计划和工作总结之类的文字，并在退休以后，也写过一些游记杂谈之类的小文章，但单凭这点写作基础，要想去完成写书的梦想，恐怕是远远不够的。所以，刚开始对于自己写书的念头，我内心总有一种"自不量力、异想天开"的感觉。在最初提笔书写时，我心里只是抱着一个非常单纯而现实的想法，那就是先把自己七十年人生记忆中，一些印象比较深刻、反映当年生活，并具有一定教育意义的点滴往事，认真如实写出来，然后整理装订成册，等以后老了，走不动了，可以当作一种精神食粮，供自己享用。从某种意义上讲，我所写的并不是一本书，而是七十年人生的一次大总结。虽然书中一些故事、一些人物，现在看起来非常平凡，甚至微不足道，但它们都是我所经历的那个时代的一些平凡而真实的民生百态，一切都是"原汁原味、真人真事"。

随着时间的流逝，书中所写的人物与故事，距离今天已经十分遥远。这些对于我个人而言，早已是掀过去的一页，而对于那些没有经历过那个时代的人来说，看起来也许只是一些寻常简单的故事，根本无法与当今时代发生的变化相比较，但对于一些我们同时代的人来说，或许会在各自的心灵深处，产生一种同时代应有的共鸣，因为我们这代都是伴随新中国成长起来的，我们的人生与祖国的发展朝夕相伴，我们与祖国同甘共苦，甚至可以用水乳交融来形容。我们这一代人有一个共同点，那就是都热爱着自己的祖国，并愿意穷尽毕生为她而奋斗终生。或许正因如此，新中国才会有今天这么快的发展与进步，而且还会有更美好的未来，我为之感到无上光荣和骄傲！

谨以本书献给我的同龄人，献给生我养我的故乡天目山。

目 录

故乡的情结

　　每个人的心里，总会有一个让自己魂牵梦绕的地方，这就是故乡。素有"大树华盖闻九州"之誉的天目山，就是我的家乡。我诞生在这片土地上，从小就畅饮山间洁净甘甜的泉水，赤着双脚踩踏山坡上带着露珠的草地，故乡的山水大地，一草一木，风土人情和今昔的变化，都留给我深刻的印象。如今，那些已经远离我们而去的老屋、老街、古村、古桥仍留在记忆里，如身上的胎记，无法轻易将它抹去。

　　"树高万丈，落叶归根"，这是中华民族几千年的传统观念。对于我这样一个早年就远离故乡，在外漂泊的游子，内心的这种情怀更为迫切、更为浓烈，可以用根深蒂固来形容。其实人的一生就像一个圆，无论走得多远，半径有多长，它始终都离不开圆心，圆心就是每个人的故乡。

我的童年

　　童年应该是每个人都难以忘怀的。说起童年，自然会想到自己出生的地方。从我记事起，母亲就经常告诉我，我于 1949 年农历十一月初五的后半夜（公历是 1949 年 12 月 25 日）出生在天目山麓南端的河桥镇。长大以后才知道，这个小镇在解放前隶属于杭州府昌化县。1963 年行政体制改变，由于昌化县被撤销并归临安县管辖，因此河桥镇也随之划归现在的临安市。

　　河桥，一个大家可能从未听过的地方，它只是一个普普通通的小镇。放眼望去，它和别的小镇没有什么区别，不过是几条小街、几排房屋、几间商铺客栈，还有住着不同姓氏的父老乡亲、兄弟姐妹。但这些对我而言，却有着特别的意义，因为那里是生我养我的地方，是我独一无二的故乡！

　　河桥镇确实很小，但它是一个有着悠久历史的古镇。它顺着昌化河而建，街道与河道几乎平行。整条街道如同一条龙横卧在昌化河的北岸，街道按河水的流向，由西向东依次分为上街、中街与下街。街的宽度不过 5 米，街的长度大约 2 公里。街道中间铺着长条青石板，在青石板的两侧铺满了大小基本相同颜色各异的鹅卵石。由于年代久远和镇上集市兴旺发达，街面上的青石板与鹅卵石被千万双脚板成年累月地踩踏，磨得光滑透亮。街道两边建筑，主要建于清代与民国时期，其中也有少量的明代建筑。由于山区盛产木材，所以街上的房屋大部分以木结构为主，青砖灰瓦，布局紧凑，整个街面看去，洁净古朴而素雅。街上除了居住房屋与商铺外，还有寺庙、祠堂与古戏楼。

在我童年的记忆里，对那座精美的古戏楼印象特别深刻，古戏楼就建在老街中心广场的一个三岔路口。戏楼当时是老街乃至整个小镇上规模最为宏伟的标志性建筑，据说建于清朝康熙年间，老远望去气势恢宏，豪华壮丽。戏楼的前檐有弧形屋檐，在屋檐上有雕梁斗拱，梁上还雕刻着许多精美的图案，里外几层，错落有致。左右檐角高高翘起，很像划向天空的两道优美的七彩弧线，很有一种雄浑之美！在旧时代，一个远离都市的小山城，交通闭塞，不通电信，也不可能像现在一样，有电视、电影、网络、歌厅，所以看戏是当时镇上百姓唯一的娱乐活动。镇上爱看戏的人很多，尤其是妇女与儿童，只要听说外面某某戏班来了，人们都会放下手中生计，蜂拥而至。我母亲也是一个十足的戏迷，有戏必到，从不落下一场。她也经常带着我去看戏，虽然我年纪小，也看不懂戏里演的是什么内容，但对现场那种锣鼓喧天、热闹非凡的气氛，我心里总会感到欢天喜地、无比兴奋。

每次去看戏，母亲总会毫不吝啬地买些棒棒糖给我品尝，那种一边嘴里含着棒棒糖，一边坐在母亲怀里看戏的滋味至今都无法忘却！如今虽然离开故乡已那么多年，在外面走了那么多路，又去了那么多地方，经历了那么多人和事，但每当回想起这些往事，心里总会觉得，人生最幸福的时光，就是小时候跟着母亲去看戏，嘴里含着母亲买给我的棒棒糖，又香又甜……

所以无论自己人生的道路走得多远，无论现在自己居住在什么地方，在我的脑海里，始终只有故乡的味道，才是最亲切、最熟悉、最美好、最难忘却的。因为那里有母亲最纯真、最无私的初爱！那爱就像一条无形的心灵纽带，一头锁在了千里之外的异地他乡，而另一头则永远牵着自己记忆深处的故乡！

记得小时候在家乡流传着一句谚语："树养人丁，水聚财。"人类最早文明都源于河流。不管是印度的恒河文明，还是中国的母亲河，黄河与长江，只要有河流的地方，就会有人类生息繁衍和各种文明的传承。小小的河桥镇也不例外，由于旧社会，山高水远，不通公路，小镇就得益于它边上那条昌化河的水路运输便利，使其成了方圆百里人流、物流、资本的集散地。延伸到上游的昌化县城，乃至再上游的安徽省黄山地区，大量土特山货（以木材为主）都要通过小镇码头集装，再经水路转运，一路向东，经汾水河，运至钱塘江，再转运上海乃至全国各地。而外来物资，如布匹、丝绸、食盐、百货商品又源源不断经水路进来，在此中转登陆，流向千家万户。当时的河桥镇虽小，由于它是水上交通枢纽，所以整个小镇商业繁华、商贾云集、码头鼎沸、客栈林立，素有"深山小上海"之称！

关于古镇的历史和当年商业盛况，由于我当时还是一个小孩子，有些记忆是懵懂模糊的，虽然后来曾经去作过一些走访了解，那也不可能是全面的、完整的。而对小时候在河边玩耍戏水的记忆倒还是蛮多的：每当夏天的时候，孩子们偷偷约好，三五成群，溜到河边游泳戏水。水性好的孩子，可以一个猛子扎进深水潭里，然后自由游翔。而像我这样年纪小的，只能老老实实在河边浅水滩上，学着"狗刨沙"戏水玩耍。有时也会跟在大孩子后面，在石缝泥潭里摸鱼捉虾、打水仗……上岸后大家会在河滩上捡些扁形小石块，用来打水漂，看着小石块在水面上划出一道道优美的弧线，心底会产生一种说不出的惬意。

我们常常会在河边上看古老亮丽而且现今已难以见到的风景。在那没有电、没有自来水、没有洗衣机的年代里，小镇上家家户户都会把换洗的衣服拿到河里洗涤。那时的河水清澈见底，没有污染，水中鱼虾随处可见。河边的青石板，因为天天有人搓洗，洁净光滑，平时总会见到几个大妈、婶子在河边洗衣服、洗菜、淘米。其中最精彩的一幕是婶子一边用木制棒槌捶打着衣服，一边和身边的大妈有说有笑，拉着家常。她们捶衣服的动作很快，也很熟练，一边捶，一边翻，随着棒槌一声声敲打，衣服里的污水也会慢慢地揉浸出来，然后像撒渔网一样，把衣服撒出去，再提起来，这样反复漂洗……

小时候我也曾经想体验一下抡棒槌的味道，但母亲总会说我还小，只好作罢！随着人们生活习俗的不断改变，以及洗衣机的不断普及，这种棒槌洗衣的方式，已经成为历史，成为一种记忆。

当时我们家在小镇街面上开了一家裁缝店铺，店里还雇用了几名伙计，生意应该算可以吧。直到 1956 年国家实行私营企业改造，提倡公私合营，父母亲响应了当时的号召。听说昌化县城开办了全县最大的服装厂，还听我母亲说，因为父亲是上海奉帮裁缝出师、会做西装、技术还算不错，上面一再要求他去昌化厂做技术指导，加上那年我也到了该上小学的年纪，县城的教育条件要好得多，为此，父母权衡再三，决定把家搬到昌化县城。之后，父母进了县服装厂工作，我和哥哥一起进了县城中心小学读书。从那时起自己就不知不觉走进了少年时代。

父母亲的抗战

    提起抗战的历史，在中国可以说无人不知、无人不晓，尤其是我们上一辈的老人，更加刻骨铭心。而说起父亲、母亲的抗战经历，还得从我父亲那颗残缺不全的门牙讲起，因为它是改变我们全家命运的见证！

    大约在我念小学三年级的时候，因为平时父亲脸上表情比较严肃、不苟言笑，所以我小时候心里就有惧怕父亲的感觉，也很少与他交流，甚至不太敢正面观看他的尊容。记得有一天用早餐，那次全家吃的是前一天一个乡下朋友送来的时鲜食品——鲜嫩玉米棒子，大家在啃吃过程中，我不经意发现父亲嘴里有一颗门牙是残缺不全的，为此我感到非常好奇，并问起原因。父亲听后，只是神秘而自信地对我微笑了一下，也不作声，看上去有种欲言又止的感觉，使我心里有些迷茫。这时在我身边的母亲笑着开口了，她向我们讲起了让我们全家人都感到非常意外和震惊的往事……

    这件事情发生在 1941 年的年底，那时候父母亲都生活、工作在上海。因我大哥当时还不满三个月，母亲不得不待在家里带孩子。父亲原来在上海一家大型服装厂工作，在 1937 年底上海沦陷后，这家工厂被日本侵略军强行征用为军需被服厂,父亲则仍在厂里做裁剪师傅。有一天,工厂车间有个中国女工,因来例假,多上了几次厕所,被一个日本籍"拿摩温"(即工头)看到,他不分青红皂白,抡起手中木棍就打那个女工,指责她有意偷懒。这时,我父亲与几个工友听到了女工的惨叫声,就走过去了解原委,要与日本工头理论。谁知那个日本工头蛮横无理,二话不说,抡起木棍打在我父亲嘴巴上,还叫我父亲少管闲事!当时父亲嘴巴里一颗门牙被打掉半粒,口里鲜血直流。此时的父亲怒火上涌,不顾一切,怒吼一声,使尽浑身力气扑上去与那个日本工头扭打在一起,真有与日本人拼个你死我活的架势!后来事情发展到全厂工友不满,导致大罢工。工厂主一看事情不妙,叫来了后台老板——一个日本军官。他非常狡猾,表面上作了道歉,还当着大家面,狠狠打了那个日本工头一个耳光,并对父亲进行了治疗,给了点所谓补贴就了事了。

事后,母亲知道了,怕日后遭到日本人报复与暗算,与父亲商量后,第二天带着大哥一家人就离开了上海,去苏州投靠一个朋友(父亲的师兄)。到了苏州后,父亲的师兄听了父母的遭遇,非常同情,并赞许了母亲的顾虑与决定是正确的,并问父亲下一步有什么打算。父亲很干脆地说:与日本佬势不两立,门牙之仇必报!后来父亲听师兄讲,他有个亲戚在国民党军28军62师当军官,而且下面有一个军需厂正在招收像我父亲这样的裁剪技工,问我父亲想不想去。父亲听到这一消息后,非常高兴,当即就表示要去。后来打听到,这个部队前不久已从江苏太湖地区撤退到浙江天目山防守去了。从苏州到浙江的天目山,少说也有七八百里路程,当时母亲听了以后有些犹豫,但父亲还是坚持要去。对于父亲的脾气,我是知道的,只要他认定的事情,一定会坚持到底,驷马难追!母亲也知道父亲脾气,只能夫唱妇随同意去了。

但母亲一向比较细心,考虑事情也比较全面。她认为,路途遥远,如果从铁路、公路走,沿途日本鬼子盘查肯定非常严密,而且前不久父亲在日本人厂里刚刚得罪过他们还不辞而别,会不会引起日本人怀疑而上黑名单?另外,当时家里经济条件有限,一大笔盘缠一时也难以筹集。最后他们商量决定，从苏州上路，混在难民中间，沿途跋涉前去投奔军需厂。这样走虽然很辛苦，但要安全得多，而且还能省下一笔路费。于是他们作了些简单的准备，父亲一头挑着一台洋车（旧社会缝纫机的别称），另一头是全家行李，母亲则抱着刚满三个月的大哥，就匆匆上路了。

每当母亲回忆起这段经历，情绪都会变得非常激动，一时怒火会涌上心头。如果要形容她对日本鬼子的仇恨，可以用八个字来表达：咬牙切齿、恨之入骨！她说那个时候，兵荒马乱，一路上到处都是一群一群的难民，有老有少，有妇女有儿童，她们衣不蔽体、食不果腹，一路颠沛流离，无家可归，真是可怜！有时还会遇到日本鬼子的骚扰。母亲说，有一次，他们走到太湖边上一个渡口，碰到了日本鬼子哨兵。有一个日本兵搜查了父亲后，看到他手上有多处硬茧，就一口咬定父亲是"支那兵"（即游击队），要将他带走。后来见到母亲手上抱着婴儿，又挑着缝纫机，还能讲满口地道的上海本地话，经边上一个中国翻译解释，父亲手上的老茧是裁剪师傅长年使用剪刀造成的，与使用刀枪形成的老茧不同，日本人才相信，然后母亲给了他们每个人几个铜板也就放行了。

就这样他们一路饱经风霜、吃尽苦头、断断续续走了两个多月时间，经江苏太湖、浙江湖州，然后绕道杭州边缘的余杭县，才进入当时国民党军 28 军防区所在地天目山中的于潜县潜阳镇。然后，被介绍到昌化县河桥镇 62 师下属的后勤军需厂，父亲被安排到工厂任技师兼物资管理员。

听母亲讲，父亲所保管的物资什么都有，布匹、棉被、军衣、粮食，还有很多各式各样的罐头食品，可以说一应俱全。但父亲工作非常尽心尽职，也从不贪小便宜，所以当时的上司对他非常信任。据母亲讲，1944 年下半年，日本鬼子还真的打到过河桥，是由几个汉奸带路打进来的。父亲所在的工厂得到情报后，上面命令他们将所有物资转移到深山中去隐藏起来（据说是存放在一个叫石窟寺的山神庙里）。为此父亲整整两天两夜没有回家，一直到鬼子兵快要冲进小镇了，他才回来领着全家躲进了山里。母亲说那次因为父亲回来得太迟，时间仓促，有些家中细软没有随身带走，等到鬼子撤走后，回家一看，一片狼藉，家中物品早被他们翻了个底朝天，损失也不少。母亲说，好在人不少，这才最重要。母亲回到家里还看到八仙桌上有一枚铜板被鬼子用军刀劈成了两半，其中半个还在桌子上，另外半个已飞到墙根边上，可见鬼子当时穷凶极恶的程度。

母亲后来听人说，那是一支流窜去桐庐县经过河桥镇的鬼子兵，人数不多，他们见河桥这个地方山高水深，人地生疏，不敢久留，只待了一天半时间就撤走了。由于当时情报及时，镇上损失不大，也没有人员死亡，就被鬼子烧掉几间房子，父亲他们工厂以及仓库物资也安然无恙。就这样父母亲他们一直在河桥镇待到 1945 年 8 月日本鬼子宣布投降为止。后来因国民党军调防要撤走，而我母亲当时已有我的二哥降生，不可能随军撤走，就决定当地安置。当时的河桥镇因水路交通便利，经济也很繁荣，人们生活安逸。父母亲在那里已待了三年多时间，结识了不少熟人、朋友，加上连续几年的颠沛流离生活，让他们感觉身心疲惫，很想好好静心休养一下，更重要的是随着日本鬼子的投降，父亲他心里与日本人那桩"门牙之仇"已得到雪耻，于是父母亲就决定暂时先在河桥镇住下来，待今后视形势发展再作打算。

据母亲回忆，鬼子投降那天，父亲从单位分配来很多罐头食品，她又去街上买来很多山珍野味，整整忙了一天，做了一桌上好的菜肴。父亲又叫来几个要好的朋友、同事，大家一起在家中庆祝了一番。那天他们都喝了很多酒，父亲也显得特别兴奋，他喝酒喝到后面，竟然流下了眼泪。母亲说她也是第一次见到父亲流泪，什么原因，至今还是个谜。在我看来，当时父亲知道日本鬼子已经战败投降，抗战已取得最后胜利，在他心中积蓄多年对日本侵略者的那股恶气已得到彻底释放。另外，他曾经在师兄面前发誓过的"门牙之仇必报"，已变成现实。所以，父亲的眼泪应该是激动的眼泪、喜悦的眼泪，更是一种幸福的眼泪。此情此景，与他当年在上海面对日本人的淫威，毫不妥协，忍着满口鲜血和伤痛，迎上去将日本工头扑倒在地的情景相比，简直是判若两人！想到这里，我心中突然产生一种对父亲肃然起敬的感觉！为自己有这样一位疾恶如仇、一身正气、敢于担当、铁骨柔情的父亲感到无比欣慰与骄傲！

写到这里，在我脑海里又产生了许多遐想。在那国难当头、山河破碎的年代里，当时国统区有很多进步青年学生、爱国志士，在"国共合作、一致抗日"，以及"国难当头、匹夫有责"的口号感召下，怀着一腔爱国热忱，纷纷投奔到解放区，投奔到革命圣地延安，参加抗战、参加革命。而我的父母亲不是投奔解放区，更不是革命圣地延安，投奔的是国统区天目山，而且是国民党军队。如今用客观公正的眼光看，在1945年中国抗战胜利之前，当时国内确实存在国共两党、两种不同的抗战力量，但当时二股力量斗争的目标应该是一致的，那就是两个字：抗日！由于后来历史发展的千变万化，父母亲的行为虽然不能冠以革命行为，他们也算不上什么爱国志士，但从当年事实看，他们作为一对处在旧中国最底层的普通工人，他们既不是共产党人，也算不上什么民主进步人士，更没有受到什么进步思想的影响和社会资助，他们只是怀着一颗对日本侵略者的仇恨之心，自发带着家小，放弃大城市生活条件，千里迢迢冒着生命危险，投奔到抗日洪流中去，就像我们国歌中那句歌词"中华民族到了最危险的时候，每个人被迫着发出最后的吼声"一样，我的父亲、母亲就是当时中国四万万同胞中发出最后的吼声，同时冒着敌人炮火前进的一对有良知的中国人！除此之外，他们一无所求，就是到后来，他们也一无所有，只有对自己行为始终的无怨无悔、心甘情愿！所以在我看来，他们的行为不但是一次纯粹的抗战爱国行为，他们二位还应该是名副其实的抗战无名英雄！

此时此刻，我又想起了自己在念初中时曾经唱过的一首歌曲《在太行山上》。其中有几句至今都会哼唱："听吧！母亲叫儿打东洋，妻子送郎上战场……"我想，我的父母亲他们当年是抱着儿子去抗战！假如能在这首歌中，再加上一句：夫妻抱儿去抗战！那这首歌曲会显得更加生动、更加感人、更加激发全民族抗战热忱，从而将会更有力地推动全中国人民抗战洪流滚滚向前奔腾！而我的父亲与母亲就是中华民族抗战洪流中那两朵焕发过耀眼光彩的无名浪花……

历史车轮滚滚向前，抗战胜利至今虽已过去七十余年，但当年父亲肩挑着沉重的行李，母亲手上抱着幼小的大哥，艰难行走在抗战征途的情形，会经常萦绕在我的脑海之中，令我思绪万千，心中久久难以平静……而今无论对我父母那次"鲁莽"行为怎样评说，它的结论如何，都无关紧要了，因为他们都已双双投奔到天堂去了！今天之所以重提此事，除了对先人的一种追思、怀念与感恩外，更主要的是告诫我们以及我们下一代，要牢记中华民族曾经遭遇外来侵略的苦难历史，让我们的后人加倍珍惜眼下来之不易的幸福生活。

值得庆幸的是，我们这代与共和国同龄的人，上半辈子能无忧无虑地生活成长在伟大的毛泽东时代，下半辈子也将在习近平主席英明正确领导下无忧无虑地过上安逸的晚年生活。面对着我们这一辈子两段无忧无虑的幸福生活，再与我们父辈流离颠沛的人生经历相比，我们应该知足了！所以，我们首先要感谢伟大领袖毛主席，也要感谢可以信赖的习主席。就我个人而言，还要感谢我的父亲、母亲，因为当年是他们冒着生命危险，把我们全家从日本侵略者的铁蹄下，安全带进了山清水秀、安宁祥和、生活富庶的天目山圣地我的故乡——临安！

我的母亲

　　日子过得真快，转眼母亲离开我们已经七个年头了。在这七年中，我在梦里还经常遇见母亲，好像她会经常去王母娘娘那里请假，然后不辞劳苦回到我身边，为我洗衣、淘米、做饭，还带我去镇上古戏楼看戏，自己心里有多少说不出的高兴……但等我醒来时，才知道自己又做梦了！

　　母亲是儿女的第一位老师，这是全世界公认的。假如现在有人来问我：父亲与母亲相比，谁对自己最好？我会毫不犹豫地回答：母亲对我最好！这绝不是一句奉承之言，而是发自内心的真话，"母亲最好"在我心灵深处已经是不可改变的答案。母亲善良大气、吃苦耐劳、助人为乐、知恩图报的优良品质，在我们母子平时点点滴滴相处之中，慢慢地渗透到了我的骨子里。可以说母亲是我成长过程中对我影响最大的贵人。

　　记得 1985 年的下半年，有一次我从金华出差去杭州，顺道回临安去看望退休后与我哥哥生活在一起的母亲。从杭州乘公交车也就一个来小时就到临安县城了。那天刚进家门，就见到一个中年女子从母亲身边站起来，亲切地与母亲告别，然后开门就走了。因为我不认识她是谁，就好奇地问了母亲一句：她是谁？我怎么不认识？母亲听后，笑着对我说：你还记得你在昌化念小学时，住在你们学校边上那个瞎子婆婆吗？她就是那个瞎子婆婆的小孙女，名叫兰兰，现在已是昌化人民医院一名护士了。当母亲提起那个瞎子婆婆时，我的思绪被带回到了那个久远而难忘的年代……

记得那是在 1958 年，当时提出了许多不切实际的经济发展口号：15 年赶超英美！30 年实现共产主义！粮食亩产达到 1 万斤！还有什么一天等于 20 年，等等。不仅口号满天飞，而且各种标语、漫画满街都是，可以用"铺天盖地"来形容。同时，还在镇上办起了很多吃饭不用付钱的公共食堂。与此同时，还开展全民大炼钢铁，动员各行各业建小型炼钢炉，就像我父亲所在的这样一个与钢铁毫不相干的服装厂，也要去建小高炉。为了完成上面下达的出钢任务，因为家家户户都在公共食堂免费吃饭，不用在家里烧饭，于是有很多家庭将自己家中炉灶拆除，然后将铁锅、铁铲之类的铁制品，都无偿捐献出去，当作废铁回炉。更令人痛心的是，当时炼钢炉缺少焦炭，有人就采用就地取材的办法，将小镇附近山坡上成片的原始森林，像剃光头似的乱砍滥伐，将好端端的木材拿去炼钢，结果使整个镇子附近原来森林茂盛的山丘，顷刻间变成一个个光秃秃的平顶山，真是惨不忍睹！而且炼出来的钢铁，其实是一块块脸盆大小不等的铁疙瘩，其用途就可想而知了。说白了，就是一堆堆无用的废铁！

如果把当时这一幕幕情形展现在今天观看，简直是不可思议的！但以上所描述的一切，都是自己当时的所见所闻，有些还是亲身经历过的事情，其中没有半点虚假成分。当时整个社会就这样折腾了一段时间。到后期，所谓的"公共食堂"，由于坐吃山空、入不敷出，最后不得不关门散伙。所谓的"大办钢铁"，也结束了。老天又不作美，全国遇上百年不遇的连续三年大旱，使农业粮食大减产，有的地方甚至颗粒无收！

由于"大跃进",加上严重的天灾,造成了三年经济困难时期,在那段时间里,整个社会经济凋零、物资极度匮乏,各种生活用品,特别是食品供应都要按人头定量、凭票供应。由于定量有限,人们常常吃不饱肚子,就用野菜、树皮充饥。当时豆腐渣、米糠都被当作营养品来供应。记得那时候西方一些新闻报道,说中国人是三个人穿一条裤子。虽然这种报道是带有恶意的,但比喻还是比较形象的。因为那时候,每个成年人每年只供应三市尺布票,儿童还减半。所以当时社会上就流传着"新三年,旧三年,缝缝补补又三年"的口号。

我想这些事情,在我们上了年纪的人群中都是记忆犹新、难以忘记的。

而我母亲上面提到的那位瞎子婆婆的生活境况就是当时社会现实的一个缩影。也就是在那个社会困难时期,我母亲被县手工业局推荐,后经镇政府批准,担任了昌化镇首届居委会主任一职。当时我母亲只有四十几岁,虽然文化不高,但她为人厚道、乐于助人、办事公正,与各界妇女群众关系比较融洽,而且多次被镇里评为"三八红旗手",加上她也算是从上海大城市过来的人,见过一些大世面,所以深受大家的尊重与信任。而且,那个年代的居委会主任是不拿工资的差使,就像现在的城市义工一样,没有任何报酬可拿,所以一般人是不会去干的。

在我记忆中,我父亲对此是持反对态度的,为此事还对母亲一直耿耿于怀,甚至两人经常吵得不可开交。由于当时我们年纪尚小,管不了大人之间的事,虽然父亲的意见占理多些,但在我内心还是倾向支持母亲多一点,我想我这点"小偏心"也可能是母亲坚持干下去的动力之一。当时家中,我哥哥已去离县城十几公里外的昌化中学读书,因路途较远,他成了住校生,平时很少回家。父亲也因冬季是他们服装行业旺季,经常加班加点,早出晚归,所以白天几乎只有我和母亲两人"相依为命"。

记得就在我母亲上任后不久的一个冬天清晨,我在梦中被母亲叫醒,说要我帮她一起拿东西去探望一个"五保户"。待我起床后,惊奇地看到窗外遍地铺满了白雪，树梢上也银装素裹，我顿时来了精神，心想又可以堆雪人、打雪仗了！在母亲的催促下，我们母子俩匆匆吃完早饭。出发前母亲让我帮她拎上一只布袋，说里面是五斤大米，是上面专门发给困难户的救济粮，她自己一手扛起一条厚实的棉被，另一只手拿起一只大号的竹壳热水瓶，我们就关门出发了。天色灰蒙蒙，空中还不时会有些零星雪花迎面飘来，特别寒冷，路上行人稀少。由于路滑难走，走在前面的母亲会不时回头看我，叫我小心点，并叫我用小手拉着她的衣襟，以防滑倒。我们母子就这样一前一后，互相搀扶着，踩着厚厚的冰雪，一步一步地向前。

那段平时只需十分钟的路程，那天我们足足走了将近半个小时。走到学校边上一个小山坡上，母亲指着一间破旧的茅草屋说："到了！"走过去一看，大门是敞开着的，我跟着母亲一起进了堂屋。只见堂屋案桌上亮着一盏小小的洋油灯，火苗忽明忽暗不停地跳动着。堂屋因为是泥地，可能昨夜受风雪影响，地面湿漉漉的，更增添了一种潮湿阴冷的感觉。母亲一进门就提高嗓门叫了一声："阿婆！""哎！谁呀？"随着回声望去，从里屋慢慢走出来一位六十多岁的老婆婆，母亲见状马上迎上去一面搀扶着老人，一面贴耳告诉老人说："我是俞师母！"说罢，母亲将带去的物品一件一件交到老人手中，并仔细告诉她：品名、数量、使用方法等，交代得一清二楚。瞎子婆婆一面听、一面接、一面嘴里不停地道谢："这么冷的天，还要你送上门来，真难为情……"老人的感激之情溢于言表。接着她叫来两个孙女，对她们说："赶快谢谢俞大妈！谢谢大恩人！"

当时我见到她们的时候，大孙女五六岁，小孙女大约三岁。我发现两个孩子衣服穿得破旧单薄，小脸颊冻得通红，两只小手背上长满了冻疮。她们非常懂事，听了奶奶指点后，两人腼腆又胆怯地仰起头来，看着我们很有礼貌地向我们道谢。当时我见到她们祖孙三人的生活困境，也产生了怜悯之心。想想一个老年盲人，要照顾自己的生活都有困难，何况还有两个幼小的孙女要照顾，真是太不容易了！所以当年这一幕情景，至今回想起来，还是记忆深刻！

在离开茅草屋回家的路上，母亲详细地向我讲起了瞎子婆婆她们一家。原来她们一家也是为了逃避日本鬼子的侵略，从金华地区的浦江县逃难来到昌化山区的。在逃难途中瞎子婆婆的丈夫不幸得了伤寒不治身亡。她也因过度悲伤，视力慢慢衰退，又没有条件治疗而变成盲人。解放后，她的独生儿子，被安排在昌化县国营豆制品厂工作，后因肺病不治身亡。而第二年儿媳妇也不知是什么疾病去世了。最后就留下两个幼小的孙女，需要奶奶独自抚养，而且她们又是外乡人，没有任何亲朋好友可以依靠，这种情况下，她们祖孙三人，就成了当时居委会重点照顾的"五保户"。

母亲接着说："昨天夜里见到外面下大雪，我一夜没有睡好，心里总担心她们祖孙三人碰到这么冷的天，日子怎么过？！所以今天一早急着要将这些急需东西送过去，这样自己心里会安心点。"听了母亲一番话，我幼小心灵很是感动，也非常同情她们悲惨的遭遇。所以，在后来的日子里，每当家里碰到早上做玉米饼之类好吃又好带的食品，母亲总会顺手多做一些，然后要我上学去的时候，顺路带给她们祖孙三人品尝。

这件事情虽然已经过去几十年了，但现在回想起来，当时的情景还是那样清晰，心里的感觉还是当年那样温馨与踏实。更值得欣慰的是，母亲说，自从她1976年退休从昌化搬到临安与我哥哥住在一起以后，瞎子婆婆的两个孙女，每年都会轮流从昌化专程赶到临安来看望她。她们说，这是奶奶临终前对她们的嘱托，要求她们牢记俞师母对她们全家的恩德，要她们终生勿忘。听到这里，我一个大男人眼眶里也湿润了，差点流下感动的眼泪：一是为母亲的善良而感动；二是为两个知恩图报、传承了中华美德的孙女的行为而感动。

如今，二位百岁老人已经在天堂相会了！我想，母亲到天堂后，还会像当年当居委会主任一样去看望那位瞎子婆婆，当然送去的不再是什么救济物品之类的东西了，因为天堂没贫困与疾病！母亲为她带去的应该是这位老人最关心的二个孙女的生活状况以及对她临终嘱托的执行情况！当她从母亲那里得到圆满的答案，肯定会露出宽慰而幸福的笑容。同时，我也相信：她们在天堂一定能成为好邻居、好朋友，因为她们之间是真正经历过生死考验的世纪老人！

"孝顺不分先后，感恩不分老少！"这二句话说得对与不对？我也不敢妄加定论！但自己心里是这样想的。

这让我想起一件事情。那是1995年的初秋，我已经在深圳努力拼搏八个年头。当时为了工作需要，我们办事处自筹资金，并通过自己原来在金华的工作单位的帮助，购买了一辆小轿车。当时小汽车需要去杭州提货，我就以试车的名义，临时决定从杭州开车回临安，去看望多年未见的母亲与哥哥一家。由于事先没有告诉自己要回去的消息，待我这个"不速之客"出现在家门口之后，他们非常意外与惊喜！尤其是母亲，高兴得像个小孩子似的，满脸堆笑、问这问那，当时我也真有点衣锦还乡的感觉。那年母亲已是八十一岁的老人了，几年不见明显衰老了许多，身材瘦小，但仔细观看她的眼睛还是那样明亮有神。她一再跟我说，自己没有什么毛病，平时连感冒都没有，就是晚上睡眠时间少了许多。我想这些状况也属老人正常范围之内，就放心了许多。中国有句老话叫"千金难买老来瘦"，这点似乎在我母亲身上得到了印证，她后来一直活到九十六岁才与世长辞。

晚上，哥哥嫂嫂忙里忙外，准备了一桌好菜，还叫来侄儿、侄媳、侄孙，大家围在一起吃了一顿久违的团圆饭，我心里感到特别温馨。饭后在与母亲的交谈中，她向我流露出要去昌化看看的想法。她说主要想去看望一个叫桂香阿姨的女人。母亲接着说，桂香的丈夫几个月前因脑中风去世了，她当时不知道，是后来熟人告诉她的，她说桂香丈夫去世自己没有去给他送行，心里很难过。我听了有些迷茫，便问她为什么。这时候，母亲神情凝重地向我讲起了几十年前的一桩往事。

大约在1966年下半年，当时全国正兴起"文化大革命"，小小的昌化镇也不例外，掀起了批斗"走资派"的运动。因为当时母亲还是居委会主任，因此也成了"走资派"，被列入批斗对象。有一天她被几个造反派头头叫到镇手工业食堂饭厅接受批斗。母亲说所谓批斗大会，实际上只有二十几个人参加。当他们中间有人正要给母亲挂牌批斗的时候，突然从大门外闯进来十几个工人，他们大部分都是昌化建筑公司的泥水木工，带头进来的就是桂香阿姨的丈夫。他们一进门劈头就质问几个造反派头头："俞师母这么好的人你们也要批斗？！你们还算不算是人？！不准你们乱批好人！"这时会场乱作一团，几个造反派头头都是妇女，见到这些五大三粗的泥水木工，一个也不敢作声反驳。结果那次会议就不了了之了。

母亲说，当时她站在上面，看到下面场景，心里既感到难过，又感到高兴。难过的是，当时没有听你父亲的意见，当了这个主任，做了这么多好事，结果落得个被批斗的下场。高兴的是，看到大多数群众眼睛是雪亮的、是是非非分明的，所以对自己为人是问心无愧的。母亲说，自从那次事件以后，那些造反派再也没有对她批斗过。她感叹道，经过"文化大革命"洗礼，她内心明白了不少事理。后来在父亲再三向上面要求和母亲的配合下，镇政府最后同意母亲调回服装厂工作。母亲接着说：如果那次批斗会没有桂香阿姨的丈夫带头站出来讲句公道话，她肯定要吃眼前亏了。所以在她心中一直记着这份珍贵的情谊。

听到这里，我首先感到非常震惊，因为原来根本就没有听说有这么一件复杂而又严重的事情。另外，内心对此事感到无比愤怒，当时"文化大革命"打击面也太大了，连一个不拿一分钱工资的居委会主任也不放过！同时，让我感激不尽的是桂香阿姨丈夫的"救母之恩"，于是我与母亲商量决定第二天就去昌化。

第二天一大早，按照母亲的意见，我先去街上买了些礼品、香烛，然后陪同母亲一起开车直奔昌化而去。到了昌化桂香阿姨家里以后，母亲马上向她说明来意。谁知桂香阿姨说的一席话让我们既感动又自豪。她说：那件事情，主要还是你母亲当主任的时候为人好，为大家做了那么多好事，所以我们大家才会站出来说公道话。我老伴这一辈子，其他事情我不敢说他做对还是做错，但就那次公开勇敢站出来阻止他们批斗你母亲的行为，我始终认为他是对的，是得人心的，到现在我都为他感到高兴、值得。听完了桂香阿姨几句朴实真诚的表白，我的感动没有什么适当语言可以表达。我身旁的老母亲，听了这些话后，脸上露出了欣慰的笑容，因为她感觉，这是群众对她十几年居委会工作的最高评价。俗话说："金杯银杯，不如百姓口碑！"这在母亲身上得到印证，这也是我为母亲感到自豪的主要理由。

一番交谈以后，母亲提出要去坟上祭拜一下，桂香阿姨以山高路远不方便为由，谢辞了母亲的请求。后来桂香阿姨悄悄地跟我讲：你母亲八十多岁了，这么大年纪算了。

离开了桂香阿姨家后，应母亲要求，我陪着她去看望了她昌化原单位的一些老同事、老朋友。她说，这些人年岁都大了，再不见见，以后见面机会就少了。于是我跟在她后面，一一作了拜访，其间，我代表母亲，也代表我小一辈，给她（他）们每个老人派发了一个红包，略表我们两代人的心意。在回临安的路上，母亲对这次走访非常满意，她说，总算还清了一直记挂在心里的情债，现在感觉轻松多了，并为我用去那么多红包钱感到过意不去。但她还是中肯地说：有些地方，该用的钱，还是要用，尤其是用在这些老人身上，值得！你父亲生前生病住院期间，这些老人都是你父亲的同事，他们都很关心、照顾你父亲，有些人还经常去医院看望慰问你父亲，人要知道好歹，要懂得知恩图报。我一边开着车，一边聆听着母亲真切的教诲，有如回到几十年前那个冬日大雪纷飞的早晨，自己跟在母亲身后，小手拉着她的衣襟，去探望瞎子婆婆以及她二个小孙女的情景之中，全身沐浴着恩泽绵绵的母爱……

俗话说："十年树木，百年树人。"不管是树木，还是树人，总归离不开土地、雨水与阳光，这是世间万物生存的基本条件。而在我心中，母亲既是土地与雨水，更是照耀自己人生道路不断前进的、那个永远不落的太阳。我是一个无神论者，可是为了母亲，我宁愿相信在这个世界上真有轮回，如果有，来生我还愿意再做她的儿子。

父爱如山

　　古人云："子欲孝而亲不待。"对于这句话，我有着很深刻的体会。我父亲一生艰辛坎坷，我们根本没有来得及孝顺他老人家，就早早离开了人世。如今虽然父亲已离开我们将近五十周年，但他那严肃冷静、坚定自信、不苟言笑的容颜经常会浮现在我的脑海里。每当想起他老人家，心里就会觉得对他有很多内疚与遗憾！

　　严父慈母，这是中国几千年传统文化所崇尚的一种人格形象。我的父亲就是这种传统文化的忠实追随者。自己对父亲真正认识，是随着年龄不断增长、思想认识不断成熟，再通过回想父亲生前为自己所做的点点滴滴往事，细品回味之后，才慢慢懂得、渐渐醒悟的。最终才真正明白父亲对儿女的爱是如此含蓄、如此深沉无私，它是一种内在的爱，是无与伦比的大爱！

　　在我童年的记忆里，父亲是一个表情比较严肃，性格比较直率而且有点急躁的人。在平时的生活中，他几乎很少对自己的孩子做出亲昵的举动，而一旦发现家中有谁做错什么事情，他就会"发火"训人。我们都有点怕他而躲得远远的。记得小时候，父亲曾经打过我几次，印象最深的一次，是因为有一天晚上我跟随一群小伙伴爬墙逃票看电影。当时自己个子比较矮小，加上干这种事情没有经验，动作慢了一点，我好不容易刚爬进去，就被电影院一名女工作人员给逮个正着，还老老实实向她交代了自己家长的姓名与工作单位。这名女工作人员的丈夫正好是我们小学的一名体育老师，他不但认识我父亲，而且关系也很好。他知道后，第二天就将此事如实告诉了我父亲，而我父亲是一个很要面子的人，自尊心也很强，听到这一消息后，他班也不上了，特地赶回家里，拿我问"罪"。他先将我狠狠地打了一顿，然后罚我站在门前示众，还扬言不准我吃晚餐。当时，我心里确实有点理亏而害怕，但内心仍然感到有些委屈与不服，心想又不是我一个人干这种事情，大伙没有钱又想看电影，都是这样爬进去的，认为父亲有些小题大做。

在后来很长一段时间里，我不理父亲，也不与他说话，最后还是母亲出面来与我讲和。母亲说："父亲打你也是为了你好，让你以后不再犯这种错误。他打你也是不得已为之，否则他无法向电影院黄阿姨和汪老师交代，人家会在背后讲你父亲教子不严，是一种失职行为。"母亲接着说："此事到此为止。你父亲已表态，以后只要有好看的电影戏曲，在你完成老师布置的作业后，可以向他讨钱买票去观看，但决不能逃票。"自从发生那件事以后，我确实再也没有再犯同样的错误，而父亲也没有食言，每当遇到有好看的电影与戏曲，他都会事先告诉母亲，再由母亲督促我抓紧时间做好作业，然后一家人一起去观看演出。每次碰到这样的好事，我心里总会有说不出的高兴与对父母的感激。

父亲除了平时对我们严格要求以外，还经常注重培养我们吃苦耐劳的精神。听母亲讲父亲私下经常会跟母亲说：男孩子不能宠养，而要贱养，要像小狗小猫一样去养，这样的小孩不但容易养大，而且养出来的人长大了才能成才。我与我大哥的乳名，大哥叫"大毛头"，而我的乳名自然就叫"小毛头"。直到现在自己已经这把年纪了，每次回到老家在街上碰到小学或者初中同学，他们还会用我的乳名来取笑我。可以推断，我们兄弟俩的乳名肯定是父亲取的，后来也从母亲那里得到证实。

现在看来，虽然父亲给我们取的乳名俗气又难听，但可以体会当时父亲的良苦用心是何等可笑又可爱，这其中就是一种无形的父爱。

我清楚记得，自己现在的名字是在我快要上小学的时候，父亲才专门请镇上一个有点名气的文化人给取的。为了能给我取个好名字，父亲还专门从自己嘴里省下两条飞马牌香烟送给那个文化人。事后，父亲对我说：你的名字取得好，里面有一个"坚"字，男孩子就要坚强点才好。

记得在我念小学二年级的暑假里，突然有一天，父亲请来一位他们单位同事的孩子，姓黄，大约十五六岁。父亲作了见面介绍以后，对我说：过几天你跟着这位大哥去山上砍柴，锻炼锻炼自己。对于父亲的决定，我是从来不敢反对的，当时我就点头表示同意。

第二天，父亲还亲自陪我去街上铁匠铺定制一把小号的砍柴用的钩刀，还配上刀梢，同时买回几双用碎布编制的草鞋以及挑柴专用的工具。在回家的路上，父亲自言自语道："看看这些不起眼的工具，也差不多花掉了我半个月工资。"语气中好似有点心痛的样子。不过，他马上又补充一句："这些东西很耐用，就当为你多付一次学费，值得！"但后来让他感到沮丧的是，我第一次上山砍柴，出师不利，在使用钩刀的时候没有经验，用力过猛，一刀下去不但砍断了柴火，还砍到了自己的小腿上。当时小腿上开了一个大口子，流了不少鲜血（至今仍留有明显伤疤）。后来在那位大哥的帮助下，我还是坚持着将柴火挑回家中！母亲见到此景非常心痛，责怪父亲太狠心，说我名叫为八岁，实际才七岁多点，年纪实在太小了等，对父亲说了很多怨言。当时父亲在一旁，一言不发。他一边取钱，一边陪着我去医院包扎伤口。在回家路上，父亲还不断表扬我：没有哭，像个真正的男子汉。并安慰我说：一点小伤，医生说没有伤到骨头不要紧，会好的。以后动作慢点、小心点就是。同时他还讲了一堆道理鼓励我：吃得苦中苦，方为人上人；男孩子吃点苦，流点汗，甚至流点血，算不了什么；做人就要懂得先苦后甜……

所以自从出了那次事故以后，在父亲的鼓励下，我没有放弃上山砍柴。通过别人的指点、自己的刻苦努力，很快就掌握了砍柴的基本诀窍，十几岁就成了街坊小伙伴中的砍柴能手。而且砍柴也成了自己的必修课，几乎每个星期天都会主动上山去砍一担柴火回家。碰到寒暑假期，只要天气允许，每天都会约上几个要好的伙伴同去。砍回来的柴火除了满足自用外，还经常由于家中堆放场地受限，不得不将多余的部分挑到镇上去卖给招待所、饭店之类的单位。

记得在第一次外卖中，当时自己将一担80斤左右重的柴火通过母亲介绍卖给了镇政府招待所食堂，那时每100斤柴火的收购价是一元钱，那次交易中我得到了八角钱的报酬。拿到钱后我很兴奋，因为这是自己有生以来第一次赚到的辛苦钱，八角钱放在现在人眼里可以说不算什么钱，但在当时支付一个人三天的伙食费还绰绰有余！回到家中，我马上将这笔钱交到母亲手里，母亲拿着我上交的钱，非常开心，夸奖我有出息，会赚钱了。晚餐她还专门为我煎了一个荷包蛋，以示奖励。如今想起这件事情，尤其是想起母亲为我煎制的那只荷包蛋，回味起来依然那样香甜可口，难以忘怀。晚上父亲加班回来，母亲就急忙将此事告诉了父亲，父亲听后也异常高兴，一改平时严肃认真的表情，脸上带着微笑，用和蔼可亲的眼神久久看着我，还当着隔壁邻居的面夸奖了一番，当时弄得我不知所措，内心有点受宠若惊的感觉。内心除了有些惊奇以外，更多的是感动和对父爱的一种新的体会与认识。

可以说，世界上最难懂的爱，就是父爱。记得1965年初中毕业的暑假期间，父亲第一时间收到我被金华技校录取的通知书，也不知道父亲当时是怎么想的，竟然不顾我当时还在五公里外砍柴回程的路上，一个人急匆匆地沿着非常难走的山路，一路寻找过来。后来他说想让我也早点知道这个消息。那天我担子比较重，走在了后面，突然前面几个小伙伴传话过来，说看见我父亲来了。开始自己有点不信，因为在我的印象中，自从八岁那年砍柴以来，从未见过父亲到现场来接送过自己，所以等父亲走到我面前时我感到有些奇怪，好像是太阳从西边出的样子，这也是破天荒的第一次！父亲见到我时也没有说什么，一把将我肩上的担子接过去，走了几步，他就说：这么重？以后少挑点！然后我们父子俩一前一后就往回赶路。在回家的路上，父亲详细地将收到录取通知书的情况说了一遍。听完这一消息后，当时自己脑子里有些懵懵懂懂，反应不是很热烈。主要事情来得比较突然，没一点思想准备，加上自己当时还属于一个从未出过远门、见过世面的大山里的孩子，用我自己调侃自己的话来说：自己完全是一条山里"毛虫"。因而缺少对外面世界的了解，尤其对外地一些学校的情况，更是一无所知。所以父亲虽然给我讲了很多很多，但自己听了后，仍然是一脸茫然。而在自己的印象中，父亲收到我的录取通知书后的那段日子里，一直兴高采烈的，看上去好像是他自己被录取似的，心情比我还激动。

此时的母亲也一样，既为我能到外地读书感到高兴，也为学校路途太远照顾不到我而感到担心。他们为了筹办我去外地读书所需的生活和学习用品，忙了好长一段时间。其中特别让我难忘的是临行的前一天晚上。那天吃了晚餐后，父亲特地把我叫到他的房间里，两人坐下后，父亲先是问了一下我的想法以及准备情况，之后，他认真地对我说：人生一辈子会有很多转折点和发展的机会，这次你能走出山门，到外地读书，应该是你一个重要的转折点，要好好把握才是。他接着说：25年前他自己由于受到日本人的逼迫，从上海来到大山里，是无奈之举，现在自己老了，要想出去也没有机会了，所以这次你能走出去，爸爸真为你高兴。他还鼓励我说：人是需要见大世面的，你以前虽然没有出过远门，但也不用怕，金华不算远。爸爸十三岁那年，由于你爷爷病逝，为了减轻家里负担，不得不辍学离开老家到上海去当学徒。去上海那年自己只有十三岁，比你现在还要小三岁。当时从鄞县去上海，路途要比你去金华远得多。记得去的时候已是秋天，身上只穿着二件单衣单裤，到了上海才知道那里天气要比宁波冷，到了晚上全身冻得瑟瑟发抖，差点冻坏。他笑着对我说：刚去的时候也不习惯，经常想家，后来慢慢地也习惯了。所以你一个人单枪匹马在外面，开始也会碰到很多困难，但不要紧，只要肯吃苦，肯坚持，慢慢会适应的。男孩子一定要有志在四方的志气和独立生活的能力，如果想家了，可以多写写信……

那天晚上父亲给我讲了很多做人的道理，那次言传身教式的谈话，深深打动了我的心灵，感觉自己一下子长大懂事了很多。尤其是听了父亲讲起他少年时代往事，将所有发生在他身上的艰辛和严峻的现实困难，都轻松地融化在他温和的言辞与自信的笑谈之中，这无形中增添了我走出山门的信心和决心。可以说父亲的一番感人肺腑的谈话，就像一盏挂在我心中的明灯，为我今后的人生道路指明了前进方向。

如今回想起父亲一句句的谆谆教导，一幕幕深深的关爱，除了让我享用终身外，更重要的是以前处处沉浸在父爱之中还浑然不知的我，得到了彻底的醒悟——我的一切是父亲的最爱！值得欣慰的是我们没有辜负他老人家的心愿与嘱托，最后还是勇敢地走出了山门，尤其是他的孙辈们，不但走出了山门，还走出了国门，走向了世界，走在了比我们前辈更辉煌的事业中。我想，如果他老人家在天有知，一定会露出满意的笑容。

养儿防老，这是中华民族最古老的观念，所以为父母、长辈养老送终是下一代人应承担的义务。我父亲一生最大的不幸是英年早逝。记得父亲是在 1968 年初被医院检查出肺癌晚期的。在这之前，他的身体一直很好，平时几乎连伤风感冒都很少。后来听母亲讲，父亲知道自己得了重病以后，仍然坚持上班，坚持自己去医院诊断治疗，从不麻烦人家，显得非常从容乐观。到后来病情加重，他也一再叫母亲与哥哥不要写信告诉我，以免影响我的学习，就这样他顽强地坚持了半年。后来由于当时医疗条件所限以及癌细胞扩散，最后父亲还是躺倒在了病床上。

待我赶回家中时，父亲已经在医院住了好长时间了。当我走进病房时，我都不敢相信自己眼前躺着的双目紧闭、骨瘦如柴的人竟是我半年多以前还伟岸挺拔、相貌堂堂的父亲。此时我眼睛发热，好久没有说出一句话来，只是静静地站在父亲的病床边，不知所措，自己内心充满着无奈、无助，又无能为力！除了在心里为他祈祷外，当时还是一个一穷二白学生的我，又能为父亲做些什么呢?！如果当时不在病房，我真的会对天怒吼，去责问苍天，为什么对父亲如此不公?！他才刚刚六十岁的人呀?！后来父亲醒来看到我，他脑子还是清醒的，我给他喂了几口开水，他缓过气来跟我说："你还是回学校去吧，读书要紧！这里有你母亲、哥哥照顾，这病一时也好不了，你还是早点回去吧！"父亲说着说着眼睛湿润了，这时，我也低下了头，不忍心去看父亲湿润的双眼，只是轻轻跟他解释学校已经放假了，同时安慰他安心养病，之后，看到父亲好像安心了一点。在后来的一段时间里，虽然经过多方努力，医院还是回天无术，父亲最后还是安静地闭上眼睛，离开了我们。

父亲在生命危在旦夕之际，想到的还是儿子读书要紧，而且这几句话竟成了他留给我的遗言。它将永远回响在我的耳边，回响在我的心里！使我的生命永远沉浸在父亲的慈爱与关怀之中！在处理父亲后事的过程中，让我们心里稍许得到一点安慰的是，虽然我们没能为父亲养老作过什么贡献，但为他送终还是尽了我们的孝心。在父亲停止呼吸以后，我与我哥为父亲清洗了身体，刮了胡子，换上干净的衣裳裤子。这样的事情在父亲生前，我从来没有为他做过，在父亲住院期间也是母亲一人默默为他操持的。回想起自己小时候，父亲经常带着我到浴室里洗澡，在热气腾腾的浴池里，他为我洗头、擦背的情景，至今仍然十分清楚，想不到待我们有机会为父亲做这些事情的时候，他已经去了另一个世界。所以，这辈子不能再孝敬他老人家成了我一生中最大的遗憾。

如果说在这个世界上，母亲是我人生的第一位老师，那么，父亲就是我人生的第一位校长。因为母亲教我的是善良，而父亲教我的是坚强。父爱如山，坚强可靠；母爱如水，恩泽绵绵。如今他们都已投奔天堂，那里没有贫困、没有烦恼，更没有日本侵略者的威吓。我想，这也是我们最后必定要去的地方，届时我一定会坚定不移地投奔到父母亲身旁，或做一名他们手下的天兵天将，或在他们身旁做一只俯首帖耳的宠儿天狗，为他们效犬马之劳，也在所不辞。因为只有这样，才能报答我今生对他们的亏欠。这是我的心愿，也是我的梦想，但愿能梦想成真！

难忘兄弟情

　　提起中国四大名著，在国内可以说家喻户晓，在海外华人圈里也应该如此。因为这四部著作是中国古代文化经典，也是中华民族历史发展与灿烂文化传承的结晶。在这几部著作中，自己最喜欢的是由施耐庵写的《水浒传》和罗贯中所写的《三国演义》。记得自己在读初中的时候已将这二部著作完整看过一遍。现在回想起来时间虽然已经过去很久，对书中大部分内容也有些模糊，但其中一些比较生动感人的故事，至今仍然耳熟能详。比如《三国演义》中刘、关、张"桃园三结义"的故事，《水浒传》中宋江、晁盖、林冲等一百零八位好汉聚义水泊梁山起兵造反的故事，历历在目。现在看来，这些故事内容不但有着珍贵的历史价值，而且还具有重要的现实意义。因为这些故事的内容，从头到尾都贯穿着二个字，那就是：情与义！如果用毛主席提倡的"古为今用"观点，将当今社会上存在的"情义淡漠""道德沦丧"，还有"一切以金钱为信仰"的种种不良倾向与故事中所崇尚的"情无价""义更高"的传统信念相对照的话，那后者就显得弥足珍贵了。这些由老祖宗传承下来的传统信仰，正是当前我们社会最缺少、最迫切需要弥补的东西……

如今每当想起"桃园三结义"刘、关、张三兄弟那种肝胆相照、重情重义的精神，心里仍然会无比感动、为之赞叹！同时还会想起我们兄弟之间那些情深意切的往事，尤其是自己童年、少年时代那段悠远难忘的岁月。在脑海里会产生很多梦境，就像一部自编、自导、自演的电视大片，一幕幕、一段段，清晰展现在眼前，仿佛就发生在昨天……

在中国古代，要评价哪户人家兄弟品行如何？人们通常会采用传统孝道文化中的《弟子规》作为衡量标准。而《弟子规》中最主要的内容归纳起来就是四个字，即"慈兄、悌弟"。这四个字具体解释应该是：兄长要慈爱弟弟妹妹，而弟弟妹妹要敬重、顺从兄长。如果用这一标准来对照我们兄弟之间的情形，我认为用"慈兄"两个字来形容我大哥的为人，是非常恰当，而且一点也不过分。这也绝不是我一个人对他的评价，而是家乡父老乡亲、街坊邻居，还有他的同事、同学，甚至街上那些摆地摊的小商、小贩的评价。在大家眼里，他是一个为人正直、待人厚道、诚实本分之人。特别是对待长辈老人、小孩，更是厚爱有加。可以说他是家乡远近有名的孝子贤孙。

他聪明好学、积极上进，青年时代就是一名文艺爱好者，曾经是县文艺宣传队一名乐手，各种乐器在他手中，弹、拉、吹、奏，样样都会。20 世纪 60 年代，由于工作表现出色，文章写得好，因此被选调到县委记者站担任新闻记者。后来又被组织保送到杭州大学中文系速成班学习一年。更值得一提的是，他人生最大的爱好，就是集邮。从 50 年代中期，念中学的时候，他就爱上了集邮。在前后六十多年的集邮生涯中，他自始至终没有中断放弃过。在这枚小小邮票天地里，由于他坚持不懈、持之以恒、刻苦努力，终于取得了骄人的成绩。在历届县市举办的邮展会上，每次参展的展品，几乎一半以上的品种都是由他一个人提供的，而且不但在数量上占绝对优势，在展品的门类、品相、质量上也同样名列前茅。因此，他当时在整个县城声名鹊起，在集邮界享有"临安集邮达人"之美誉。为此，当地集邮协会也经常邀请他免费为广大集邮爱好者介绍经验、授课指导，获得大家一致好评。

　　记得有几次回老家，在我们兄弟酒足饭饱闲谈之中，他有时会假借醉意，以他自己是一名下岗职工为由，故意在我面前叫"穷"。其实我也心知肚明，也学他一样，装着醉意"将"他一军，让他把他所有收藏邮票如实开价卖给我时，他马上哑口无言了！当然，他也知道这是我与他开玩笑而已，此时他也会如实告诉我，他集邮从来不是为了钱财，而纯粹是一种兴趣、一种爱好、一种精神享受。他也多次与我说过：这种兴趣与爱好是无法用金钱、物质的东西来衡量替代的。因此，他对前些年社会上出现的"一切向钱看"的不良现象，心中非常不满，尤其对一些唯利是图、行为不端的"集邮爱好者"，要么嗤之以鼻，要么敬而远之，不打交道。在他看来，这些人，只能算钱眼里的"邮贩子"，根本称不上真正的集邮爱好者。他这种持之以恒、坚持不懈、认真做事、正派做人的品质，我是从心底里佩服的。他的人格形象，就像树立在我身前的一面镜子，不但端正了我的衣冠容貌，更端正了我人生的行为准则，他就是我一生学习的榜样。

　　如果要细说我们兄弟之间的深情厚谊，就离不开我父母亲早年那段难忘的抗战经历，因为这其中有很多因素直接影响到我大哥一生的命运。

　　我大哥1941年出生在上海。在他刚出生的那一年，由于父亲耿直而又疾恶如仇的性格，与日本人发生冲突。为了避免日后遭到日本人打击报复，父母亲怀着一腔对日本人的仇恨，带着刚刚出生几个月的大哥，从上海辗转到了苏州，在苏州我父亲师兄的介绍下，全家毅然决定放弃大城市生活，去投奔抗战军队，以示他们要与日本人抗争到底的决心。他们经过2个多月、行走将近400公里路程，从苏州出发，经江苏太湖、浙江湖州，最后来到父亲师兄介绍的杭州地区天目山南麓的山区小镇——河桥，加入国军28军后勤军需被服工厂工作。后来听母亲讲，在那次长途跋涉中，由于大哥只有五个多月，一路上父亲负责肩挑行李与维持一家人生计的缝纫机，所以大哥只能由母亲肩背、手抱行进。这其中一路上的艰辛是可想而知的。当年父母亲还比较年轻，也缺乏一些基本医学常识，在母亲肩背大哥使用绑带时，将大哥二条小腿捆绑得太紧，而长时间没有放松活动，结果引起下肢血液循环不畅，筋络肌肉发育受到影响。当他们发现问题时，再去医院为时已晚，最后造成大哥右脚终身跛脚的严重后果。虽然平时走路没有大问题，但从外观形态看，终究留下了难以弥补的缺陷，而且在心理上也产生不少阴影。母亲后来说，为此事，她不知流过多少懊悔的眼泪。也因此，在父母亲内心深处始终留下一种对大哥的内疚。

由于父母亲一向注重对子女良好的家教，所以，大哥很小就非常明礼懂事。母亲讲，1945 年他们又有了我的二哥，小孩子出生时白白胖胖，非常可爱，可惜的是就在他出生第二年的一场大规模的天花瘟疫中不幸夭折了，当时父母亲悲痛的心情是可想而知的。那时的大哥已经有些记忆，据他回忆：母亲当时抱着夭折的孩子，哭得撕心裂肺，痛不欲生！而站在旁边平时几乎不轻易流泪的父亲，见状也潸然泪下，不能自已。母亲后来说，当时只有六岁的大哥，抱着他们，用他那双稚嫩的小手轻轻地为他们抹去脸上的眼泪。这一小小的举动，给了他们很大的心理安慰，增添了他们重拾生活的信心与勇气。

母亲接着说，1949 年是一个好年景，那年冬季，随着我的降生，给家里带来了新的生气。当时正逢新中国刚刚成立不久，广大劳苦大众翻身做主人的热情非常高涨。而当时评定阶级成分时，我们家没有田地，也没有房产，确实是一个无产阶级家庭。虽然父亲在国民党军后勤工厂工作过，但他始终没有参加国民党组织，而且 1945 年抗战胜利后就脱离了军工厂，转到地方自谋职业了。父母亲到地方以后与当地群众关系都比较融洽，所以，最后我们家的成分被划定为贫农。为此事，父母亲非常感谢当时政府实事求是的政策，对待评定的结果非常满意。母亲在我们长大后，曾经多次半开玩笑地说起此事。她说：还好当时你父亲在抗战胜利后就脱离了国民党部队工厂，到了地方，否则，后果就可想而知了！从她的一些言词中也充分肯定了当时父亲的决定是非常明智与正确的。同时也反映出父母亲他们在解放初的那几年里，是生活得最舒心、最轻松、最幸福的。

大约在我念初中的时候，母亲还专门给我讲起大哥小时候关心照顾我的一些往事。她说，我出生那年冬天，天气特别冷，父亲开在小镇上的缝纫铺生意也特别兴隆。因为店铺开设在小镇中心，位置好，加上父亲是小镇上唯一一个从上海下来的奉帮裁剪师傅，技术在小镇乃至附近一带也算是屈指可数的。而且他待人和善、价格公道、非常讲信誉，所以老客户很多，天天加班加点，还是忙不过来。因而母亲就没有更多时间来照顾我，家中只有八岁的大哥就成了照顾我的小保姆。据母亲说，大哥从我出生那天起就非常喜欢我，小小年纪就俨然一副大哥样子，在母亲的指导下，他什么都学着做，烧水、煮饭，还学着调制米糊，用调羹一口一口学着喂我。天寒地冻的大冷天，他经常冒着寒风，帮助母亲到冰冷的河里清洗我的尿布。

母亲还说，那时，在我们家的隔壁开有一间小吃店，每天供应豆浆、油条之类的小吃。小店老板娘和母亲是同乡，浙江嵊县人，她们一家也是逃日本鬼子来到小镇的，大家同是天涯沦落人，平时关系相处很好。小店老板娘当时没有小孩，而我大哥平时非常懂事有礼貌，所以她非常喜欢大哥。有时大哥在门口玩耍或者经过她小店时，老板娘总会顺手夹一根油条送给大哥吃。而大哥每次道谢后，先将油条拿回家，告诉母亲，在得到母亲同意后，他才会将油条一分为二掰开，将其中一半递到我手里，给我分享。对于此事，当时我年纪尚小，并不记得。在我们长大了以后，每当母亲在我们兄弟俩面前，讲起此事，我和我大哥都会相视一笑，虽然无语，但内心总有一种说不出的甜蜜和温馨。这相视一笑，饱含了我们兄弟之间对这种亲情与关爱的认同，对我而言，更是对大哥的一种感恩与敬意。这也充分印证了中国人最注重的血缘亲情总是心心相印、牢不可破的。这种血肉亲情是无须用语言来表达的。直到如今每当自己在享用油条的瞬间，心里仍然会想起这些往事……

时间又回到1955年。由于父亲工作变动，我们家从河桥镇搬到了当时昌化县城所在地武隆镇居住。住房也是租的，位置比较靠近中心，是一个由几幢老式民房从里间向外延伸连接而组成的深宅大院。我们一家就住在大院最深处那幢二层小木楼里。从大门口走到我们家里，中间要经过一条长廊过道，过道的宽度不足一米，但深度有足足五十几米，而且结构复杂，很不规则，七拐八弯。地面是用大块青石板铺成，还算平整，只是中途要经过一个长方形老式天井和几处高低不一的门槛。由于老式建筑采光性能很差，在大晴天光线还好，如果遇到阴雨天，整个过道白天都是黑蒙蒙的，非常难走，一不小心就会摔跤，这也是我小时候经常享受的一种"待遇"。如果是晚上，走过道就像过鬼门关似的，非常恐怖。

50 年代初，整个县城可能是太偏远，都还没有通上电，晚上照明主要依靠煤油灯解决。在那个时期所用的灯具品种、款式比较单调，家境条件比较好的，使用美孚灯（亦称洋油灯）。这种灯具是用玻璃制成的，灯具的下半部是一个灌装煤油的高脚底座，顶端装有一个可以调节亮度的铁质灯头。灯具的上半部，装有一只活动的防风透明玻璃罩，使用起来比较方便，也比较明亮安全。这种灯具，在当时家庭中也算得上是一种比较时髦高档的物件了。由于这种灯具价格比较昂贵，货源也比较紧缺，所以一般家庭，使用的还是如同寺庙里用的那种菜油灯，因为价格便宜，又不易打碎，所以使用比较普遍。记得当时我们家，因为父母亲都已参加县服装厂工作，成了当时社会上人人羡慕的"双职工"，自然经济条件相对要好些。所以我们家里楼上楼下使用的都是美孚灯，当时自己心里或多或少总会有一种说不出的优越感。

尽管如此，每到晚上进出我们家门口那条长廊过道，还是麻烦不少，因为，整条过道没有路灯，一到晚上漆黑一片，可以用"伸手不见五指"来形容。我们每天学校晚自修回家这条过道是必经之路，在那个年代，家里人都很节约，不会轻易花钱去购买当时价格比较昂贵的手电筒，晚上只能摸黑行走。我记得，每到晚自修回家或者外出办事回家，都要事先与大哥约好时间，两人会合后，再由大哥陪我一起回家。每次走过道，总是大哥用手拉着我的小手，两人一前一后摸索前行。过道漆黑难走不用说，更要命的是，解放初期，偏僻山城封建迷信还非常盛行，社会上各种各样妖魔鬼怪传说非常之多。民间老百姓心里普遍相信世界上有鬼存在，而且说鬼是晚上出来活动，一直要到天亮鸡叫之前才返回阴间，说得活灵活现，大家听后产生很多恐怖心理。尤其我们这些小孩，一到晚上，心里就特别怕鬼。所以，每次晚上走那条过道时，总是大哥走在前面，一只手拉着我，另一只手向前探路，他还不时地会提高自己的嗓门，大声与我说话。开始我也不知道他为什么要用这么大的声音说话，后来大哥也跟我说了实话，他说，其实他也怕鬼，他是听大人说，鬼是怕活人大声说话的，声音大点可以吓跑夜鬼。所以他也故意大声说话，一来可以吓跑夜鬼，二来也可以为自己壮胆。听了大哥的自述后，尽管知道他也怕鬼，但在我心中，只要有大哥在身边，我心里就有安全可靠的感觉！

我记得，大哥后来考上离县城十几公里外的一个叫汤家湾镇的昌化中学读书去了。因为离家较远，所以他成了住校生，即便是星期天放假，他为了节省路费，也很少回家。我与大哥刚分开时，心里很不习惯，总是每天盼着他能回来，与我做伴玩耍。所以他每次回来是我最开心的时刻，自己总会像一条跟屁虫似的，在他身边打转，有时陪他上山去砍柴，有时陪他到河里摸鱼捉蟹，我们还一起捕过小鸟。

说起捕鸟，我心中最佩服的就是大哥。记得在我们住房一楼的后面有一个很大的猪圈，平时经常有一些小鸟飞进猪圈觅食。有一天，不知大哥从哪里找来一个大号米筛，他先将米筛置放在猪圈边上一块空地上，然后用一根大约二十公分长的木棍，将米筛单边支撑起来，并在米筛下方撒上一些碎米粒，再用一根细细的绳子一头系在木棍下端，然后用手抓住绳子的另一端。我们悄悄地躲在很远的门框后面，只伸出半个脑袋，静观麻雀动静，一旦见到有麻雀进入米筛觅食，大哥会迅速拉动手中绳子，将米筛扑倒，麻雀瞬间就被圈在米筛下方不能飞走。每当见到这一情景，是大家最兴奋的时刻。而大哥每次下套，都会有不错的收获。后来在我一个人的时候，也按大哥教我的方法尝试过几次，但都无功而返，内心非常失落，此时难免会产生一些对大哥的依恋与思念。

后来母亲说，我大哥初中毕业后，考上高中，成绩也很好，而且也收到了入学通知书。只是他没有继续上高中，而是招工去了县印刷厂排字车间，当了学徒工。我长大后，才了解到，当年父亲考虑大哥右脚有些不便，生怕日后在升学体检上碰到麻烦，心里没有把握，而当时正碰上印刷厂招收学徒，而排字工比较轻便，很适合大哥去做。父亲当时的出发点肯定是考虑比较周全、稳妥的。但按照大哥的学习成绩与他的智力潜能来说，不去继续深造是非常可惜的（后来他女儿，也是我的侄女，在 90 年代，就以高考六百多分的高分数，被解放军外语大学录取）。而且我大哥五官、外形酷似我母亲，性格也像我母亲，聪明能干，心地非常善良。中国有一句谚语，"儿子像娘金打墙"或者叫"儿子像娘中状元"，按此推理的话，他如果重点培养，是前途无量的。但这些都是后话了，人生没有回头路可走。尤其到了我们这个年纪，至于能不能"金打墙"还是"中状元"都无关紧要了。现在最重要的是健康、长寿。我相信现代遗传的科学论断，大哥既然像母亲，他一定有母亲的遗传基因，他至少可以活到同我母亲一样九十六岁的高龄，甚至更高，因为中国还有一句话叫："青出于蓝而胜于蓝。"我从内心希望我的大哥、我的好兄弟，超越我母亲的寿龄——长命百岁。

1968 年，父亲病逝，家中一下子没有了顶梁柱，而我还在学校读书，每年的学费与生活费就成了问题。就在家庭危难之际，大哥毫不犹豫地秉承"长兄如父"的中华传统美德，主动承担起我的一切费用。据母亲告诉我：当时大哥在印刷厂工作，每月工资也只有 31.5 元钱，然而他要每月从工资中拿出 10 元钱寄给我作生活之用，相当于将 1/3 的收入寄给我了。而他当时已是二十七岁年纪，应该成家立业了，但他为了资助我，将婚姻一推再推，一直到三十岁才结婚成家。后来我也为了减轻家里负担，决定弃学从军，于 1969 年初去了部队，成了一名光荣的军人。

如今往事已成回忆，时间沉淀了兄弟之间的珍贵情谊，而这种情谊早已渗透到我们生命之中、融入我们的人生岁月里。虽然现在我们都已白发苍苍、进入暮年，但那些美好的记忆，仍然静守在我们心灵深处，难以忘怀。

在这篇文章结束之际，我想尽管我们兄弟不是英雄，也称不上豪杰，更不能与"桃园三结义"中刘、关、张相提并论，但我还想传承"古为今用"的理念，不自量地借用《三国演义》中那二句名扬天下、流传至今的誓言"不求同年同月同日生，但求同年同月同日死"，斗胆将它"篡改"，以作为己用，以此来抒发我们坚贞不渝的兄弟情缘：今生不是同年同月同日死，但愿来世同年同月同日生！

第二辑

校园记忆

　　人生漫漫，何时都无法割舍那份浓浓的校园友情。每当回想起一段段校园学习成长的记忆，师生和同学之间的交往情义，就会像一幅幅美妙的画卷，徐徐浮现在眼前，始终无法忘记。因为他们在平凡的岗位上，为自己写出了各自人生最精彩的部分，虽然他们都是凡夫俗子，平凡得就像大森林里的一片叶子，但大森林的存在，恰恰就是由千万亿这样的树叶组合，才显得丰富多彩。地球也正因为有这些平凡而普通的人群，才创造了人类文明，创造了世界。

西装的命运

可以说从前的昌化县武隆镇中心小学是我人生求学的起点。1956年，刚满七周岁的我，按照当时小学所规定的条件，顺利地被学校录取了。对于我的入学，父母亲是非常重视与关心的。

听母亲讲，为了让我体面上学，父亲在我入学报名之前，专门去镇上一家最大的棉布店买回来一块质地上好的咖啡色洋布，然后亲自动手为我量身定做了一套非常标准的儿童西装。

在刚解放的那个年代里，尤其是一个地处大山里的小县城，可以说人们只有在电影里才偶尔见到过西装模样，在实际的生活中是很难见到这种西洋服装的。而且按当时的社会观念，西装被大家认为是西方资产阶级的产物，是不会被大多数人所接受的。而我父亲十三岁就去上海入行奉帮裁缝，学得一手制作西装的好手艺，只是苦于生不逢时，空有其才，才落得英雄无用武之处的境地。而父亲在此时专门为我精心制作西装的用意，我猜想有三个原因：其一，为了施展一下自己制作西装的技术水平，同时也借此机会重温一下多年未上手做西装的滋味。其二，给自己儿子制作西装，不会受到外界世俗观念的干扰，也不会有太大的政治风险。其三，以此举表示一下父亲对子女的关心与爱护，既名正言顺，又合情合理合法。可以说这是父亲经过深思熟虑，以达到一箭三雕的妙招。对于父亲一贯沉着、冷静、稳健、周到的办事作风，作为他的儿子，我是比较了解的，所以我自信地认为我的猜测与分析，应该是八九不离十的。而当时的我，年纪尚小，心里也不知道西装的由来与它的意义，只知道穿新衣裳是一件非常开心与神气的事情，所以当时在试穿父亲为我制作的西装时，心里还是挺高兴的。

记得到了入学报名的那一天，我身上穿着父亲为我制作的西装，脚上穿着母亲为我新做的方口布鞋，高高兴兴跟着母亲一起去学校报名。当我们母子俩快要走到学校大门口时，老远就看到学校门楼上面欢迎横幅标语牌高高挂起，两边鲜艳彩旗迎风招展。门楼下面，人头攒动、熙熙攘攘，展现在我们眼前的是一派热闹非凡的景象。在报名处的教室外面，已经站满了不少家长和穿戴鲜艳、整洁的男女学童。在他们中间无论是大人还是小孩，个个脸上都洋溢着幸福、快乐的笑容。正当我跟着母亲走进教室报名的时候，不知什么原因，突然间，在现场的人群，包括几个正在为大家办理报名手续的工作人员，都不约而同地将目光投向我们，他们用一双双眼睛盯着看我身上的西装，上上下下不停打量。刚开始自己还不以为然，甚至心里还觉得有点小兴奋与小神气，但马上就发现气氛有点不对劲。从这些围观人群的眼神里发现总有一种说不出的怪异神色，有的人脸上表现出似笑非笑的样子，有的人脸上明显流露出一种对我们鄙视的眼神，还有的人先是用手指指点点，后来干脆半开玩笑、半当真地叫嚷，说我穿的西装是"奇装异服"，洋相百出，反正是一些非常难听的言辞。

当时觉得自己就像一只刚从动物园跑出来的小动物被众人围着观看、戏弄似的，羞得我满脸通红、不知所措，只好将自己的小脑门躲在母亲身体后面。这时还是母亲会沉着应对，毕竟她是从大城市出来见过世面的人。她从容向大家诉说，这衣服叫西装，是他父亲自己做给孩子试穿的，是给孩子穿着玩玩而已……母亲语气说得非常平和、得体。就在这时从外面进来一位戴着眼镜，年长的老师（后来才知道他是小学校长），在他的劝说下，大家才安静下来，报名处也恢复了正常秩序。母亲按照规定为我办理好入学手续后，我们就匆匆回家了。

　　那天中午，父亲下班回来，在饭桌上，母亲将上午学校报名时的遭遇，给父亲详细地讲述了一遍。父亲仔细听完后，只是淡淡地说了一句话：乡下人没有见过世面，也难怪他们。当时我也在边上，因为上午在学校报名时自己受到莫名其妙对待，心里仍然有些惊魂未定，所以就胆怯地向父亲提出不愿意再穿西装去上学的要求。父亲听后，非常生气，他严肃地对我说：你看看外面墙上挂着的，马克思、恩格斯，还有列宁的画像，哪个不是穿西装的？！他们能穿，为什么中国人就不能穿？！没关系，尽管穿！看到父亲这样坚定的态度，我也不懂反驳，只能服从，只是内心还是有些疑虑与不安。

　　待到正式开学那一天，我还是穿着西装去学校，教室里安排好座位后，班主任开始点名。我记得第一任班主任名字叫王国香，从字眼上看很像是女人名字，但实际上是一个男老师，他是昌化县城西北面，地处浙、皖两省交界一个叫吉口的大山深处的人。当点名点到我的时候，我站起来，班主任盯着我的衣服看了好久，然后笑嘻嘻地从口里吐出三个字：小洋人。当时弄得全班哄堂大笑，羞得我满脸通红，恨不得自己从地缝中钻进去完事。自那以后，班里同学都用异样眼光看我，其中还有一个叫赵罗基的男同学当着大家面骂我"洋奴才"。为此我们差点打起来，后来还是给老师劝开了。更让我烦心的是，在每节课下课的时候，总会有其他班上的同学走到我们教室窗台口驻足观看我的西装。我好像一时成了轰动全校的"名人"。

　　后来还是母亲跟我讲，学校校长和班主任专门到父亲单位对父亲进行了家访，大致内容是：小孩子不是不能穿西装，但学校里穿西装，反响太大，影响其他学生学习。为此，他们建议父亲，还是不要让孩子穿西装上学为妥。自从那次家访后，我再也不用穿西装去上学了，自己内心似乎有一种解脱的感觉，人也觉得轻松自在了许多，学校学习也因此恢复了正常。后来一直到父亲去世后，母亲才给我讲起：父亲接受了那次家访后，回到家里，背着我们，将那套西装用剪刀，一刀一刀剪成了碎布片。母亲只好废物利用，将那些碎布片做了鞋底。

就这样，父亲的西装梦在当时社会世俗观念的"围剿"下，不得已，最后还是以"自残"的形式被无情地封杀了。诉说完第一次穿西装的命运之后，我又联想起自己第二次穿西装的那段往事。

时间要推进到三十年后的 1986 年。那年年初，我被金华地委一纸文件任命到金华地区经济技术开发总公司任职。这是一个新成立的公司，是金华行署为了适应改革开放新形势需要而设立的。公司主要任务是负责全区对外招商引资，起到为企业牵线搭桥的作用。公司设立了董事会制度，董事长是由一位分管工业的副专员兼职的。记得在第一次董事局会议上，董事长在会议上除了给我们明确今后的工作任务外，还特别强调在接待外商工作中，要注意的一些事项，其中就包括外交礼遇、服饰仪表，等等。在会上，他特别建议我，作为总经理，在有些庄重场合，必须要备有国际通行礼服——西装。当时在我耳朵里听到"西装"二个字，心里感到非常震撼。三十年前，学校领导极力阻挠自己在公开场合穿西装，而三十年后的今天，地区领导建议、鼓励我在公开场合要穿西装，这一前一后的反差实在是太大了。但仔细一想，这三十年时间毕竟是一个漫长的成长、发展过程，世界上有很多事物都会有一个从无到有、从不认识到认识、从不接受到慢慢接受的过程，比如西医、西餐，类似的举不胜举。这也是一切新生事物发展的必然规律。于是我在那次会议结束后，就去当时金华最大的服装一厂自掏腰包定做了一套西装，而且专门挑选了一块与三十年前那套西装一样颜色的布料。这一选择也是自己对父亲的一种纪念。

1987 年，当时我在金华分到一套新住房，我特地将母亲接来小住一段时间。有一天，我下班回家，母亲看到我穿着西装，说挺神气，并问我花多少钱买的，我就如实告诉她，布料 160 元买的，另外加 120 元加工费。母亲听后，睁大双眼，惊愕地说：这么贵啊？！如果你父亲在世的话，就不用花这么多冤枉钱了。母亲当时讲这句话，我想她多半是触景生情了吧！母亲这席话，同样也勾起了我对父亲的思念。我母亲在金华小住了一段时间，在她快回老家之前，我专门陪她去金华地区医院做了一次体检，体检结果身体并无大碍，但医生在手检时感觉她脾脏有些肿块。医生建议最好做个 CT 检查一下，但当时母亲的医保关系在老家，那时 CT 价格昂贵，费用异地也不能报销，母亲坚持回老家检查，我想也不是什么急病，就依了母亲意见。后来陪母亲回老家，又去了当地医院作了检查，发现脾脏确有囊肿，但肿块大小是在允许范围之内，无须大的治疗。这样我们也就放心许多。

那次回金华之前，我还专门穿上西装、带上一瓶正宗的绍兴花雕酒（这是我每次给父亲上坟必备之物，也是他生前喜爱之物），在侄儿陪同下去给父亲上坟。那次临时决定上坟的原因，主要是母亲在金华提起父亲与西装的事情，当时就想，一定要穿着西装给父亲上一次坟。在父亲坟前，点好香、上好酒，然后心中默默告慰九泉下的父亲，他生前没有实现的西装梦，终于在他儿子身上实现了，而且西装在整个中国大地都已普及。事实证明，父亲在三十多年前所说的那句马克思、恩格斯、列宁可以穿西装，我们中国人也可以穿西装的预言，是非常前卫、非常正确的！一个平凡之人，能够说出如此不平凡之语，父亲同样是我心中的伟人！

尽管父亲的西装梦生前被那个时代世俗观念无情地封杀了，但现在可以毫不夸张地说：父亲当年的行为，应该在当时县城里，是第一个敢于吃螃蟹的人。而且我们母子也在父亲的导演、指挥下，无意间在学校报名舞台上，上演了一场真实、美妙，还有些"惊险"的"儿童西装秀"。尽管自己表演如此笨拙与羞怯，没有像母亲那样从容、自如，但那次"表演"毕竟让我的童年经历留下了一次深刻又难忘的记忆。我从内心感谢父亲给了我那次我们父子一起吃螃蟹的机会。

　　前事不忘，后事之师。回顾二次西装不同命运，实际上也回顾了我们这代人三十年来成长、发展的历程。西装的命运再次证明：只有坚持不断改革开放，才是国家、民族生存、发展的必由之路！

班主任徐尚元

在我的记忆中，小学六年时间里一共有三位班主任。第一位班主任就是我在前面文章中提到的王国香老师，不过他担任我们班主任的时间并不长，前后一年不到就不知什么原因突然被调走了。第二位班主任，现在只能依稀记得，当时王国香老师调走以后，曾经来过一位老师，当时只知是临时借用的，而大家一听说是临时借用的，所以就没有引起重视与关注，加上时间久远，现在脑子里已经想不起那位老师的模样、姓什么叫什么。当时班里的状况一直持续到我们三年级快要开学的那一天，那天大家才知道班里又要调来一位新的班主任老师。

记得开学的那一天，当时虽然已经进入初秋，可能是因为"秋老虎"的缘故，教室里仍然有些闷热难受，但大家听说今天有一位新的班主任老师要来，所以都忍着炎热，以一种希望期待的心情静静地等待着新老师。随着学校上课钟声的敲响（当时学校没有像现在这样的电铃，而是由一位食堂工友手持铁质榔头，按时敲打挂在一棵歪脖子树杈上的废旧钢轨来传播声音），教室的门被轻轻地推开了，这时一个中等身材、体魄健壮、浓眉大眼的青年老师健步走进了教室。他先站在教桌前，一双闪亮有神的眼睛向我们看来，当他看到还有个别学生交头接耳、东张西望时，就始终严厉地注视着那几位学生的举动，直到大家都安静坐稳以后，他才转身面对黑板，用手中粉笔在黑板上方写下了刚劲有力的"徐尚元"三个字。然后回过身来，面向大家，很有激情用带有一点淳安地方口音的普通话对大家说：我叫徐尚元，从今天起我就是你们的班主任，同时兼任你们的语文课程，以后你们叫我徐老师就可以了。稍作停顿，他又接着说：从今以后，我们经常要生活、学习在一起，你们的学习重任都落在了我的身上，希望大家积极配合，有礼貌，守纪律，好好学习，天天向上，我们共同努力，来完成自己的学习任务……

徐老师第一天上课见面时，那段铿锵有力的述职讲话，至今还印在脑海里，印象深刻，终生难忘！随着徐老师的到来，他将一种严厉而又热情的作风带给了我们班里每个同学，班级也一改原来由于没有正式班主任而造成的纪律涣散、学习松懈的混乱局面。当时班上农村户口的同学占有很大的比例，在那个年代有很多农村家长思想观念中还潜意识存在着读书无用论的倾向，所以对为什么要读书的理解还很偏颇，认识也很模糊，特别是对于一些孩子比较多的家庭，更是如此，自己的孩子爱读书的就读，不爱读书的就早早叫他们下地或上山干活。这种错误的认识，自然影响到自己孩子对学习的积极性。记得当时我们班里有一个绰号叫"放牛大王"的学生，他平时经常无故逃课，旷课也是家常便饭，他宁愿上山去放牛也不愿意好好到学校上课学习。他认为读书没有放牛那样自由自在，为此，他还自编了几句顺口溜，如"读书像坐牢，不如放牛做大王"等。一些消极抵触学习的言论，随意在同学中散播，一时在学校里产生很多负面影响。

当得知这一情况后，徐老师很快重视起来。他马上进行了认真的调查追究，并对那些散布这些不良言论的学生进行了严肃认真的批评教育，同时，紧急召集全班学生，召开了一次专题班务会议。他在会上针对学生中一些不正确的言论进行了全面分析与评判，然后着重强调了读书的重要性。在那次会议讲话中，让我印象最深的是，他讲到了一个学生读书的好与坏会关系到今后人生命运是穿皮鞋还是穿草鞋的大问题。那次讲话内容非常形象、非常生动，在场的同学都听得津津有味。尽管"皮鞋与草鞋"分水岭之说，在其他场合、其他老师那里也曾听到过很多不同版本，但在我心目中，始终认定这是徐老师教授给我的一句非常经典、易记的学习警语。正因为有了这句警语，让我在幼小心灵深处就树立了"将来一定穿皮鞋"的志向。同时，还会经常把这句警语当作鞭策、激励自己不断努力学习的一种无形动力。

由于那次班务会议开得非常及时，读书无用论的错误倾向得到了有效的纠正，大家进一步端正了学习态度，明确了学习方向，也大大激发了全班同学的学习积极性。而那位"放牛大王"也在徐老师的耐心帮助教育下，深刻认识到自己的错误，作了书面检查，并得到了全班同学的谅解。这次事件的处理，充分显示了徐老师非同一般的教育水平与管理能力，事后他也得到学校领导的充分肯定和家长们的普遍好评，同时也为我们班的集体荣誉增添了新的光彩。直到今天，当年的小伙伴们，每当回想起这件事情，还经常会把"放牛大王"当作笑话提起，但笑谈之余，流露出更多的是大家对徐老师的信任与爱戴，还有对他无限的怀念！

对于徐老师的人格魅力，除了他对教育事业兢兢业业、敢于担当的高度责任感以外，更让我敬仰与感动的还有他真诚而又质朴的为人处世的品行与原则。

记得1961年春季的一个星期六的下午，当时徐老师的爱人刚从淳安老家来学校探亲，徐老师非常有诚意地邀请班里几位学生去他宿舍做客，那次我也有幸成为其中之一。当我们第一次见到师母的时候，大家一下都被她的美丽惊呆了。师母当时虽然是一身素装打扮，但她皮肤白净细腻、柳眉杏眼、瓜子脸、樱桃嘴，再加上一头乌黑发亮的秀发，一眼望去，就是个大美人，一点也不像是从农村走出来的女人。我们走进老师房间时，看到师母正在给老师做针线缝补一条旧床单，见到我们到来，她马上放下手中的针线活，起身从柜子里拿出许多刚从家乡带来的诸如番薯片、炒花生、冻米糖之类的自制零食，整整摆满了一课桌，然后不停地招呼大家多吃点。而此时的老师坐在大家中间，兴奋又认真地给我们介绍起他们家乡一些风土人情、生活习俗之类的趣事。当时大家觉得非常开心，一边品尝着师母赠予我们的各种美味可口的零食，一边聆听着老师给我们讲解各种生活学习中有趣的故事。整个房间欢声笑语、气氛热烈，我们心中都有一种说不出的温馨与甜蜜。此时的老师与师母在同学眼中，俨然是我们的大哥与大嫂，师生之间已经没有了距离，有的只是友谊与亲情。那种师生团结友爱、无话不说的场景，可以用"亲密无间"四个字来形容。如今一回想，那天下午的聚会美景，就像一幅"师生同乐、相亲相爱"的画卷自然地展现在自己的眼前。仿佛这些事情就像刚刚发生在昨天，还是那样清晰，那样生动，那样回味无穷……

那天下午回家后，我兴奋地将白天去老师家做客的事情详细地给父母亲叙述了一遍。他们听了后，也非常感动，认为我遇到了一位好老师，是我的幸运。同时责怪我为什么不把老师他们需要缝补的床单拿过来，由他们帮助缝补。并说，这么好的老师，你们又白吃人家这么多好吃的东西，（因为那时正逢三年自然灾害，这些零食在父母眼里是非常金贵的粮食）就应该好好报答人家才对。听了父母亲一番话以后，我也有些后悔，所以第二天一早我又去了徐老师宿舍。当我向他们说明来意以后，开始他们有些犹豫，感觉不好意思，后来在我再三请求下，他们才将二条暂未补好的被单交给我。我拿回去后，父亲当天晚上在家里用缝纫机一下功夫就补好了。第二天当我将补好的被单交到老师手里时，老师再三叫我替他谢谢父母亲，并提出要付些加工费，但当时就被我拒收了，因为父母亲说过的，不能收老师的费用。老师看到我决意不肯收费，就马上从房间抽屉里拿出一支白色骨质黑色猪鬃的牙刷，还有一盒包装精美的牙粉，要送给我，并吩咐我从明天起要学着刷牙。他说这样可以保持口腔卫生，还能防止龋牙。（因为当时老师是知道我们那个年代的孩子，由于种种原因，大部分还是没有刷牙的习惯。）开始我不敢收，主要是感到老师送的东西太金贵。他马上说了一句：一礼还一礼！这是做人的基本道理。当他见我还在犹豫时，就马上用命令式的口吻说道：你如果今天不拿去，以后我再也不来麻烦你们了！听了他这么一席话，我也只得服从了老师的"命令"，如数收下他送我的礼物。第二天一早我就迫不及待地按照老师教我的方法，尝试了人生第一次刷牙的新生活。现在回想起来，当时内心那种新鲜而又激动的感受，是无法用语言和文字来形容的……

　　如今这些点滴往事，虽然已经过去五十多年，而在这当中，我们师生之间相处也只有短短四年时间，但老师那种崇高而又朴实的人格品质，已在那时候就深深地植根于我的身心之中，并每时每刻都在影响着我一生的成长。因为自己从老师那里学到的不仅仅是书本上的知识，更重要的是老师教给我很多做人的道理，让我懂得了如何做人、如何做事。时至今日，我常常会从内心感到庆幸，庆幸的是我人生之中，能与恩师相遇。常言道：良师难遇，益友难求！我想自己再加一句：恩师难忘！以此来表达对我的班主任徐尚元老师的思念与感恩。

　　父母给予我生命，故土养育我成长，恩师教会我做人做事。因此，我要感恩父母，感谢故乡，感念恩师。愿天下父母安康、故乡昌盛、恩师安好。

三个发小

在中国民间有句非常形象朴实的俗语："衣衫是新的好，朋友是旧的好。"每个人在漫长的人生道路上，都会接触很多人，也会经历很多事，在不同时期、不同地方，或多或少都会结识一些不同类型的朋友，其中也不乏知己或闺蜜，但在这当中，无论他们是属于哪一类朋友，要给他们冠以"发小"这两个字，并且几十年不曾间断友谊、保持联系、往来密切的朋友，可能就少之又少了。

回望自己近七十年的人生经历，让我感到庆幸的是，在自己结识的朋友名录中，像这样的朋友，不但有，而且至少有三个。他们都是我从小学到初中一起读书的同窗好友。初中毕业后，在以后的几十年各自人生奋斗中，尽管我们工作生活在不同的地方、不同的行业，有的相距遥远，但并没有阻隔我们之间的友谊，大家始终不忘初心，珍惜友情，通过各种不同形式与方法不间断地互相联系、互相关心。经过了几十年的人生漫游之后，如今又不约而同地相逢故乡，重温儿时那段天真无邪、快乐无穷的时光，心里还那样快乐、那样幸福。此时此刻，在感慨万分的同时，也萌发了书写这篇文章的念头，想以此来表白自己对三位挚友几十年深情厚谊的眷恋与怀念。

时光久远，追忆似水年华，特别是回想我与三个发小潘亚新、周俊涯、戴能强孩提时在一起的感叹动人的往事……

发小之一：潘亚新

说起自己与潘亚新的缘分与关系，可以用"百年修得同船渡，五世修得同窗读"这句话来形容，因为我们俩，不但是同学、同乡，而且还是同年、同月，只差四天就是同天生日。为获取准确出生日期，我还专门向潘亚新核实过几次，最终确定，他的出生日期是 1949 年农历十一月初九，而我的出生日期是 1949 年农历十一月初五，前后不多不少，就差四天。如果按照民间故事里所描写的，人在出世之前，是由南海送子观音用渡船，一船一船、男女搭配，运送到人间的话，那无疑，我们俩注定是乘坐同一条渡船来到人世间的。所以将"百年修得同船渡"这句话放在我们俩身上再合适不过了。

从出生时间看，虽然我要大他几天，但在我从小还不知道自己比他大的时候，在我心中却始终把他当我的大哥一样尊重、信任。如果要我说原因，也很简单，因为我们从小学开始一起读书，一直到初中毕业，整整九年时间里，始终没有分开过，都是同校、同班的同学。不同的是他一直担任我的班长，而我一直是他的部下，在我的心目中，他就是我的老班长，对我来说已形成一种习惯。也可以说，他是我人生遇到的第一位，也是领导我时间最长的一位领导了。另外，也是我最看重的一点，就是他的人品。在我心目中，他是一个心地善良、为人正直、虚心好学、成绩优秀，而且平易近人，虽然一直担任班长职务，但他从来不会在同学面前摆"官架子"，而是善于团结同学，依靠群众，有较强的组织领导能力。在老师眼里，他是一个品学兼优的三好学生。而在我们同学心中，他一直是大家学习的榜样。也可以说，他是一位当之无愧的学生领袖。

至于他为什么如此优秀？在我看来，也不是生来就有的，这与他有一个良好的家庭环境有关。记得在我很小的时候，我母亲当时是镇上居委会主任，她对当地一些家庭人事、历史成分比较了解。她曾经多次给我讲起，潘老师（潘亚新的父亲，叫潘裕荣，后来是我们初中语文教师）祖上在当地是一个书香门第、名门望族，家境殷实，乐善好施，行善积德，崇尚耕读传家的传统美德，因此在当地百姓中享有很好的口碑。解放后，潘老师凭借自己良好的为人和丰富的文化知识，当上了人民教师。他平时生活、工作中，谦虚谨慎，知书达礼，待人和气，没有一点知识分子架子，甘与工人农民交朋友。对待自己的子女有严明的家规家教。所以在镇上，他是一位非常受人尊敬的知名人士。细听母亲的几番介绍，让我加深了对他们家里的了解，无形中，也使我从内心产生了对潘亚新的好感与信赖。由于他有一个良好的家庭环境，有父母严明的家规家教，加上他自己刻苦努力，所以成就了他的品学兼优。这些自然也成了我对他的仰慕与学习的原因了。

在我们九年的同窗生涯中，虽然他在各方面都非常优秀，但他从来不会由于自己出类拔萃而自高自大、瞧不起比他落后的同学，这点我就有非常深刻的体会。从小学到初中，自己虽说是属于那种得了六十分就喊万岁的人，但自己认为自己也有一个值得"自豪"的优点，那就是从来不会去嫉妒比我优秀的人，而是会积极主动向他学习，向他靠拢，把他当作自己学习、模仿的榜样。所以我想，这也应该是成为我与潘亚新之间除了缘分之外，互相能够保持几十年友谊的主要原因吧！

1965年，我们初中毕业后，潘亚新由于各门功课成绩比较理想，他按照自己的意愿，如愿考上了高中继续深造。而那时的我，自知成绩一般，加上家中经济原因，在家人的共同商讨下，就进了中专技校就读。这期间，让我们始料未及的是1966年在全国范围内爆发了史无前例的"文化大革命"，在之后几年里，断断续续，几乎都没有好好读过书，就这样混到了毕业。而当时的我，没有毕业就参军到部队里去了。后来据潘亚新自己介绍，在1968年上山下乡运动中，因为他是独子，加上前面他的两个姐姐，已相继下放到农村，所以，按照当时政策，他获得了一个招工指标，于是就被招工进入了昌化建筑工程公司当学徒。按照当时企业规定，一般学徒工，起码要学三年才可出师，但由于他在学徒期间，工作积极主动，能吃苦耐劳，尊重师傅，虚心好学，很快获得了公司上下一致好评，因此被破格提前抽调到公司机关技术部门工作，学习建筑设计。

对于他一个只读过一年普通高中的人来说，要想学好专业性如此强的业务，其中的难度是可想而知的。但他并不气馁，充分发扬他在学校时的优良作风，虚心好学、奋发努力。同时，在他师傅的精心栽培下，在三年不到的时间里，就顺利考出了助理工程师的职称。与此同时，由于他一贯工作表现出色和具有良好的群众基础，在短短的几年时间里，被提拔为部门负责人和公司副总经理，最后当上了总经理。当时可谓是他人生春风得意的黄金时期。

然而天有不测风云。正当他大显身手，满怀信心，准备报考工程师职称，然后想再大干一场的关键时刻，一场突如其来的疾病降临到他身上，瞬间击碎了他的梦想。1996年，他被医院确诊为"尿毒症"，需要做换肾手术。这一消息对他来说是一个意想不到的沉重打击，按他当时的话说，简直是五雷轰顶，好像人生一下子掉进万丈深渊一样！面对严峻的生死考验，怎么办？是悲观失望，坐以待毙，还是振作精神，正视现实，与病魔抗争？经过激烈思想斗争，他毅然选择了后者，面对人生坎坷，决不低头，而是发扬不屈不挠、抗争到底的精神，迎战一切困难。经过二十几年的顽强拼搏，如今，他的身体恢复得非常健康，家庭生活也幸福美满。据说，像他这样的，在中国泌尿医疗史上，换肾手术一般只能存活十四五年。而他确已经过了二十年以上，并且各项生理指标非常稳定，本人感觉也越来越好，就连他的主治医生都难以置信，并为之惊叹，也为之高兴。可以说，他为国内泌尿肾移植手术，创造了一个"吉尼斯纪录"。或者说，在挑战不可能的项目中，他居然幸运地挑战成功了。在这可喜可贺、欢欣鼓舞的时刻，我们大家，尤其是潘亚新本人，不能忘记一个人，那就是他的爱人孙爱娟。

提起孙爱娟，就让我回想起1973年我与她第一次见面的情景。那年冬季的一天上午，我回老家探望母亲，也不知潘亚新从哪里得到我已回老家的消息，连招呼都没打，就径直登门来看我。记得当时我在二楼，他一面上楼梯，一面叫我的小名"小毛头"。这时从后面传来一个铜铃般的女人笑声，清脆悦耳，非常好听，可能是她认为我的小名可笑吧。随着笑声，我朝潘亚新身后望去，原来是他的女朋友来了。

我见到她的容貌时，眼睛一亮，觉得她不但笑声优美好听，相貌也非常出众，在我看来，她当时在当地算得上最漂亮的美女了。这让我想起陕北延安、榆林地区的一句民谣："米脂的婆姨，绥德的汉。"而当时在我们家乡一带也流传着一句类似的民谣："于潜出美女，昌化有憨男。"（意指昌化大山里的男人，敦实可靠）而孙爱娟正是于潜人氏，这也进一步印证了这句民谣的可信度。当时见到潘亚新与孙爱娟两个人站在一起，郎才女貌，非常般配，我从内心为我的老班长、老领导能娶到如此美貌的老婆而感到羡慕和高兴。不过，这些青梅往事，只是当时年青时代感兴趣的话题了。而现在我们最关心的话题是他们夫妻俩是如何面对重重困难问题的。

在西方人的婚姻价值观念中，他们把夫妻比喻为林中之鸟，如果大难来临，为逃避厄运，是可以各飞东西，逃命去的，这种行为，被视为合情合理。但在我们那个年代，人们崇尚的是"忠心不二"，或者叫"从一而终"，再通俗一点的说法就是"嫁鸡随鸡，嫁狗随狗"。哪怕是天荒地老、海枯石烂了，都永不变心、永不分离。中国人家喻户晓的梁祝故事，就是典型的中国婚姻价值观念的一个缩影。孙爱娟就是这种传统观念的忠实追随者。

潘亚新病情被确诊后，孙爱娟所面临的压力与困难是前所未有的。摆在她面前的状况是：上有老（公、婆都已是古稀之人，自己老家她是老大，母亲年老多病需她关照），下有小（当时两个女儿尚小，都在上学，也需照顾），中间有个重病号（指潘亚新）。面对种种困难，孙爱娟没有被吓倒，她抱着"世上无难事，只怕有心人"的信念，顽强应对。她一方面鼓励潘亚新树立信心，坚持中医保守治疗；另一方面用她一个女人柔弱的肩膀挑起整个家庭重担。在她不屈不挠精神感召下，全家上下团结一致，同甘共苦，不离不弃，顶着困难，艰难前行。为了解决潘亚新急需肾源的主要矛盾，她发挥了自己善于交际的优势，充分利用各种关系，寻找可靠肾源。在她千方百计努力下，功夫不负有心人，最后在朋友支持帮助下，找到了优质肾源，并在浙一医院，请最好的专家为潘亚新顺利做了肾移植手术。据孙爱娟后来回忆说，潘亚新在浙一医院住院的一个多月时间里，她全程陪伴、精心照顾，几乎每天晚上只睡两个多小时，心里总盼望他早点康复，能有一个完整的家。这是她当时唯一的愿望。听了她的这些话，让我想到中国另外一句名言："患难见真情。"此时此刻，将这句名言，放在孙爱娟身上，是当之无愧、再合适不过了。当她为救夫君之命，甘愿赴汤蹈火、上刀山、下火海的情景再次浮现在我们眼前时，我们内心对她除了敬佩还是敬佩！

　　如今，每当我们这些老同学、老朋友聚会时，爱唱歌的孙爱娟唱得最多的歌曲就是董文华的成名曲《十五的月亮》，她爱唱这首歌的心情与用意，即便她不说，大家心里也明白与理解。但我还是要说，潘亚新之所以有今天，其中孙爱娟的功劳，不仅仅只是十五月亮的一半而已，从某种意义上讲，是孙爱娟挽救了他的性命，挽救了他们潘家，因为她的实践足以证明这点。当然，我也相信中国的一句老话："积善之家，必有余庆。"这应该与潘亚新祖辈所积祖德有关。我想加上后面这条理由也是为他俩之间月亮之分作些平衡罢了。这权当是笑话，幽默而已，无须当真。况且夫妻之间的义务是相互的，是法律上有明确规定的。我也相信他们之间不会去计较功劳、得失这些虚渺的东西，因为人活着是最重要的。所以回看往事的艰辛，再看今日的幸福，我们还是要向这对经过生死考验、患难与共的夫妻，尤其是要向这位为救夫君、肝胆相照的女侠美人，敬上一杯美酒，真心祝你们劫后重生恩爱如初，直到永远。这也是我们几个发小的共同希望与良好的祝愿。

三个发小之二：周俊涯

　　说起周俊涯，在三个发小中，我与他相处接触时间是最多最长的一个。从客观上讲，因为我们两个人的家就住在同一条街的两对门。有句老话说得好："远亲不如近邻，近邻不如对门。"我们之间就占有了这个地理位置的优势，成了不折不扣的对门邻居。在我的记忆中，小时候我们两个人，几乎天天见面，也可以说从穿开裆裤起，我们就开始混迹在一群小朋友之中嬉笑打闹、追逐玩耍了。如果要形容我们之间的关系，我想在我们"发小"称呼后面再加上一个"赤屁股朋友"的"雅号"，就更加贴切，更能说明问题了。

　　记得小时候，我们家的斜对面，就是当时昌化县委、县政府大院，而周俊涯他们家就住在县府大院西侧一幢民房里，与县府大院只是一墙之隔。该大院在解放前，就是伪县政府和国民党县党部所在地，俗称"旧衙门"。解放后自然就归人民政府使用。从远处望去，大院门厅高高耸立在县城街道中心，和周围破旧民房相比，有如鹤立鸡群，独树一帜，显得气宇轩昂。豁眼看去它又像一尊徽州大牌坊，庄严肃穆、高贵别致。我几十年后一次去澳门参观世界著名建筑"大三巴"牌坊时，自然就回想起自己家乡这座大院门厅，因为它们的外形与建筑风格非常相似。在我很小的时候就听邻居一位老大爷讲，这座门厅建于中华民国初期，是由一名留洋工程师设计建造的。整个门厅宽敞宏伟，两边青砖高墙，呈八字形向左右排开，显得非常威严气派。中国有句民谣："自古衙门八字开，有理没钱莫进来。"可见中国自古以来，县衙大门的建造样式，应该都是按照八字排开的规制来建造的。不过这只是自己的猜测，是否如此，我无从考证。但这座门厅也有一个不同之处，就是在左右高墙的上方，还各加建了一尊三角形尖顶塔墙，远远望去颇有西洋教堂建筑风格。而在正大门上方又建有一尊白墙黛瓦并镶着宽边的半圆形牌楼，它明显带有中国古典建筑风格。因此在我印象中，整个门厅是一座中西合璧的产物。像这样独特的设计风格，在国内应该非常少见。我想这可能与设计这座门厅的留洋工程师的人生经历有所关系。另外，在大院门厅正上方半圆形白墙中间，还镶嵌着一颗硕大的五角星，在阳光照射下，红星闪闪发光，非常醒目耀眼，它象征着一个红色政权的存在。不过用肉眼再仔细观察，就会发现在五角星的底部，隐约可以见到一个国民党青天白日锯齿形党徽的旧痕迹。这也正说明这座门厅是政权更迭、改旗易帜的历史见证，是当地不可多得的历史文物。

在刚解放的头几年，由于当时县委、县政府中的大部分机构都设置在大院内部，因此大院的门卫管理非常严格。警卫人员，个个荷枪实弹，戒备森严，一般百姓是不能随便进出大门的，我们这些小孩子，更是不敢越雷池半步，所以，对当时的人们来说，大院似乎是一座神秘的城堡。而在我们一群小孩心中，除了对它感到神秘以外，更多的是一种好奇与向往，总想进院去探个究竟！为此，我们几个小伙伴，曾经尝试夹杂在上班人群中蒙混进去，但都被高度警惕的门卫发现，并训斥劝离，未能得逞。记得有一次正当我们万般无奈的关头，周俊涯悄悄地向我们透露了一个秘密，说他们家的后园围墙有个缺口，可以直通大院。听到这一消息，我们几个立刻兴奋起来，马上进行了实地侦察，当我们看到确有此景时，心里高兴不已。于是经过一番"密谋策划"，经周俊涯同意，并在他的带领下，我们几个小伙伴，猫着腰从围墙缺口处顺利地钻了进去。进入大院后，我们都庆幸梦想成真，个个高兴得手舞足蹈，心里有种说不出的获得感。

待我们一起走向大院纵深处后，发现里面的情形，确实非同一般，整个大院占地面积非常开阔，一眼望不到边际。各式风格的建筑错落有致地分布在略带坡度的半山腰，每座房屋前面都砌有整齐有序的石台阶，房屋之间有青石板与鹅卵石镶嵌而成的便道贯通，远远望去，纵横交错、四通八达，行走起来非常舒适畅通。在大院的中心位置，还建有一座可以容纳五六百人的大礼堂。在礼堂正门前面是一个体育设施齐全的大操场，里面分别建有篮球、排球和羽毛球场。边上还有单双杠和用大木柱制成的秋千，以及跳远、跳高专用的沙坑。还有很多器材品种是当时从来没有见过的，使人看了有点眼花缭乱，有如《红楼梦》里刘姥姥初进大观园的那种感觉。在大礼堂附近还设有医务室与小卖部，各种设施一应俱全，整个院子用"麻雀虽小、五脏俱全"来形容比较恰当。

然而让我们远远想不到的是，在大院最西侧，竟然还有一座高墙铁丝网围着的监狱（后来才知道叫看守所）。当我们几个人经过监狱大门时，看到有两个站岗的警察用眼睛注视着我们，我们顿时神情紧张起来，生怕自己"非法"入境的坏事被警察发现，把我们抓进去坐牢，就赶紧加快步伐，逃离了现场。其实这是自己吓自己，心虚的结果。

由于我们都是第一次进入大院，对里面的地理环境，一无所知，大家东兜西转，乱走一通，后来不知不觉走进了一片开满白花的果树林里。开始谁也不认识这些开白花的叫什么果树？后来听周俊涯介绍说，这叫梅子树，现在开花，过段时间就会结果子，还说梅子又酸又甜又爽，味道非常好吃。听了他有声有色的介绍，我们口水直流，但眼前只见白花，不见果子，心里有点失落，最后还是忍着口水，快快离开了那片梅子树，朝别处走去。由于大院范围实在太大，走着走着，我们竟迷失了方向，大家顿时一阵紧张，不知所措。最后还是周俊涯沉着冷静，他不慌不忙带领我们七转八拐，顺利混出了大门。这时我们才松了口气，全身觉得轻松了许多。

有了第一次"游院惊梦"，也有了我们自己进入大院的"秘密通道"，在以后的日子里，每逢节假日或者碰到闲暇无聊的时候，我与周俊涯经常会约上几个要好的小伙伴，进入大院，在里面天马行空的尽情游玩，整个大院似乎成了我们自由进出的"迪士尼乐园"。

尤其是到了每年的暮春初夏季节，我们光顾大院的次数就更频繁了，因为这是大院那片梅子树，硕果累累、快要成熟的季节。在那"吃糠咽菜"的年代里，除了三餐温饱以外，再要想吃到额外零食、水果，对于我们这些普通家庭的孩子来讲，简直是一种奢望。但嘴馋又是我们那个年纪孩子的天性，怎么办？于是偷摘果子就成了我们这些"野孩子"解馋的首选。记得在我们每次行动之前，都会经过商量准备：首先会选择在机关工作人员中午休息的时间进去，这样可以避开他们的眼睛，免得露馅被捉。然后我们分工协作，采用速战速决的战术。几乎每次行动都不会空手而归。记得当时自己个子比较矮小，但爬树非常灵活熟练，所以每次行动自己都会自告奋勇负责上树采摘。而周俊涯从小就比较沉着文静，善于思考，所以每次行动都由他统一指挥并负责在树下收集果子，最后再由他统一按人头分配。由于他一向为人正派，办事公道，从不多吃多占，大家对他比较信任，无形中，他就成了我们这群小伙伴中的"孩子王"并受到爱戴！当时由于摘下来的果子尚未完全成熟，味道又酸又涩，开始吃有点难以进口，但到后来我们个个吃得津津有味，不愿撒手。主要是因为那个年代可吃的食物实在是太少了，我们根本没有选择挑剔的余地。饥不择食，就是当时我们的生活写照。

如今，每当回想起当年自己啃吃酸梅时光的旧影，嘴里仍然会产生巴夫洛甫条件反射那种感受，满嘴口水直咽。尽管口腔里的感觉还是那种又酸又涩的味道，但在自己的内心却会荡漾起一种难以用语言表达的愉悦与眷恋。这段往事始终萦绕在我们的心头，难以抹去，因为这是人生一段无法复制的美好记忆。

在我的记忆中，当时县政府大院正门广场南端、紧邻城区大街，还建有一座与大院门厅遥相呼应的照墙壁。它的位置正好与大院门厅处在同一条中轴线上。仰头望去，白墙黑瓦，雄伟壮观，外形酷似北京故宫九龙壁，它虽然没有像九龙壁那样华丽气派，但也不失它独有的威严庄重、敦厚朴实的气概。这座照墙壁，在当时也称得上是整个县城地标性建筑，它与县府大院一样，是全县人民政治、经济、文化中心的象征。而对于我们一群小孩子来说，更是我们开展各种课外活动的重要场所。

解放初期，像我们这样一个深山小县城，交通闭塞，电信不畅，也不可能像大中城市那样，都配有青少年宫之类的活动中心，更没有像现在一样，到处有电视、网络游戏场所。我们小时候的一切课外业余活动，都是靠我们小伙伴们自己组织、自制道具进行的。比如，男孩子比较喜欢打陀螺、推铁圈、打排儿棍（用两支拇指粗，五十公分长的柴棒，然后在地上放置两块半砖头作道具即可进行）。这类游戏也是当时山区孩子独创、大家都比较喜欢的一种集体活动。还有比较盛行的打玻璃蛋子球，五颜六色，透明光亮，几乎每个人书包里都会放上几粒。

一到晚上，我们就玩得更加疯狂，总会有十几个孩子，先用猜拳的办法，将参加人员分成二组，其中猜拳取胜者，参加第一组，叫解放军组，另外猜输的自然就是第二组，叫美国佬组，这种游戏名称，就叫解放军抓美国佬。人员分好后，然后用扑克牌作道具，人手一张，就可以进行了。这种游戏是界定在两根电线杆之间进行的。而两根电线杆之间有很长一段距离，二组人马，你追我赶，来回不停奔跑，往往几个回合，就会气喘吁吁、满身大汗。所以一到夏天，我们几乎个个都是上身光着膀子，下身只穿一条小裤衩，还光着脚，满街来回奔跑，我们自己戏称自己为"赤膊上阵"。后来我们把这种游戏名称简称为"抱电线杆"。这种游戏玩起来，感觉特别过瘾有趣。它的好处是，既能锻炼身体，又能培养每个人的团队合作精神，而且还非常安全。当时还受到家长、学校的推荐与支持，成了我们那时广泛开展的游戏之一。

除了男孩子玩的游戏之外，女孩子最喜欢的有跳牛皮筋、踢毽子，还有一种叫"抓石子"的游戏。小石子都是从河滩上捡的，以每把抓起石子数量多少定输赢。一般手小点的，每次只能抓起三五颗，手大点的偶尔可以抓六七颗。胜负除了与每个人手掌大小有关系外，速度、技巧都是有讲究的。我们还经常看到三五成群女孩子聚集在一起，在平整的水泥地上用粉笔画上很多方格子，用来玩一种叫"跳房子"的游戏。

不过上述一些游戏一般多是女孩子的专利，男孩子不会，也不敢与她们同玩。因为在那个"男女授受不亲"的年代里，社会上封建残余思想还比较严重，对我们小孩子自然也产生很大影响。在那时，别看我们个个长着一颗小脑袋，里面的封建思想还是蛮多、蛮顽固的。除了平时不愿和女孩子玩以外，就连在教室里用的课桌、板凳上，也有名堂。男女生之间先要通过谈判甚至争辩，明确分界线，再在上面用铅笔甚至刀片之类的工具，狠狠划上一道"三八线"后，才能表明双方之间是"清白"的。诸如此类的小动作，举不胜举……现在回想起这些往事，自己都会觉得小时候的行为是多么滑稽可笑。如果将这些事情讲给现在年轻人听，他们也会笑掉大牙，认为不可思议。但我讲的确是大实话。

总之，在我的记忆中，玩是我们儿时生活的主旋律，各种游戏五花八门，内容丰富多彩。小时候的生活状态可以用"无拘无束、无忧无虑"八个字来形容。尽管那个时代物质生活比较贫乏，但在精神层面上活得非常愉快充实。我们的童年时代，几乎是在游戏中度过的。在我的记忆中，那个时候所进行的游戏活动，一般都在我与周俊涯家门口开展，所以我们又享受到了"近水楼台先得月"的待遇，几乎每场游戏活动，我们两人都会不约而同前往参加，极少缺席。而且有很多游戏都是由他组织策划的，还有游戏中所需的一些道具，也都由他事先开动脑子，自己动手制作完成，并无偿提供给大家使用。可以说，他是我们开展各项游戏活动不可缺少的核心人物。他小时候就具有的良好品行与天赋，为他日后成长为名副其实的宣传部部长奠定了坚实的基础。

时至今日，当我与他讲起小时候游戏活动中的一些趣事时，总会有一种兴奋与向往的心情涌上心头，同时让我们真正感受到，无论时光如何流逝、时间有多久远，我们依然会记起童年那些诗一般的往事，以及我们从儿时就建立起来的纯真无邪、亲密无间的友谊！

人生的成长历程，最难忘的莫过于学校时光。

在自己就读小学的六年光阴中，我和另一位发小潘亚新一样，与周俊涯从小学一年级开始，就是同校同班的同学，可以说小学整整六年时间，我们是在同一间教室里度过的。所不同的是，我们三个人当中，自己在班里的学习成绩和其他各个方面，都不如他们两个人优秀。比如潘亚新，在小学六年同窗中，无论学习成绩还是其他各方面表现都比较突出，所以，他始终担任我们的班长。而周俊涯也因为学习成绩比较优秀，经常担任班里的学习委员。

记得当年参加少先队组织时的一些情景。少先队组织的职务有大队长、中队长、小队长之分，每种职务都拥有一块小方形袖标，像现在部队军衔制一样，大队长三道杠，中队长二道杠，小队长一道杠，这些袖标都是用白底红杠镶嵌而成，外形看去，方方正正，红白分明，非常醒目耀眼。在我的印象中，全校大队长只设一名，好像是由校长指定担任的，中队长一般都是由每个班的班长担任，而小队长应该是由班主任指定担任。我们平时在班里上课时，经常会看到潘亚新手臂上挂着一块中队长袖标，显得特别英俊帅气，我们对他这款形象都非常羡慕和赞许，直到今天都记忆犹新。虽然周俊涯的学习成绩和其他各方面表现也很优秀，但他的父亲在解放前伪县政府田粮科应聘任秘书期间，曾经参加过国民党组织，当时被视为有"历史问题"人员。在那个论成分、讲政治的年代里，尽管解放初他们家庭成分也是贫农，但他父亲的"历史问题"，还是给周俊涯后来的成长进步带来不小的影响，有些影响甚至是致命的。当时的我，由于在班里学习成绩一般，其他表现也很平常，所以在小学六年时间里，从来没有担任过什么职务，也没有挂过少先队袖标，只记得自己挂过红领巾。那时自己年纪幼小不懂事，混混沌沌过日子，根本不知道职务名誉与自己有什么关系，也不会去嫉妒那些优秀的同学。相反，自己心中始终把他们两个当作学习榜样，主动与他们接近，最后我们成了好朋友。这应该也是一种缘分使然吧！

在小学读书期间，由于我与周俊涯是对门邻居，相处关系也一直很好，所以每天早上都会结伴去上学，放学时，也会相约一起回家。在小学六年时间里，我们相伴、相知、相助，最后成了亲密学友与好伙伴。在朝夕相处的日子里，有一种经历，让我至今印象深刻，难以忘怀——那就是看"小人书"。

提起小人书（也叫连环画），那绝对是我们少年时代不可缺少的精神食粮，也是我们小时候知识的第二来源。

也不知从什么时候开始，在我和周俊涯家的附近，开设了几个大小不一的租书摊，有的就附设在杂货店门口一个木板架上，边上总有一个老人守候在那里。木架上摆的尽是小人书，一本本、一册册，五颜六色，品种繁多。画面人物栩栩如生、千姿百态，引人入胜。谁见了那种场景，都会被它吸引过去。当时小人书的租金也不贵，一分钱就可以租看一次，时间不限。

通常我与周俊涯每次从学校回来后，就会直接从家门口分手回去。自从有了小人书摊以后，我们的课外业余生活也就有了很大变化，在我们放学进家门之前，总会一起先到书摊看上几本小人书，过过书瘾才会回去。后来竟然发展到看书看到经常忘记回家吃饭的情形。记得我自己就有几次是被父母亲从书摊里扭起耳朵时，才想起回家吃饭的。当时那种用功劲头，好像要比现在高考学子还要勤奋百倍，用废寝忘食来形容，非常恰当。由于经常光顾书摊，在小人书的世界里，我们逐渐获得很多在课堂上学不到的知识。我们小学就知道了《钢铁是怎样炼成的》中的保尔，解放军叔叔雷锋、董存瑞、黄继光，以及少年女英雄刘胡兰等很多英雄模范人物的事迹，使我们深受感动。也看到了岳飞、林冲、杨家将等古今的历史人物那种侠骨大义、精忠报国的爱国主义精神。当然，还有我们小孩子最喜欢，情节奇特，引人入胜的各种神话，如《西游记》中的孙悟空、《白蛇传》中的可怕蛇精、《七侠五义》中的神仙鬼怪故事，使我们幼小心灵增添了无限神往与遐想。

每次看书，周俊涯的速度总要比我快些。他看完一本书以后，会一面催问我有否看完，一面选择下一本想看的书本，并推荐给我，而我会顺从他的意图，照换不误，两人配合非常默契。因为，我们这样轮换看，可以达到花一分钱看两本书的目的。开始我们还以为占了"小便宜"，心里总有一种非常合算的感觉，也为我们的"小聪明"窃窃自喜。到后来才知道，书摊里看书的人都是这样干的，这是一种公开的秘密，只是互相暗中交换，不被轻易发现而已。管书摊的那位老人，可能是因为看书的人太多，一时也管不过来，只能睁只眼闭只眼罢了。所以，凭良心讲，一分钱看两本书，确实是非常便宜的。

由于我们经常光顾书摊，虽然租书费用不贵，但长时间消费，对于我们两个经济条件都不富裕的家庭，父母给我们的零用钱少得可怜，因此，我们很快就遇到了"经济危机"。为了解决这一矛盾，我们商量，先各自从家里将现有的一些废旧物品，如牙膏皮、旧报纸箱、废铜烂铁之类的东西，收集起来，卖给供销社废品收购站，得到一些零钱，来弥补租书费用不足。到后来，我们干脆一起经常到县政府大院、邮政局后院，一些当地比较大的单位垃圾场，去收捡被人家丢弃的废旧物资，如电线铜线头、铁皮包装盒，还有些旧纸皮包装袋等，凡是可以回收利用的，我们都认真仔细分类包装，然后拿到供销社去变卖。在回收废品的劳动过程中，虽然有些麻烦，也比较辛苦，卫生也很有问题，所得报酬也很少，但在那个贫穷的年代，这是年幼的我们唯一能做的事情。我们认准目标，没有放弃，树立一种积少成多的信念，积极坚持去做，经过我们齐心协力，辛勤劳动，也获得了可喜的报酬。不但解决了我们平时租书所需的费用，更重要的是通过这些艰苦劳动，不知不觉培养了我们从小勤俭节约、吃苦耐劳、自力更生的优良品质，为我们今后人生健康成长，打下一个良好的品德基础。

如今，小人书已经完成它的历史使命而不见了踪影，也可以说是销声匿迹了。取而代之的是那些五花八门、精美别致的卡通、漫画、影碟，还有网络游戏等，充斥了整个文化市场。遗憾的是，这些新脸孔已经看不到中华古老文化的底蕴，更找不到当年小人书里所具有的那种弘扬正义、战胜邪恶、讴歌真善美的亲切朴实、刻骨铭心的感觉。现在，每当我们回想起当年那种看小人书时的情景，书中那一页页朴实无华的画面，那一个个真实生动的感人故事，就会浮现在脑海之中，犹如自己初恋情人楚楚动人的倩影，深深记在心里，不会遗忘，不会消失。尤其是自己与周俊涯在小人书世界里那段风雨同舟、形影不离、共同"创收"、共度"经济危机"的经历，已经完全定格在我们人生岁月记忆之中，成为无法抹去的美好影像！那我们友谊的见证，是我们共同的宝贵精神财富。

时光匆匆，随着岁月的逝去，我与周俊涯不知不觉度过了小学六年的学习生涯，并一起升入初级中学。进入初中后，我们虽然还是同校同年级，但已不是同一个班级了。我当时被分在初一（1）班，而他则分在初一（2）班，因此在学校，我们互相接触见面的机会就少了很多。但校外活动一切如常：春天我们会一起去春游，夏天会一起去游泳，秋天会一起去秋收，冬天会一起去堆雪人。尤其是每到星期天、寒暑假，我们经常会结伴去很远的山上砍柴。偶尔也会相约去附近建筑工地挑河沙、搬砖块、打零工赚点学费与零花钱，以此来减轻各自家庭的经济负担。

要说初中与小学生活有什么不同？那就是随着我们年龄成长，各自个性有了差异，我们之间的业余爱好就有了明显不同。自从上初中以后，因为自己性格又憨又蛮又好动，所以就喜欢上各种球类运动，尤其是迷上了乒乓球与篮球，有时也去打打排球，偶尔也去踢踢足球，反正倾向尚武。而周俊涯由于他性格比较文静内敛，他偏爱文的一面，加上他在小学时，就已学会了拉二胡，因此，他对各种乐器很感兴趣，经常去钻研学习。由于他虚心好学，善于思考，又有文艺天赋，再经过他勤学苦练，不断开拓进取，很快就掌握了各种乐器的表演技能，吹拉弹奏样样精通。而且还充分利用课余时间开动脑子，经常自编自导自演一些精彩小剧目，参加学校、社会上各类文艺演出，多次获得奖励，得到了有关部门的一致好评。

他的文艺才能，从此也崭露头角，很快成了当地小有名气的文艺尖兵。当时我们看到他的表现，真有种不鸣则已，一鸣惊人的感觉，心中大为惊叹！除了文艺才能一展无余，他在班里的学习成绩也一直名列前茅，各门功课都得到任教老师的称道，他还担任过2班班长职务，可以说他是一名德才兼备的好学生。天有不测风云，正当他像一棵苗壮的树苗健康成长的时候，令大家万万想不到的是，他这样一个品学兼优，才艺出众的好学生，竟然在高中升学考试中，没有被学校录取！而且不久，他又随同家人一起下放到农村落户。为此，他们家里的遭遇，一时引起整个学校以及社会的极大关注，都为此事表示震惊与不解！但在那个唯成分、讲政治，以及"左"倾思想泛滥的年代里，百姓的呼声、民众的意见，有谁会关心、理会呢？究其原因，只有一个，因为他父亲是国民党员！对于这样的答复，大家无言以对，也无可奈何！因为这是当时社会存在的普遍现象，也是基层组织曲解中央政策的一个严重恶果。

面对如此疾风暴雨的双重打击，当时一些关心爱护他的亲朋好友、老师同学，都为他的未来前途深表惋惜与担忧，但也爱莫能助，无计可施！我就是其中之一。初中毕业分手后，我匆匆去了外地读书，由于路途遥远，无法经常相见，通信也不便，但是内心还是经常挂念关心他的情况变化。得知他在人生漫长而艰辛的道路上，面对残酷现实，没有怨天尤人，更没有自怜自艾，而是挺起胸膛，顶天立地，顽强拼搏，开创了自己一片新天地，从一个煤矿工人，最后成长为一名地方政府部级干部（我经常戏称他是我的父母官）时，我从内心为他感到无比高兴与骄傲。直到几十年后，我们各自退休，头发霜白，有暇聚首时，通过促膝交谈，详细了解，才知道他的一些详细情况。他那段悲壮曲折而又绚烂多彩的人生奋斗经历，才完整清晰地展现在我的眼前……

周俊涯 1962 年初中毕业后，因为父亲的所谓"历史问题"被取消了高中录取资格，随即跟着家人一起被下放到农村落户。如此变故，对于当时只有十四岁的少年来讲，的确是一个不小的打击。他后来对我说，当时对自己被取消录取资格，内心虽然有迷惘与不解，但也没有太多的抱怨与失落。毕竟是父亲的事情，自己是不应该埋怨的，因为父亲当时也是很无辜的。再说人生道路没有单行道，下放对于一个平时对劳动吃苦已经习以为常的人来讲，更加没有什么可怕。

其实他下放那年实际年龄只有十四岁（他的出生时间按阳历折算应该是 1950 年初出生的）。下放以后，他年纪虽小，又没有书可读，为了减轻家庭经济负担，他设法四处打零工，县城的粮库、建筑工地、搬运公司等处都有他的身影，都留下他劳动的足迹和洒下的辛勤汗水。他还形象地戏称自己是一个"标准的童工"。在繁重的体力劳动之余，他还经常忙里偷闲，跟着他父亲学写毛笔字，每逢春节前夕，他们父子俩会在自己家门口摆上桌子，准备好笔墨纸张，免费为街坊邻居书写门帖对联。有时候碰到下雨、下雪天闲着，就继续他的乐器爱好，吹拉弹唱，自娱自乐。这也充分体现了他面对曲折人生的一种豁达、乐观向上的精神风貌。就这样在艰苦环境中，他顽强自信地坚持了七年。直到1969年单位招工，他才有了人生新的转机。

当时有二个单位要他前去报到。一个是昌化文华越剧团，因为剧团领导了解他的人品与文艺才能，希望他去剧团上班。另一个是县夺煤指挥部下属的昌南煤矿。该矿领导也了解他的情况，非常希望他到煤矿去发展。面对这一重大人生抉择，他考虑再三，选择了煤矿。在他看来，文艺单位虽然是自己的爱好，但工作太过轻松，难以锻炼自己。

而煤矿虽然在山区，工作也比较艰苦，但自己年轻，吃点苦，也是一个很好的锻炼机会。尤其当时全国正处在"文革"之中，"工人阶级领导一切"的口号响彻云霄，工人才是时代的骄傲，像他这样要摆脱压在自己头上的那个无形而可怕的"国民党员儿子"的阴影，他也必须到煤矿去才有出路。在煤矿一干就是整整十年！在这十年里，他不负矿领导对他的重用与信任，脚踏实地，深入矿井，吃苦耐劳，低调做人，高调做事。

因远离城镇，矿山职工业余生活比较单调乏味，有些人不太安心本职工作。他就充分发挥自己文艺方面的特长，在矿领导的支持下，大力在矿区开展群众性文化艺术活动，经常组织职工歌咏比赛、毛主席语录讲座等。整个矿区一时因他搞得风生水起、轰轰烈烈。这样的努力，不但丰富活跃了广大职工的业余文化生活，更重要的是提振了职工的精神，大大促进了职工的工作积极性。由此，他们矿区，无论是掘井速度，还是煤炭产量，都双双创下了他们建矿以来最好的历史纪录。

他们煤矿的发展变化，也正符合当时中央提出"抓革命、促生产"大形势的要求，所以他们矿区的先进事迹，一时轰动了整个山城。全县各大媒体纷至沓来，相继报道，周俊涯也成了煤炭系统乃至整个县城知名的先进人物，引起县、局级有关领导的重视与关注。从此，他就像一匹千里马遇到了伯乐，人生事业迅速进入了快车道，开始迅猛发展：1980年，由县工业局直接任命他到县重点国企临安机床厂，担任团委书记兼办公室主任。1984年，在参加地区首届高等教育考试中，临安县总共录取十二名，他榜上有名，这也进一步体现出他的才能与实力。但当时他已被组织上内定为县经委企管科长，准备下任命书，加上家庭、年龄原因，就放弃了上大学的机会，这也是他至今心中都感到遗憾的一件事情。调到县经委工作期间，由于他工作表现突出，1988 年又被后来的市委破格任命为市总工会副主席兼市政协常委一职，直到 1998 年他被市委任命为市委宣传部副部长。可以说，他已真正给自己人生事业交出了一份满意的答卷，书写了连他自己都不敢相信的神话。回首他几十年奋斗历程，一个初中毕业的寒门子弟，没有背景，没有靠山，从一个煤矿工人做起，一步一步，逆水行舟，稳扎稳打，努力拼搏，以实干坚韧、不屈不挠精神，创造了一个绝地逢生的奇迹，取得了旁人不敢相信的骄人成绩。他的成功，让我想起中国一句经典格言："是金子总是会发光的！"周俊涯就是一块光彩耀眼的金子。

自古英雄多磨难。一个平凡人，成为一个领域的名人甚至英雄，应该多是挫折和磨难使然。因为英雄与平凡人的区别，就在于英雄在逆境中抓住了逆境背后的机遇，在绝境中创造了奇迹。而平凡人在逆境中，选择了随波逐流，甚至选择了放弃。所以，周俊涯在他的人生经历中，虽然受尽了委屈，遇到了不公，却从不怨天尤人、轻易放弃自己的信念，而是带着一种非凡的忍耐，果敢挣脱当时社会带给他的种种束缚与磨难。从煤矿工人到宣传部部长，已经诠释出一个道理：只要努力，只要坚持，世界上绝地逢生是完全可能的！周俊涯的人生经历，就是放在我们面前的一部极好教科书。如果我是导演，我一定会将它搬上银幕，以达到教育后人之目的。

现在社会上有句非常时髦的话：一个成功男人的背后，必定会有一位贤惠、能干的女人在默默支持着他。这句话说得一点不错，周俊涯的情况正是如此。他确实有一位美貌、精明能干的爱人在做坚强后盾。他的夫人叫楼小菊，是临安城里的大美人。人长得跟她名字一样，秋天的菊花，清新靓丽，气质高雅而沉稳，一见面就给人一种端庄大方的感觉。她是一名会计师，从事财务工作多年，经验相当了得。直到她退休后，还被多家单位争相返聘，发挥余热。可能是职业原因，她平时言语不多，善于思考。这点与周俊涯的性格非常相似而般配。随着丈夫职务的不断升迁，她依然如故，非常低调，平易近人，从来不给丈夫增添麻烦，夫唱妇随，配合非常协调。退休后也非常关心体贴丈夫生活起居、身体健康。别的不说，就说周俊涯一年四季理发，他从来不用进理发店，从洗头到剪发，都是由他爱人一手包办。理发水平熟练专业，可以肯定地说，她的理发水平要比《女理发师》电影里那位理发师王丹凤技高一筹。这是他爱人真心实意爱的奉献，也可以说是一种简洁而真实的浪漫。这种浪漫，要比现在小青年每天送上一束玫瑰花来得真实可信，因为只有老来爱，才算得上是永久的真爱。

他们有两个可爱能干的女儿。一个留在身边从事教育工作，平时对他们关心有加。还有一个女儿，杭州大学英语系毕业后，远嫁美国，也非常孝敬能干，经常不远万里，回国探望他们。总之，周俊涯的人生事业是辉煌成功的，家庭是幸福美满的。当然这都是他们夫妻共同努力奋斗的结果。

今天写到这里，三个发小中，其中二个发小的真实故事已经进入尾声。如果说，发小之一潘亚新是在人生逆境中，与死神抗争，最终获得了新生的话，那么，发小之二周俊涯，应该是在政治生命处在逆境之中，与之抗争，最后获得了华丽精彩转身，他们两个人，在不同逆境中，谱写了壮丽动人的篇章，创造了从不可能到可能的奇迹。他们的努力拼搏精神，感动了我们，也感动了苍天，而更应该感动的是他们自己。他们为我们作出了人生奋斗的榜样。中国有句格言非常值得我们铭记："他山之石，可以攻玉。"他人之事，我事之师。如果以此为镜，他们两个人的人生经历一定会给我们带来一些启发与借鉴。我想，这也是我书写此文的真正意义。

三个发小之三：戴能强

在三个发小中戴能强是我认识最迟的一个。因为小时候他们家居住在离我们县城大约三公里外，一个叫箬建的小山村里。当时他们村里也设有一所小学，受教育条件限制，村办小学只设有一至四年级，从五年级开始他们就必须转校到县城中心小学就读。记得当年与他情况类似而从县城郊区各个村办小学转校来我们中心小学读书的男女学生，有十几二十个左右。他们分别被插班到我们五年级二个班里。确切地说，我们是小学五年级才成为同班同学的。如今回想起来，在当年这些同班新同学中，由于时间久远，他们又分居在各个不同的村庄，毕业以后也很少接触联系，有的同学毕业后就再也没有见过面，因此，对他们中大多数人的印象已经很模糊，有的甚至记忆全无了。但在这些同学中，只有我与戴能强之间，非但一直保持着联系和交往，而且随着岁月的流逝与沉淀，我们之间的友谊与情感，却显得更加弥足珍贵。如果一定要我说出我们之间的关系如何，我想用"情同手足"四个字来形容是一点也不夸张的。这其中缘由，除了我们之间的前世缘分（同年佬）外，更主要的还是得益于我们双方母亲在她们生前所建立的那份深厚姐妹情谊。确切地说，我们双方的母亲，既是我们交结友谊的基石，更是维系我们友谊的桥梁。我们之间友谊的存在，就是我们双方母亲生前友谊的延续与发展，也是她们两位老人家生前对我们的希望所在。如今，每当提起两位母亲生前那段生动而难忘的姐妹情谊，我与戴能强都会心潮澎湃、感慨万分。往事，就会不知不觉把我们的思绪带回到 20 世纪五六十年代，那段遥远、难忘、快乐的时光……

故事发生在 20 世纪 50 年代末 60 年代初。当年昌化县委召开全县首届妇女代表暨妇女"三八红旗手"评选表彰大会。当时我母亲已是昌化镇居委会主任，而戴能强他母亲则是他们所在村的生产大队妇女主任。在那个全民突出政治的年代里，像这样大规模举行先进评选活动，也算是当时政府开展政治工作的一件大事。值得庆幸的是在那次评选活动中，两位母亲都被评为县级"三八红旗手"，并一起受邀参加了那次表彰大会。她们在大会上邂逅认识，并在往后的日子里，因为她们的工作岗位与工作性质基本相同，所以相互接触交流的机会也随之增加。在开展各项妇女工作过程中，两位母亲，互相学习、互相帮助、互相关心，相互之间关系处得非常融洽。我母亲常说她们两个人之间非常有缘，最后她们成了无话不说、情投意合的好姐妹。

记得那年冬季一个星期六下午，我从学校放学回家刚进门，母亲就脸带笑容对我说，明天星期天，你不上学，也不用上山去砍柴了，就陪我一起去箬建娘姨家戏（方言"玩"的意思）。我听到这一消息，心里甭说有多高兴。不用干活，又能出远门玩耍，真的好开心。但在高兴之余，心里却感到有些疑惑，此前从来没有听母亲说过在箬建自己还有一位娘姨呀！带着疑问，我询问母亲，母亲听后，先是一愣！但很快反应过来，她稍加思索后，用有点兴奋和愉悦的口气，将她与戴能强母亲，从相见、相识，到后来她们如何结为好姐妹的全过程，详细地向我叙述了一遍。听完母亲的介绍，我内心也被她们之间这段情深意切的"奇遇"所感动，而且也为母亲遇到并结识了这么一位好妹妹感到高兴。心里猜想，母亲结识的好朋友也一定与母亲一样，是一个心地善良、可以信赖的好人，所以当时从内心就已经认可了这位还没有见过面的娘姨，并且在心里还产生了想早点见到她的念头。

为了这次"远门拜访"，母亲已作了充分的准备。她在前几天就去镇供销社副食品门市部买来了几个包装精美的糖果、糕点礼包。除此之外，她又到我们家斜对面南货店买回来一大包食盐。回到家里，她又翻箱倒柜，收拾出一大堆旧衣旧裤，还有些碎布片，将它们仔细进行分类整理。她边整理，边对我说，明天将这些东西也一起带去，送给娘姨。当时站在一旁给母亲做帮手的我，心里就马上嘀咕起来：亲戚朋友互相走动，送些礼品、礼包，这是一种习俗礼仪需要，但将这些破旧物品拿去送人，似乎有点"小里小气"。母亲听了我的想法，不慌不忙继续忙着手中活儿，温言温语对我解释说，娘姨家有五六个孩子，年纪最大的可能和你差不多，最小的现在还抱在怀里吃奶呢！这些旧衣裤，都是你们兄弟俩穿过的，现在你们长大了，也穿不上了，放在家里也没多大用处，但送给娘姨，或许可以让她几个小点的孩子改一改，替换着穿用。

还有这些碎布，可以拿去补补衣裤，或者给小婴儿做尿布也蛮好呀！至于食盐。母亲接着说，因为现在是冬季，山区家家户户都要用它来腌制咸菜、咸肉什么的，它可是山区最缺、最实用的东西……母亲最后告诉我，送礼不在于数量多少与好坏。古人说："千里送鸿毛，礼轻情义重。"说的就是这个道理，亲朋好友之间，最主要有心就好。母亲一番情真意切的解释，不但让我明白了她的用意，更让我为母亲对待朋友如此诚恳周到的精神而感动。

由于母亲打算当天去当天要赶回来，第二天一大早，我们抓紧吃了早饭就出发了。我们带上大、小行囊出发前，母亲又临时向父亲要了二包飞马牌香烟，说是拿着备用。父亲听后，二话没说，就爽快地从自己包里拿了二包烟递给了母亲，并顺便将我们母子送到家门口，他还再三嘱咐我们，山路难走，要小心一点。然后我们就在家门口互相挥手告别。

从县城通往箬建村，当时没有公路，只有一条山间小路，山里山外进出的人们都靠二条腿行走。冬季的清晨，寒气袭人，整个街面大雾弥漫，能见度极差，天空显得格外阴暗湿冷。特别是我们走出城区以后，一阵阵更加浓烈的雾气向我们迎面扑来，眼前除白蒙蒙的雾霾与母亲的身影外，其他什么也看不清楚，有一种腾云驾雾、迷失方向的感觉。我只是紧随在母亲身后，用小手紧紧抓住她的衣襟，丝毫不敢松手，生怕自己一松手就会在迷茫的大雾中与母亲走散。

就这样，我们一前一后，背着行囊，相互搀扶缓缓前行。脚下的小路不太宽敞，但还算平坦好走，它紧挨着一条小溪，弯弯曲曲向绵延大山深处延伸。因为大雾，周围什么也看不清楚，自己只能跟在母亲身后，闷着头，奋力向前迈步。就这样不知走了多久，忽然听到母亲说了一句，黄泥岭到了，我们休息一下。我跟着母亲的脚步停下，并按母亲的吩咐将随身行李顺手放置在路边草地上。母亲见我浑身湿漉漉的，急忙从口袋里拿出一块手帕，一面用手帕轻轻揩去我头上、脸上的水珠，一面用鼓励的语气对我说，已经走完一半路程了，还有三里路我们就到了，再坚持一下。我这才知道，原来黄泥岭只是去箬建村中途的一个地方。我两眼望着全身也已湿漉漉的母亲，感动地向她点头应承着，母亲的关怀与鼓励确实给了我很大的信心与勇气。所以我们只是稍作休整，又背上行囊继续上路了。走了没有多久，太阳从东边山头慢慢升起，漫天大雾也随之渐渐地散去，天色也放亮了许多。展现在我们眼前的是一个个起伏的山峦，山坡上长满了成片郁郁葱葱的杉树松柏，还有一望无边的毛竹。在群山峻岭之间还有些零星残雾，在和煦阳光映衬下，忽隐忽现，使人有些眼花缭乱，恍惚间似乎进入了人间仙境。小路的一边，是一条弯曲不均的山涧小溪，清澈的泉水，从上游大山深处向山外静静流淌着。水面上不时会有一团团水汽上下蒸腾，清澈见底的水流中，偶尔还有一群群小鱼小虾在游弋追逐。见此情景，当时自己心里真有一种想立刻放下行囊，冲下水中，摸鱼捉虾，玩个痛快的念头。在小路的另一边，沿着山脚的坡地里，一片枯萎倒地的茅草上，结满一层厚厚的白霜，在阳光照射下，晶莹剔透，散发出银色光芒，分外耀眼、迷人。

此时，我们在温暖阳光沐浴下，浑身上下感到舒畅了许多，先期笼罩在心头的阴霾与疲劳，早已被眼前山清水秀的美景所融化。正当我沉浸在这种美妙而欢快的享受之中时，突然从前方传来阵阵急促的狗叫声，抬头向远方望去，只见前面一个半山坡地上的一片茂密树林里，有几幢错落有致的农家小院。母亲见状，脸上露出了兴奋的笑容，转头告诉我，马上就要到了！听到母亲的提示，我也兴奋不已，我们母子相视一笑，以示庆贺。母亲见我笑得如此开心，就顺势提醒我，到了娘姨家需要做到的礼节与注意事项，我边走边认真听着，并默默记在心里。

走进村头，经打听，戴能强他们家就住在村东面一个叫突头的山坳里。我们朝着好心人指点的方向走出不到百米，一个大转弯，不远处一个山冈脚下，一幢白墙黛瓦徽式二层建筑就展现在了眼前。房屋一眼望去，虽然比较陈旧，但在周围几棵参天大树的掩映下，显得格外古朴、别致而宁静。房前空地上，堆满了一垛垛冬季取暖用的柴火。在柴堆的上方，还晾晒着许多准备腌制的高脚大白菜，中间还夹杂着一串串鲜红亮丽的辣椒……

　　眼前农家小院大晒场的场景，仿佛一幅多彩凝重的油画……当我们走进院内，母亲正准备上门前去询问时，从房屋大门里走出一位中年妇女，此人，中等身材，眉清目秀，皮肤白净，一双明亮而慈祥的眼睛，见到我们，她马上迎了上来，满脸露出惊喜的笑容，伸出双手，紧紧握住母亲的双手，久久不愿松开。也可能是她们久别重逢的缘故，她们互相上下打量，问长问短，话讲个不停，看上去双方都比较激动。她们互相寒暄问候了好久，才突然想起，转过身来，各自介绍身边的孩子。因为是第一次见面，有点不好意思开口，最后我还是依照母亲事先交代好的轻轻对着戴能强母亲叫了一声"娘姨"，然后端端正正用双手将礼物交到她手中。她一面用双手接过礼物，一面用非常客气得体的言语向我们道谢。紧接着她一把从身后拉出一个圆脸稚气，还有点腼腆的小男孩，向我们介绍说，她一共有六个孩子，四男二女，这一个是最大的男孩，今年九岁，在村上小学念四年级，叫能强，乳名雌猫。当我听到乳名时，差点笑出声来，心想明明是男孩，怎么叫雌猫呢？这时幸亏母亲眼明心快，怕我造成不礼貌举动，马上走上前，笑着向戴能强母亲介绍说，我们这个是小儿子，今年也是九岁，读小学四年级，他们应该是同年佬，他的乳名里，也有一个毛字，叫小毛，与你们孩子一样都有一个猫（毛）字。母亲接着还开玩笑说，两只"同年猫"长大以后，可以一起去抓老鼠！听完母亲幽默而又风趣的比喻，在场的大人小孩都开怀大笑。我与戴能强也相视一笑，从此我们就成了一对同年好兄弟。

　　在我与戴能强初次见面的过程中，让我最难忘的一件事，那就是挖冬笋。介绍认识以后，我们就被热情邀请进了屋里。大家热热闹闹围坐在堂前一个大火塘周围，烤火取暖。娘姨又是泡茶，又是从厢房端来各种自制零食，不断招呼品尝。我们围坐在暖融融的火塘边，一面喝着香气扑鼻的茶水，一面品尝着各式零食，那种喜气洋洋的场景，就像过年一样。不一会儿工夫，只见戴能强母亲又从厨房端来二碗热气腾腾的鸡蛋煮面条，她一边麻利地将面条放置在八仙桌上，一边亲切地招呼我们说，你们这么早出门，又走了那么多山路，肚子一定饿了。随后不断催促我们趁热吃掉。母亲见她如此热情好客，也不推辞了，起身一边道谢，一边向餐桌走去。此时我也像跟屁虫一样，紧随其后，毫不客气，张开嘴巴一会儿就将满满一碗鸡蛋汤面吃个精光——在那三年自然灾害里，在我们县城里，平时是吃不到这么美味东西的。到如今每当想起当年这碗鸡蛋汤面，自然就会想起戴能强母亲——我可亲可爱的娘姨！

我们用餐完毕，准备起身时，从大门外走进一位中年男子，他中等个子，身体非常结实，背脊稍驼（这可能与山区长年累月干活肩挑背扛，超强劳作有关），脸上带着憨厚纯朴的笑容，手里还拎着一只受伤但还挣扎的野兔。只见戴能强他们几个兄妹一拥而上，嘴里呼喊爸爸，并用小手不停地去拨弄野兔。当时那种多子多福、其乐融融的情景，真让人羡慕又感动。这时还在厨房忙碌的戴能强母亲闻声急忙走了出来，向我们介绍说，这就是能强他父亲。昨天听说你们要来戏，说没有好东西招待你们，今天一早就去邻村一个朋友家，看看有没有什么野味。还真的让他找来一只野兔，运气不错，也是你们有口福。等下让能强去后山挖几棵冬笋来，与野兔一起烧，山珍野味，让你们好好尝尝。说完，她就吩咐身边的戴能强，交代了这一任务。此时只见戴能强笑呵呵地用询问的眼神看了我一下，然后小声问我去不去？对于他的邀约，我一时感到有些唐突与惊喜！唐突的是，我与他刚刚认识不久，他就如此友好邀请我一起去做伴挖笋。感到惊喜的是，以前虽知道冬笋是鲜嫩味美、人见人爱的山珍佳品，自己也曾吃过多次，但从未见过冬笋是如何采挖的，没想到今天能遇到这样机会。所以，我马上表示乐意与他同去，两位母亲见状也显得非常高兴，一致赞成我们同去。

于是，我就起身跟着戴能强到他家农具房选工具，他拿起了一把沉甸甸、手柄长度与他个子差不多一样高的开山锄头，然后转身去厨房，带上一只竹篮，就一起出发了。动身前，我本以为要到很远的山上才有冬笋，没想到戴能强打开后门，就径直向屋后的山上走去。抬头一看，原来他们屋后山坡上就是一片茂密的竹林。我跟着他，沿着斜坡小路慢慢向上走，并主动上前从他手中接过竹篮，以示友好。

　　我们向上走出不远，戴能强突然放慢了步子，双眼不断观看地面，似乎在寻找什么东西一样，非常仔细认真。最后，他停下脚步，并吩咐我站远一点，然后拎起开山锄就朝脚下一块空地开挖下去，不几下，一棵又粗又嫩、表皮毛茸茸金黄色的冬笋，就显露在我们眼前。我又惊又喜，真有眼睛一眨，老母鸡变鸭那种看魔术表演的神奇感觉。戴能强非常熟练地将冬笋挖起顺手放在篮里，转过身来，脸带微笑告诉我，冬天笋还在地底下没有出土，就叫冬笋，一到春天，笋尖一出土，就叫春笋了。因为，冬笋长在地下，比较小而且也难挖，所以就比春笋珍贵。他接着又说，挖冬笋，说它难挖，其实也不难。主要看二点：第一，观看土层表面有没有明显裂缝！一般情况，地面有大裂缝，下面肯定会有冬笋；第二，看竹鞭（竹根）走向，当你挖到第一支笋以后，再顺着竹鞭向下挖去，应该有第二支甚至更多的冬笋……

　　此时的戴能强在我眼里，像是我的一位老师讲出道理，使我听得津津有味。心里很快领会了挖冬笋的基本要点，就产生了跃跃欲试的冲动。在戴能强的具体指导下，我双目注视周围空地，仔细地寻找起来，"功夫不负有心人"，不多时，真的在不远处一个凹地里发现了一条大裂缝。得到戴能强认可以后，我接过他手中锄头，就迫不及待地向裂缝开挖起来，没挖几下，果真有一棵硕大冬笋展现在眼前。见状，我又心急火燎地朝下面挖去，使我没有想到的是，冬笋的中段，被我挖破了一个好大的口子，收获的竟是一个残缺不全的废品！为此，内心感到非常可惜和自责！此时站在一旁的戴能强，不断安慰我说，没关系，地下笋多的是，多挖几次就会了。听了他的安慰，我心里好受了很多。接下来在我们二个人合力配合下，用了不到一个小时工夫，就挖到了十几棵冬笋，装了满满一篮。于是我们带着丰硕的劳动成果、带着新增的友谊、带着无穷的欢乐喜悦，踏上了回家的路途……

　　如今，回想起六十年前，我们两对母子相见时的情形，就像童年看过的一部最精彩的电影片段一样，会清晰而生动地重现在眼前：两位母亲就像高山峻岭上的二棵根深叶茂的翠竹，她们为友爱而深情地拥抱在一起。而我与戴能强就像是她们二棵翠竹根上的二粒笋芽，在她们精心培育呵护下，一步一步从嫩芽变成冬笋……随着岁月不断成长，最后，我们也成了替代她们的翠竹屹立人间。并且秉承她们的遗愿，又繁殖培养了更多、更好、更优秀的嫩芽冬笋……而且不久将来，他们也将成为替代我们的参天翠竹，林立世间。因此，我坚信，老一辈为我们开创建立的友谊之路，一定会后继有人，老一辈创导的真善爱理念，一定会在我们下一代弘扬光大。"青出于蓝而胜于蓝"，是我们每个中国人对后代人的殷切期望！

常言道："无巧不成书。"回想自己与戴能强从初次相见认识，到后来成为同校同班的同学，不能不说是一件非常巧合的事情，这一切似乎是上帝早已安排好的"奇缘"。但仔细想来，说是奇缘，其实也可以说是必然。因为在我与戴能强身后确实是有"上帝"无时无刻不在关注眷顾着我们。当然，我所说的"上帝"，是指我们自己心中真实、可以信赖依靠的生养我们的伟大而又慈祥的母亲。没有她们之间的友爱、没有她们为我们手把手地牵线搭桥，就续写不出今天我与戴能强之间友谊的新篇章。

小学五年级，随着戴能强的到来，我的学习与生活增添了不少快乐与喜悦。在别人眼里，他是一位新来的同学，但在我心中，他早已是我的老朋友、小玩伴了。如果用"新同学老朋友"来形容我们之间当时的关系，还是比较恰当的。而对于其他新同学的到来，虽然刚开始大家互相之间会有些陌生感，但在孩提时期那种单纯、天真无邪的驱使下，大家很快就嬉戏打闹在一起了。班里一下子增加了这么多新来的同学，学习热情也比原来高涨了许多。更值得一提的是，新同学的到来，不仅仅给班里带来旺盛的人气，还有他们身上很多我们这些"城里学生"需要学习的东西。这些新来的同学，大多数来自偏远山区，从小就在艰苦环境里养成了艰苦朴素、勤俭节约、吃苦耐劳、刻苦读书的优良作风。体现在他们身上的那种只有大山里人才具有的憨厚善良、坚忍不拔、诚实可靠的特质，更是值得我们学习敬佩。

他们居住的地方，离学校最近的也有几公里，有的十几、二十几公里。还有一部分同学居住在更远的大山深处，那里山高路险，不通公路，有的地方即便有班车经过，他们为了能给家里节省点路费，都自愿选择徒步往返学校。一年四季，不论刮风下雨，还是严寒酷暑，他们从来不会因气候变化而影响学习。尤其是在寒冷的冬天，碰到大雪封山，道路行走非常困难的情况下，他们也毫不畏惧，往往会几个同学结伴而行。大家一起冒着漫天风雪，肩上背着一周需用的大米、咸菜和一些必需的学习用品，光着脚，穿上家里自制的草鞋，坚强地行走在泥泞湿滑而冰冷的山间小道上……经过这样艰难长途跋涉，待他们回到学校时，浑身上下几乎全被雨雪打湿，看上去一个个像刚下架的落汤鸡。有的同学冻得赤紫的双脚上，原有的冻疮被草鞋磨破，表皮上还在流着暗红色的鲜血……此情此景，可以用惨不忍睹来形容，当时在场的老师与我们这些"通校生"见后无不为之动容，心里总想为他们做点什么！但让我们没有料到的是，就在这样艰苦困境下，这些同学个个脸上还洋溢着从容不迫的笑容。这种处境，在他们看来只不过是家常便饭、习以为常的小事，根本不会像城里孩子那样，大呼小叫、自怜自艾的。他们只是默默回到自己宿舍，自行休整打理，很快又满腔热情投入学习中。

如今回想起当年这些动人、辛酸的一幕，在内心深处仍然会对这些同学不屈不挠、顽强学习的精神，肃然起敬！所以有时候，自己在学校不认真学习，表现不佳时，母亲就会借此话题，数落我：你看看人家山区来读书的孩子，自己背米蒸饭，每天只能吃点单味的腌菜，而你每天回来，就有热菜热饭，还挑三拣四，尽是抱怨……

面对母亲的批评，再想想那些山区同学的生活困境，自己的内心确实无言以对，只得在母亲面前低头认错。有时也会百思不解地想，这些同学为什么在如此艰苦的条件下，还这样顽强用功读书呢？对于这样一个深奥的问题，在当时还处在少年混沌时期的我，是无法，也不可能去深刻理解其中奥妙的。

随着自己年龄不断增长，同时对社会事物认识不断提高，对这个问题的答案也渐渐清晰地展现在自己脑海里。正如我在前期文章中所提到的草鞋与皮鞋理论之说：如果你不好好读书，以后就只能一辈子穿草鞋！概括起来就是一句话：一切努力，为的就是鲤鱼跳龙门（亦称为跳农门）。因为在当时年代里，根本不可能像现在社会如此自由开放，一个农民随时随地可以离开土地，离开家园，去你想去的任何一个地方打工谋生。那时的人生命运，就像被无形束缚在一片土地上的一株植物、一棵树苗，很难有机会挪动、抽身。尤其是农村户口的人们，要想跳出农门，可以说比登天都难。只有二条路，一是考学深造，大学或中专毕业后，由国家统一分配一份工作。二是参军，在部队好好表现，入党提干，复员回地方后，按政策由国家分配一份工作。这二种途径成功率虽然很小，犹如万人争走的独木桥，但在当时国家实行计划经济时代，城市就业岗位僧多粥少的情况下，这的确是每个农家子弟跳出农门的唯一希望所在。而且考学深造如果成功，不仅可以走出大山，还意味着人生身份的改变，几乎可以说是人生的一次脱胎换骨的大变革，它可以让你从农村户口转成商品户口而成为城里人，擦干泥腿，去享受既有保障又清闲的优越生活。

至今我还清楚记得，当年一位住在我们家附近的农户同学家长经常当着大家面，半开玩笑半当真地说，他以后就是讨饭也要把自己的孩子带到大城市去讨，决不能让他和我一样，和泥巴打一辈子交道。这句话听起来好像是一句简明直白的"笑话"，其实它隐藏了当时农民对于命运不公的反抗。也昭示了父母太多的无奈与无能为力！表达了他们内心寄希望于改变下一代命运的急切心情。这种心情，可以说是当时中国亿万农民的共同心声。那个时候，在中国虽然没有像印度那样有一种阶级层次鲜明的种姓等级制度，但在当时的现实社会制度中，城乡之间的差别，工农之间的差别，确实是一道难以逾越的鸿沟。

但是，世界上的事物不会是千篇一律，一成不变的。有时候同样一件事物，在不同的家庭条件下，也会产生不同的抉择。在大部分同学家长都希望自己子女努力读书，去争取跳出农门时，也有个别家长出于种种无奈，而作出要求自己子女放弃学业，回家务农的决定。这其中之一，就是戴能强同学。1965年初，正当戴能强与大家一样，积极复习功课，准备迎接高中升学考试的时候，他父母突然托人带信给他，告诉他放弃高中考试，放弃学业，回家务农。原因只有一个：家中弟妹太多、尚小，父母不堪重负，家中缺少劳动力，作为长子，理应分担！这一突如其来的决定，对于戴能强来说，其实并不感到意外，因为他在平时与父母交流中，早已察觉到父母的心思，无非以前为了不影响他的学习，而没有公开挑明而已。但他自己在心里早有思想准备，而且他也明白，这次辍学，意味着他的一生将重复父母亲面朝黄土、背朝天的命运。虽然内心有些不甘，但他也深知家中的实际困难，父母亲也是不得已才作出如此决定的。最后，他在这人生重大抉择的十字路口，毫不犹豫选择了中国孝道文化：顺从父母意见，尊重父母的想法，以实际行动来报答父母的养育之恩。同时也充分体现了，他对幼小弟妹们的关爱与仁义之心。

初中毕业，戴能强就回到家乡。一方面，用他尚未发育成人的身躯，挑起了一个成年人才能承担的体力劳动。另一方面，由于他为人诚恳可靠，又有一定文化知识，应村支书的聘请，担任了村办小学老师。这样一来可以将自己学到的知识传授给本村的学子，二来也可以继续学习高中课程，以备后用，同时还可以赚点工分补贴家用。当时实际年龄只有十六岁的他，其实已经承担起"长子如父"的使命。如果此事拿到现在来看，确实是一件不可思议、了不起的事情，因为按现代人权标准衡量，他当时还是一个未成年的童工呀！

时间转眼就到了1968年，春季征兵工作在他们村轰轰烈烈开展着。在那"一人参军，全家光荣"的年代里，参军去军营，几乎是每个有志青年最崇尚、最向往的地方。对于农家青年来说，又是一个不可多得的机会，戴能强当时的心情是可想而知的。他非常想去参军，但自己又不敢开口，生怕为难父母亲。父母也看出他的心思，但更清楚家中存在的实际困难。他们思来想去，最后想出了一个"釜底抽薪"的绝招，他们事先去找村支书商量，请求他出面帮忙，名义上让戴能强去参加征兵体检，但到最后政审时，找个借口，不让他去参军。而此时的村支书也考虑到，如果让戴能强去参军，一时要找一个替补老师也很困难。于是他们之间各怀"鬼胎"，一拍即合。最后以他们双方如愿以偿，戴能强成了一个不折不扣的"冤大头"而告终！事后不久，戴能强也从别人处隐约听到一些有关他征兵的内幕情况，而此时的父母亲内心也深感于对儿子的愧疚与不安，最后还是将事情内幕和盘托出，并向他诉说了家中的困难和父母的无奈！听完父母的解释与道歉，戴能强也没有太多的责怪与不满。面对家中实际困难，他也只能对父母的所作所为表示理解。参军风波过后，一切归于平静，戴能强仍然像一头老黄牛一样，担负起家庭与学校二副重担，在大山之中，过着日升而作，日落而息的农耕兼教书的平淡而艰苦的日子。

　　正当戴能强考学与参军之路被人为堵死、对自己未来前途不抱任何希望的时候，或许是他太多的善良与无私奉献，真的感动了苍天，于是上帝破例派遣天庭门神专程下凡，为戴能强开启了一扇直通天堂（杭州）的大门，带来了他连做梦都不敢想的机会。1970年，可以说是戴能强鸿运当头的一年。那年杭州重型机械厂专程到昌化招收学徒工，其中给了他们村一个招工指标，而且招工条件中，明确规定，文化程度必须达到初中毕业以上。当时他所在村里，符合上述条件的，只有他一个人。面对这一喜讯，开始他还不抱有太多希望，生怕父母不会同意他去。正当他们全家为此事，犹豫不决，举棋不定之际，还是村支书主动站出来，上门做他们一家人的工作。他明确指出，戴能强如果这次再不出去，以后再想出去，机会就没有了！村支书如此意外的表现，也可能是出于当年对戴能强参军之事做手脚、拉后腿，感到内疚的一种反省与补过吧。最后在村支书的力挺下，终于做通了戴能强父母亲的工作。并顺利通过、办理了一切招工手续。真正实现了他人生命运的一次大变革！这让我想起南宋著名诗人陆游的二句诗："山重水复疑无路，柳暗花明又一村。"

戴能强招工进入杭州重型机械厂以后，先被分配在机修分厂当学徒。由于他为人诚实厚道，尊师爱岗，工作踏实肯干，加上他当过老师，有一定的文化修养，所以他的工作表现很快博得了车间领导和师傅们的一致好评，连续几年被评为厂级先进工作者。在他进厂第三年，参加全国高校招生考试中，全厂七名考生中，最后只有他一人被浙江大学机械系录取，成为一名真正意义上的大学生。进入大学读书，也是他多年的梦想，是他人生命运的又一次大转折、大飞跃！这也印证了，德善之人，必有后福的道理。也是上帝对他孝顺父母、仁爱弟妹的褒奖与补偿。当然，归根结底还是他自己刻苦努力的结果。

三年大学毕业后，戴能强不愧是一位重情义之人，他为了报答重机厂对他的培养，感激厂内师傅们对他的信任，他主动要求回到原厂车间工作。由于大学毕业属于干部编制，他被分配到厂技术部门工作，但他还是经常主动深入车间，与生产第一线师傅们同吃同住同劳动。还积极手把手开展一些技术项目攻关，经过潜心钻研，取得了不少技术革新成果。先后多次被评为厂级技术革新能手，受到重奖，而后又被评为"杭州市青年特级技术能手"光荣称号，得到嘉奖。最值得称赞与骄傲的是，他在技术职称评定过程中，顺利被杭州市人事局评定为工程师并颁发了职称证书。这在我们这批同学中，既是名牌大学生，又获得工程师职称的，应该说戴能强是独一无二的佼佼者！这也是他一生中最值得骄傲与自豪的殊荣！

正当他事业蒸蒸日上，工作一帆风顺之际，爱情也随之悄然而至。与戴能强一起招工进厂的一位老乡工友，也可以说是他的铁杆师兄，出于对戴能强的了解与信任，有意要将自己的小妹介绍给戴能强做女朋友。在旁人看来，凭戴能强当时的条件，要找一个杭州姑娘绝对没有问题，听说他要找一位家乡村姑处对象，都感觉有点不可理喻。所以都不看好。但事实恰恰相反，他们通过介绍认识后，经过深入了解接触，很快坠入了爱河。最后结成了一对非常般配，非常恩爱的夫妻。他们的恋爱故事，让我想起一句爱情格言："既然爱的缘分已到面前，就不需要太多的言语相互表白！"戴能强他们的爱情过程，是如此简单、如此迅速、如此完美。

戴能强的爱人，叫徐月莲，是老家相距不远的老乡，所以他们之间的姻缘，就有一定的共同语言和生活习俗基础。而且，他爱人容貌确实美丽动人，当时就有人称之为是山沟沟里飞出来的金凤凰，这也是戴能强当初一见钟情和感到无比自豪的原因之一，但更主要的还是他爱人贤惠善良、通情达理、温柔体贴的品质深深打动了戴能强。徐月莲虽然受家庭重男轻女思想影响而没有读过多少书，但她天资聪慧、明事理、懂孝道，待人非常谦虚平和，特别在当家理财，相夫教子方面都是一把好手。在处理家庭事务、邻里关系方面，她更显得关爱包容，遇事不急不躁，随机应变。危难之际，以她柔弱温和体贴之心去融化一切大小矛盾，使整个家庭上下和谐、老少平安、幸福美满。应该说，他们这对夫妻，是我们这些同学中，关系相处最和睦、最协调、最平凡而又最幸福的一对。

凡是上了年纪的人都知道，在国内六七十年代，夫妻两地分居，过着牛郎织女生活的现象非常普遍。而戴能强他们婚后，尤其是有了孩子以后，就面临着这种生活实际困境。当时他爱人还在家乡镇上一家供销社工作，而杭州城市户籍管理制度非常严格，一时要将妻子与孩子户口迁入市内，并非一件容易之事。即便能迁入市内，想要再找到一份称心如意的正式工作也非常困难。面对自己眼前这双重困难局面，戴能强的人生道路又一次走到了需要抉择的十字路口。是留还是走？一面是自己前程似锦的事业和领导同事们真诚的挽留，另一面是自己心爱的妻子和可爱女儿对他无限的思念与期盼。权衡再三，最终他选择了后者。他婉言谢绝了领导与同事们的真诚挽留，告别了天堂杭州，只身回到家乡，进入了一家三线工厂，做了一名普通技术人员。戴能强第一次放弃学业，回家务农，为的是孝顺父母、仁爱弟妹，是一次自我牺牲的壮举。这一次他放弃大好前程，放弃城市优越生活条件，毅然回到山区工作，为的是向爱妻表白他自己对爱情矢志不渝的决心！我想可以把他的这次行动视为"英雄不爱江山爱美人"故事的一个现代翻版。这种为了爱情可以奉献一切的精神，可敬、可赞！如今每当提起他们之间这段矢志不渝的情感，他爱人徐月莲总会情不自禁地向我们表白，她说：戴能强一介书生，无权、无钱、无名又无利，但他确实是一个顶天立地、敢于担当的好男人。嫁给他，我无怨无悔，理应终身相伴！听了徐月莲这段出自肺腑的深情表白，我们无不为之感动。同时，也为戴能强所作出的一切牺牲换来了爱人一颗金子般的心而感到万分庆幸！

如今戴能强在故乡退休并祖孙三代同堂，过着其乐融融、幸福美满的晚年生活。正如现代网络流行语所描述的那样，幸福的标准，不是房子有多大，而是房子里的笑声有多甜。一家人平安健康，身边有贤惠爱人相伴，跟前有乖巧孙儿绕膝，内心能知足常乐，这才是最大的幸福。在我看来，戴能强、徐月莲的晚年生活，就是这种状态的真实写照，他们是那样的平凡、充实、幸福。让谁见了都会羡慕不已！

三个发小的故事写到这里，终于接近尾声了。屈指算来，这部分的文章占用了二万多字的篇幅，它是我在"校园记忆"这部分中，书写时间最长、故事情节最多、文字篇幅最大的一篇。自己之所以要孜孜以求地去书写这些经历，不为别的，只是为了缅怀那远去的童年时代。回忆我们几个发小曾经一起走过的友谊之路。也是为我们这代人抒发自己难以释怀的情感，以达到内心多年的一个梦想：我们几个发小一起回到故乡，再去重走小时候走过的那条小路，去攀登小时候曾经攀登过的那些山峰，去重温小时候做过的游戏，倾听那些曾经的欢笑与歌声，回顾那些抹不掉的身影和写不完、诉不尽的陈年往事……

送瘟神

 看到"送瘟神"三个字，大凡上了年纪的人都会马上联想起毛主席写的那首诗《送瘟神》。事实确实如此，今天我要写的正是与这首诗有关的一段往事。毛主席 1958 年 6 月在视察南方，途经杭州时，在 6 月30 日看到《人民日报》头版头条关于江西余江县基本实现消灭血吸虫病的报道后，非常兴奋，彻夜难眠，于次日，即 7 月 1 日写成了这首尽人皆知的著名诗篇。作为同时代人的我，不但知道这首诗的由来与背景，而且还将其中几句经典的诗句，始终铭记自己心中，至今难以忘怀。譬如诗中开头那两句"绿水青山枉自多，华佗无奈小虫何！"。还有结尾两句"借问瘟君欲何往，纸船明烛照天烧"。如果有人问我，为何对这首诗如此钟情？我马上就会毫无保留地告诉他，因为我当年就是一个血吸虫病的受害者，而且还是响应过毛主席号召，积极参加送瘟神运动的亲历者。如今回想起当年那段刻骨铭心的往事，时光又一次把我的思绪带回到了我的中学时代……

 时光荏苒，岁月如梭。转眼小学六年时光一晃就过去了。1962 年 7月，自己小学毕业，从 9 月开始就进入了昌化县武隆中学读书。记得当时接到初中入学通知书以后，全家人都为我感到高兴，父母亲还特意把已经在县印刷厂当工人并已独立生活的哥哥叫回家，专门为我的升学庆祝了一番。父母亲和哥哥还对我今后的学习和如何做人提出了很多希望与要求！父母亲当时那种望子成龙而溢于言表的神情是可想而知的。为此，自己内心确实被当时的气氛感动，甚至还产生了一种自豪感。接着9月初，到学校报名，交学费，就这样顺利办理了一切入学手续。当自己领到新书后，才知道中学课程一下子增加很多，这时才理解了父母、哥哥他们反复提醒我要认真刻苦努力读书的真正含义，自己似乎也明白了今后学习任务的繁重。由于新课本数量的增加，原来小学使用的书包已不适用，为了不影响第二天参加新学期开学典礼，也不知道父亲从哪里找来一块簇新的灰色棉布，连夜加班，为我赶制了一个大号书包。书包做好后，我们一起动手将所有新书本试装了一下，结果不大不小刚刚好。大家都很开心，我也特别满意。这时在一旁的母亲还诙谐地夸了父亲一句，她说，一个上海裁缝做只书包，那是小菜一碟。父亲听后，一向严肃的脸上，此时也露出了一丝得意的笑容。第二天一大早，母亲还特意为我做了一碗可口的鸡蛋面条，吃过早餐，我就背着父亲为我赶制的新书包，高高兴兴走出了家门，走向新学校，正式走进了自己中学时代的第一个开学典礼。

俗话说："天有不测风云，人有旦夕祸福！"开学后没多久的一天下午，放学回家，一进门就看到母亲手里拿着一张纸条，神情凝重地走到我跟前，对我说，她上午接到县血吸虫病防疫站的通知，说在8月份的血吸虫病普查中，查明我得了血吸虫病，需要马上住院治疗。我听到这一消息，心里感到有些吃惊，也很疑惑。吃惊的是，本地人称为"鼓胀病"的血吸虫病，怎么会发生在自己身上？而且心里也清楚，这种病如果不及时治疗，一旦发展到了晚期，一个男人的肚子就会像十月怀胎女人一样，不明不白鼓得很大，然后就等着死亡！想到这些，自己心里确实非常害怕。而让我感到疑惑的是，在我们那里这种病虽然比较流行，但一般患者大多数是当地农民。因为血吸虫一般都寄生在钉螺里面，主要在水田、沟渠、池塘、溪水中，尤其是在静止水源中特别容易生存繁殖，因此农民长年在这些环境中劳作，最容易受到这种虫害的侵袭。而我们家是居民，平时很少在上述环境中活动，最多在每年夏天农忙双抢（即早晚稻抢收抢种）时节，镇政府、居委会以及学校组织大家一起，去附近生产大队参加义务劳动时，才会接触到这些地方。但通常只做一些拔秧、插秧辅助劳动，而且时间也就几天，相对而言患血吸虫病的概率应该很小的。以前从来没有想过自己也会患上这种毛病，从母亲嘴里听到这一消息时，脑子里顿时一片茫然，有点不知所措。这时还是母亲提醒我，要我第二天拿着住院通知单，去学校请假，然后抓紧去医院住院治疗。听了母亲的话，我才怀着沉重的心情点头表示同意。晚上父亲下班回家，知道这件事情后，心情也异常沮丧。他一个人沉默了许久，然后突然冲着母亲说，都是你们居委会做的好事，组织下乡劳动，自己去了也就算了，还非要带孩子去！你看现在造成这样的后果！听了父亲的责怪与怨言，站在一旁的母亲没有作声，而是满脸痛苦，有种欲哭无泪的样子。看到这种场面，我心里也很难受，但还是一面极力劝阻父亲不要无端指责，一面安抚母亲内心的不快。

第二天一早，我拿着住院通知书，匆匆去学校找到班主任请了假，并去教导处办理了请假手续。班主任老师也顺便安慰我一番，嘱咐我安心先把病治好。回家后，母亲已为我准备好了一些住院必须用的物品。然后父亲陪同我去了县人民医院，办理了住院手续。那时候，国家有政策规定，凡血吸虫病治疗，除了膳食费用自理外，其他一切费用全部由国家承担。手续办完后，我被安排在内科住院部。当时与我同一批住院治疗的有八九个病人。年龄大小都有，其中我是年纪最小的一个。所以住院部的医师护士都非常关照我这个"小病号"，特别是那位护士长阿姨，对我更是关心有加。

记得护士长姓张，江苏南京人氏，当时年纪大约四十开外，最容易记的是她右脸颊上有一块明显的青色胎记。当时听我母亲讲，她还是一位解放前就参加苏北新四军的老革命，这使我内心对她更加敬重与爱戴！尽管她身为护士长，但她处处平易近人，工作认真负责，对待病人就像对待自己的亲人一样关心爱护，没有丝毫官架子。相比之下，如今的医院，像她这样一心一意为人民服务的医务工作者，不多见了。护士长除了主持日常的护理工作以外，还利用平时空隙时间，给我们这些住院病人开展一些"血防知识"宣传讲座。

在住院之前，虽然自己生活在一个血吸虫病流行地区，但对有关血防方面的知识却了解很少，只知道血吸虫病的严重性，至于病因与如何防范几乎一无所知。住院期间，通过护士长她们耐心而细致的讲解，阅读观看一些图片、资料，我明白了许多道理。原来在新中国成立以前，血吸虫病就广泛流行于南方十二个省市，其中三百五十个市县的上千万农民和渔民感染过这种病，还有近亿人民群众受到不同程度的威胁。新中国成立后，党和国家一直非常重视血吸虫病的防治工作，为此还做了大量行之有效的宣传防治工作，并取得了很好的成绩，所以就有了《人民日报》关于血防工作进展的连篇报道。为此毛主席也有针对性地发表了这首著名的《送瘟神》，并向全国人民发出了"一定要消灭血吸虫病"的伟大号召，从而更进一步促进了全国血防工作的深入开展。

通过在医院的学习与教育，自己除了懂得一些政治、历史层面上的知识外，还明白了，血吸虫病不光是人身体上有，就连家禽也会感染此病。血吸虫主要寄生在静脉血管内，依靠食血生存，虫卵还会顺着血管流入肝脏，穿过毛孔至肠壁，然后随着粪便排出。进入水中后，卵化为幻虫，再寄宿在水中的钉螺中，发育成血吸虫，活跃在水流中。它主要是生活在水田、池塘、沟渠，还有湖泊、河流中。只要有人下水活动，血吸虫立马就会顺水钻进人的皮肤毛孔之中，就这样引起了血吸虫病。人一旦患上此病，如果是属于急性的，则会烧热咳嗽，肝肿大，有的还会肝部作痛。如果是慢性的，则会腹泻，肝脾肿大，到了晚期，则会肝硬化，肝腹水，最后因肝脏失去功能而死亡。如果是儿童患有此病，不及时治疗，就会严重影响正常发育，有的还会造成侏儒症，死亡率也相当高。血吸虫病是医圣华佗也无法医治的瘟神。旧中国受害地区家破人亡、妻离子散的悲惨景象，随处可见！正如毛主席在诗中所描述的"千村薜荔人遗矢，万户萧疏鬼唱歌"。这就是旧中国血吸虫病疫区的真实写照。

住院期间，我们每个病人一边进行大剂量药物治疗，一边参加由护士长组织的血防知识普及教育。这样既治疗了自己身上的血吸虫病，同时又获得了许多原来未知的血防知识，从而为后来自己义务参加社会血防工作，打下了有利的理论基础。就这样我们通过半个月的住院治疗，在医务人员的精心护理下，身体很快恢复了健康。为了不影响学习，出院后的第二天我就回到了学校。

自己有了血防科普知识学习的经历，并在思想上对血防工作重要意义也有了新的认识，同时也出于自己深受其害而对血吸虫的痛恨，在后来毛主席提出的"一定要消灭血吸虫病"号召的鼓舞下，我利用寒暑假积极报名参加学校、居委会组织的各种血防宣传活动，其中印象最深的就是灭钉螺运动。当时自己就带头把住院期间学到的血防知识，应用到实践中去，与大家一起挖土填沟埋渠，拆除一些不合格的露天厕所，排干清除粪便污水。还参加了群众性捡钉螺大竞赛，为千方百计从源头清理堵死虫卵滋生繁殖之地出力。同时还经常跟着大家一起，到偏僻的村寨与农民进行面对面的血防知识宣传交流，以提高广大人民群众对血吸虫病的防范意识。

1965年后，去外地念书、当兵，很少回家乡，但每次探亲回家，我都会顺道去医院探望那位可敬可爱的护士长，并从她那里了解一些家乡血防工作的进展情况。听到血吸虫病患者明显减少的消息，自己心里都会感到由衷高兴。尤其是1972年自己从部队回到家乡，听到血吸虫已基本绝迹的消息，心里更是兴奋不已！作为一个曾经的血吸虫病患者，彻底消灭血吸虫，也是我心中多年的梦想！

这段送瘟神的经历，或许只是生命中一个小小的插曲，但带给我的却是终身受益的大道理。首先使我这个初出茅庐的"小病号"懂得了新旧社会翻天覆地变迁的来之不易。尤其是在新中国成立后不长的时间里，国家就带领全国人民战胜了千年医圣华佗都无可奈何的瘟神，使亿万劳苦大众获得了新生。自己也从中获得了第二次生命，从内心感受到，只有在共产党、毛主席的英明领导下，才能完成这件前所未有的伟大事业。同时，在送瘟神的过程中，自己不但得到国家给予的免费医疗，还在治疗过程中受到了白衣天使们无微不至的关怀与爱护，使自己幼小的心灵，真切体会到了人间大爱的温暖。在自己身体获得康复的同时，更为重要的是在护士长她们那种全心全意为人民服务精神的影响鼓励下，自己也懂得了如何服务于人，如何将自己学到的血防知识，在社会实践中去馈赠给那些需要帮助的人。并促使自己积极参与到社会血防工作中去，为家乡血防事业作了一些力所能及的贡献。无形中也把自己的行为融入了当时社会提倡的"我为人人，人人为我"的道德风尚中。自己从社会实践中得到了一次锻炼，并从中获得了快乐。这也是我跨进中学时代有幸遇到的一堂必修课！

　　总之，这次送瘟神的经历，无论是对自己未来世界观的形成，还是对后来学习、工作乃至事业发展，都产生了积极而深远的影响，这些影响与作用对我个人来讲是无法估量的。此时让我想起中国一句古语"因祸得福"。但必须说明的是，这其中的福，绝不是凭借自己的运气得来的，也不是什么神仙皇帝赏赐的结果，而是共产党带给中国人民的洪福，是千千万万革命先烈用鲜血和生命换来的幸福，也是千万个像那位可敬可爱护士长一样全心全意为人民服务的医护工作者通过不懈努力得来的康福，而自己只是千千万万个获得第二次生命的幸运的血吸虫病患者之一。

　　值此毛主席的诗《送瘟神》发表六十周年之际，让我们一起再重温这首诗词，以表达对毛主席他老人家的追思与深情怀念！

送瘟神

其一

绿水青山枉自多，华佗无奈小虫何！

千村薜荔人遗矢，万户萧疏鬼唱歌。

坐地日行八万里，巡天遥看一千河。

牛郎欲问瘟神事，一样悲欢逐逝波。

其二

春风杨柳万千条，六亿神州尽舜尧。

红雨随心翻作浪，青山着意化为桥。

天连五岭银锄落，地动三河铁臂摇。

借问瘟君欲何往，纸船明烛照天烧。

武隆中学联想曲

　　人生历程，最难忘的莫过于青少年时期生活学习过的地方。如今每当想起那段经历，内心就会涌现出一种浓浓的乡愁。其中自己生活学习十二年的武隆镇和武隆中学那些点点滴滴往事，经常会忽隐忽现、梦幻般浮现在眼前。这也许与自己到了怀旧年纪有关，时间越久的事情越是深刻，好像岁月残留在自己额头的一道道深深的皱纹，怎么样也无法将它抹去。

　　1962年7月，自己小学毕业，从当年9月开始，就进入昌化县武隆中学读书。学校之所以叫武隆中学，是因为在我们家居住的小镇北面有一坐层峦青翠、独冠群峰、景色宜人的山峰，它的名称就叫武隆山，所以小镇以此山得名，叫武隆镇，而学校再以镇冠名，叫武隆中学，这也是中国传统文化普遍惯例。而且当时昌化县委、县政府机关，就设立在武隆镇，因此镇子虽小，却是全县政治、经济、文化、商业的中心。用"麻雀虽小，五脏俱全"来形容当时小镇是比较恰当的。小镇名不见经传，但它历来就是杭徽古驿道上一个重要的必经之地。由于它山清水秀、物产丰富，而且山势险峻、易守难攻，所以在国内抗战斗争中，它一直是江、浙、皖一带军民抗击日寇的大后方。当年我的父母亲从上海投奔此地，加入国军抗战斗争行列，其中原因之一，也在于此。因此，小镇凭借着险峻地理优势和当地人民不屈不挠抗击来犯之敌的决心，使得穷凶极恶、气焰嚣张的日本鬼子，也不敢对它轻举妄动加以进犯，才得以保全。

从远处望去，小镇规模不大，全镇就一条主干街道。它顺着昌化江北岸由西向东邻水而建，街道与河道基本平行。从高处俯视，整条街道犹如一条巨龙横在昌化江上，并按河水流势，由西向东依次把整条老街分为，西街、中街和东街，最后由东街末端一条名叫南门头的小巷分道通向河口，在河滩边上形成了一个自然开阔的水上码头。然后可以顺着河道一路向东，进入河桥镇，再经分水河、钱塘江，一直到达杭州。并且可以转航上海、南京等地，所以，在解放前公路交通尚不发达的年代，武隆镇还是一个重要的水上交通枢纽。

据昌化史传资料记载，昌化江又名紫溪，称得上是当地人民的母亲河。由于武隆镇地处天目山南麓，小镇的南北两边都是高山峻岭，中间狭长地带是一片肥沃平坦的土地与丘陵，清澈湍急的昌化江水从中间穿流而过，生生不息滋养着两岸人民。河流两岸土地肥沃，物产丰富，主要盛产木材、毛竹、稻米、小麦、油菜，尤其是满山遍野的山核桃和板栗，更是闻名天下。当地人民凭借独特丰厚地理条件和勤劳双手，过着自给自足、平静安宁的生活，所以武隆镇素有浙西世外桃源的美誉。由于小镇地处杭徽水陆交通要道，又有比较特殊的战略位置，自古以来就是方圆百里的政治、军事、经济、文化和商业中心，新中国成立初期，就沿袭这种管理体制，它就成了县级行政管理机构的驻地。

我就读的武隆中学，就建在小镇北面那座青翠秀丽、巍峨挺拔的武隆山脚下。它是一所始建于1958年的全日制初级中学，建在县城中心位置，也是当时城区范围内唯一的一所中学。按常理讲，始建于县城的第一所中学的校名，为了知名度，一般都会以所在县的县名加以命名。它无法以昌化县县名加以冠名，是因为在昌化县城以西十几公里外一个叫汤家湾的山村小镇，早在解放前就已经建有一所名为昌化中学的学校。

昌化中学的教育质量一直名列全省前茅，主要表现为，每年高校升学率，在全省中学排名中始终排在前列，因此，一直被省教育厅确定为省重点中学而闻名一方。当地老百姓，只要提起昌化中学，他们都会竖起拇指大加赞赏，为自己家乡有这样一所优秀学校，而引以为豪。这里自然也成了浙西地区学子们心中向往的学府殿堂。为什么昌化中学不建在知名度相对要高，而且无论是从水陆交通，还是城市规模，还有其他的条件都占优势的县城武隆镇，而要舍近求远，建在一个非常偏僻，可以说几乎没有一点知名度的小山村呢？当地人们对于这种"不合理"的选址行为，也都感到难以理解。我们当时在校念书时，同学们对此也有过一些议论，并希望了解其中原因，但始终无法得到正确答案！

后来，又因自己初中毕业后，去了外地读书，之后又参了军，然后在外地工作辗转几十年，一切都显得那样匆匆忙忙，根本无暇顾及此事。因此这一谜团，就一直挂在自己心间，成了一个难以解开的心结！直到2012年下半年回故乡，在一次与哥哥聚会的闲聊中，无意间提起此事。

据我哥哥回忆，早年自己在昌化中学读书时，就听人说过，这所学校是解放前当地一个开明大地主筹资创办的，但详细情况，他也不清楚。而且当时在校时，师生中间，也不知什么原因，大家都很忌讳谈论这一话题。当我听完这番介绍，心想，既然有这样一所有名气的中学存在，无论内情如何，总得要有个说法。一定要在自己有生之年，利用目前退休有足够赋闲时间的优势，深入进去，要不惜一切代价，设法解开这个谜团，找出历史真相，给自己也给后人，一个真实、完整的交代。我想要解开这一谜团，还是要按照毛主席讲的没有调查就没有发言权的原则进行。为此，我首先想到的就是我的发小同学周俊涯，因为他曾经担任过临安宣传部副部长之职，对当地教育发展历史，应该有所了解。于是我带着这一"使命"登门向他请教。当他获知我的意图与设想后，也非常赞许和理解，表示一定会全力帮助。他的表态，给了我极大的鼓励和信心。

很快，经过他的一番查阅寻找，就将他曾经参加编写的临安县市有关学校教育历史资料，汇集后转发给我。经仔细查阅，其中确实有一段有关昌化中学建校历史的记录。文中是这样描述的："本县历史上第一所正式中学创办于1941年1月，当时校名为：昌化县立战时初中学生补习学校。校址在昌化县三民乡（今龙岗镇）汤家湾。1943年3月，浙江省教育厅令准转为昌化县立初级中学，附设简师班。1956年9月添办高中班，易名：浙江省昌化中学。"这段文字叙述非常笼统简短。有一点非常明确，该校确实是解放前创办，而且是在抗战中期的1941年元月建成。从学校名称中"战时"二个字就充分说明该所学校是抗战非常时期的产物。但遗憾的是，通篇文字中没有说明学校是谁创办，谁是第一任校长，对于这些关键内容，文中只字未提。似乎有点刻意回避之嫌疑！但这对我来说，不管内容如何，得到这段文字，心中都有如获至宝之感。至少从中了解到这所学校的概况。好像一台精彩剧目刚开场，幕布已经拉开一条缝隙，从中透露出一丝光亮。这是一个很好的开端。关键是下一步怎么办？当时我想，既然文字中没有说明，我们是否可以从查人着手？首要任务是设法找到当年出资办校的人，或者他的后人。如果能找到第一任校长，那就更好。于是我又想到了我昌化的发小同学、我中学时代的老班长潘亚新。因为他家住在昌化，希望从他那里得到一些有价值的信息。

于是，我与潘亚新取得了联系。得到的答复是，他所了解的情况与我哥哥所知道的相差无几。听后，我内心有些失望。但后面他讲的一条信息，非常重要。他告诉我，昌化中学第一任校长的女儿，就住在他们家附近，而且他爱人孙爱娟与她比较熟悉。当听到这一消息时，我眼睛一亮，似乎又看到了一丝新的光明。于是我迫不及待，请他务必与校长女儿约定一个时间，我要专程去昌化拜访她一次。此时，潘亚新也非常重视，第二天就给我复电，说校长女儿也只知道昌化中学是由她父亲发起筹资并于 1941 年创办的，但其中详情，因为当年她还未出生也不是很清楚。但她说几个兄弟应该知道，所以她把兄弟联系电话告诉了我们。真是功夫不负有心人，几经周折，后经他们几个兄弟互相联系商量，告诉我说，此事统一由他们在江西新余市工作的老三陈祖煌先生作介绍，因为几个兄弟中，他对父亲的情况了解最清楚。我得到这个消息后，真是欣喜若狂，马上执笔拟好采访提纲。紧接着就去电江西新余市，与老校长的三儿子陈祖煌先生取得了联系。在电话中，我先自报山门，以及说明与他通电话的目的意图，用纯正的家乡方言与陈祖煌先生（2012 年七十七岁，新余市政协原常委、画家、享受国务院津贴专家、工艺雕塑家）作了诚恳详细介绍之后，很快取得了对方认可与支持。他稍作思索，就非常详细地向我讲述了他父亲生前那段艰难办学的传奇人生。就这样一段差不多被遗忘了八十年的家乡人民抗战历史，又重新浮现在我们眼前……

据陈祖煌先生介绍：父亲陈鸿文生于 1905 年，是当时昌化县三民乡人氏，1934 年毕业于国立浙江大学教育系（据说是当年全县唯一的一名大学生）。大学毕业后，先在杭州清波中学任教，后被晋升为杭州市教育局教育科督导。1938 年抗战，因杭州沦陷，他不愿意做亡国奴，带着妻儿，返回了家乡，先去了昌化县河桥镇，联络了几名爱国知识分子，在那里创办了一所私立唐山补习中学。由于学校很多老师是从外地来山区避难的，他们中间难免都有临时观念，而父亲是本地老师，所以在办学理念上存在很大的分歧。加上当时有迹象表明，日本鬼子要进犯河桥，局势动荡不安，于是父亲决定离开河桥，回家乡创办自己的学校。回乡后，他上书当时的县政府，提出了"教育救国"的主张，要求政府支持创办学校。由于他是浙大教育系专业毕业，对如何合理配置教育资源有独到的见解。他敏锐地看到，整个浙西地区三个县，临安、于潜、昌化尚无一所正规中学，而当地广大农民群众文化程度普遍较低，要解决这个问题，必须办学。所以，他一面向政府提出申请拨款办学，另一面积极奔走乡邻，联络各方族老乡绅，向广大民众宣传教育救国的道理，提出"有钱出钱，有力出力"的号召，并以身作则，向自己的父亲（也就是陈祖煌先生的祖父，是当地世代乡村郎中，家境殷实，为人正派，一贯乐善好施）求助。当祖父听说自己的儿子要为家乡办学筹款，他老人家倾其所有，慷慨解囊，全力帮助儿子办学，解决了初期办学资金不足的难题。祖父的惊人之举极大地鼓舞了父亲的办学信心，也对当地社会募捐活动，起到了一个积极的推动作用。

在讲到当时学校选址问题时，陈祖煌先生是这样解释的：第一，是为了安全考虑，因为当时日本鬼子步步逼近，随时都有发生战事的可能，因此将学校建在近山靠山，偏僻的地方，也是为了适应战备的需要；第二，在自己家乡办学，人员熟悉，组织发动人力物力比较方便；第三，当时三民乡政府就在他家附近，所以也极力要求将学校建在三民乡（解放后改名汤家湾）。学校从1940年初开始筹建，在父亲千方百计不懈努力下，同时也得到当时设在天目山的临时浙西行署的大力支持，据说还得到了当时浙江省主席黄绍竑的过问与关注，学校从开工到建成，前后只花了一年时间，浙西地区第一所中学就于1941年元月在昌化县三民乡正式建成开学。学校最初的校名为：昌化县立战时初中学生补习学校。建校初期，只设有两个初中班，之后又增设了"小学老师资训班"。到了1943年，随着学校不断扩大，后经浙江省教育厅批准，将原来的初中补习学校正式定名为：昌化县立初级中学。学校从1941年建校到1945年抗战胜利，一直都由父亲担任校长。直到1946年，抗战胜利的第二年，由于父亲办学成绩显著，名声大扬，后被省教育厅任命为省重点学校余杭师专校长兼教务主任。直到1948年，由于当时国内战事吃紧，父亲对时局感到担忧，他主动向省教育厅提出了辞呈，而后回到昌化中学，担任了一名普通国语、英文老师。就这样一直到1958年，由于受到当时阶级斗争政治浪潮的冲击，父亲未能逃过一劫，被人借机解除了教师资质，返乡务农。这对于一个一生热衷于教育事业的人来说，等于在人生事业上判处了死刑。当时父亲才五十二岁，就这样无声无息，终其一生，而我们一家人也因此受到不公正待遇……

陈祖煌先生最后介绍说：在胡耀邦出任党中央书记时，国家本着实事求是、有错必纠的精神，父亲的问题最后还是得到了纠正，恢复了他应有的功绩与名誉。那时虽然父亲已经不在人世（父亲享年七十七岁），他老人家也无法知晓这一结果，但全家人还是感到非常欣慰和感激党的政策，尤其是母亲（母亲叫沈慧芳，绍兴人氏，享年九十七岁）当听到这一消息时，她老人家顷刻间泪流满面，双手抚摸父亲的遗像，脸上露出了带着泪水的微笑……

我一口气采访完毕，放下电话后，心情久久不能平静，也没有时间多想。为了慎重考虑，我迅速先将记录稿认真整理一遍。第二天，我又特地拜访了我的同学周俊涯，并认真向他作了"详细汇报"。主要目的，一是向他通报查找进展情况，二是请他再帮助一下，找一份对上述采访内容可以相佐证的文字材料，以便将此事做得扎实牢靠点。当他听到"陈鸿文"名字时，马上说，似乎哪里见到过，让他再找找看！

结果，第二天他向我提供了由上海复旦大学出版社出版的一本《临安知识词典》。书中临安市古今名人录里，就有关于陈鸿文的介绍。书中有关内容全文如下：陈鸿文（1905—1982），昌化洲头人。1934年7月，毕业于国立浙江大学教育系。后在杭州清波中学、杭州市教育科任职。1938年春，在昌化岐安创办私立唐山补中，开三县中学教育之先河。继在浙西一中（昌化中学）、浙西三中任教。1941年1月在龙岗筹建昌化县立初中，身穿麻布衣裤，脚踏草鞋，为建校奠基劳动。至1944年7月历任昌化县立初中、昌化县立简师校长。陈鸿文办学不离劳动，规定新生入学，须带锄头、畚箕、笠帽。他为建校费尽苦心。1946年7月离乡去余杭简师和杭县简师任教务主任、校长。1948年9月回乡，复任昌化中学语文、英语教师。1958年去职，归故里。1982年逝世！

当看完这篇介绍后，我心中的一切疑虑顷刻间烟消云散，犹如拨开了多年笼罩在心头的迷雾，又重新见到了灿烂的太阳，心情随之爽朗畅快！同时，我把这一消息，像自己遇到了喜事一样告诉了一直关心此事的哥哥。当他听到"陈鸿文"三个字时，几乎目瞪口呆！他张着嘴立马就说，陈鸿文就是他 1955 年读初中一年级的班主任兼国语老师，陈老师当年独特的拼音教法，如今还回响在自己耳边。他接着回忆说，从外貌看去，身穿西装，中等个子，戴着一副黑框眼镜，一脸文弱书生，他是一个标准的教书先生。怎么会与大地主的名字挂上号呢！（注：其实他们家解放初，土改成分是中农）以前这些人真是乱来，太过分了，恶意中伤！哥哥当时言辞激烈，显然是在为他的班主任老师鸣不平！

　　事情的真相虽然已经水落石出，但自己的心情仍然不能平静。在夜深人静时，常常会想起陈鸿文一生的努力和后来坎坷的经历。觉得历史与历史人物是复杂的。但从他们所留下的言行和真实的事物（如昌化中学就是旧时代留下的宝贵财富），可以证明这些人物当年对未来判断的真正水平（当年陈鸿文坚持办学的决心）。然而历史人物也正因为有这种超前的眼光与作为，注定会造成一时的忌妒与误解，有的甚至被全盘否定。但最后，又得到了后人对其重新审视、重新评价、重新肯定。这也是一个非常曲折、非常心酸的必然规律。而陈鸿文的一生经历，就是这一规律的实践者和献身者。我们虽然为他的大胆探索、建树和后来得到不相称待遇唏嘘不已，但也为后人的醒悟与自纠而感到欣慰和鼓舞。因为历史只能向前看，而且它的行进与发展就像人生步伐，一左一右才能向前推进，从而走向希望的彼岸。

　　俗话说："前人种树，后人乘凉。""喝水不忘掘井人。"我想，无论用哪种语言，都无法表达家乡人民对陈鸿文先生的感激之情。作为家乡人，尤其是作为他后来的学生（1969 年，昌化中学外迁至武隆镇，我的母校武隆中学有幸与昌化中学合并为新昌化中学。因此我也有幸成为后到的昌化中学学子），理应对他有所表示，于是我想到了去他墓地，为他扫墓祭奠，以示敬意。同时，也可以顺道去看望老校长留在老家的两个儿子（老二与老五）。因为是他们的热心帮助，才使我得到了这么珍贵的一段历史资料，成全了我多年的心愿与梦想。理应向他们表示谢意。于我把自己的想法告诉了我哥哥，想听听他的意见。他听后，当即表示很好，并一定要求我与他同行。他也要给六十年前的班主任扫墓祭拜，以示怀念。我们兄弟俩一拍即合，难怪有人讲，亲兄弟之间的心灵，往往都是容易相通的，此话真的一点不假。去之前由我先与陈鸿文校长的两个儿子电话相约，他们听到这一消息，非常欢迎我们前去走访祭拜。次日，我与哥哥作了一些常用祭奠用品准备后，就从临安驱车前往了。

临安到他们家乡大约九十公里路程，由于高速公路相通，我们只用了四十几分钟，就到了一个名叫岭下村的地方（浙皖边界，与黄山地区只一步之遥）。他们兄弟俩早早等在那里了。其中二儿子（已八十岁）还是拄着双肢拐棍在门口迎接我们。山里人的热情是不言而喻的。见面后，我们之间进行了简短交流，就直奔主题。由他们老五带路，沿着公路边一条岔道，向一片满是山核桃树的山冈上走去。大约走了一公里路程，就进入了墓地。在一个陡坡上方，就看到了老校长夫妇合葬墓碑。在墓地两旁还竖立着五根用青色石材制作的方形擎天石柱，有二米多高，气势非常雄伟壮观。据老五介绍，这是他江西搞工艺雕塑的三哥专门设计的。五根立柱，代表他们五个兄弟，日夜为父母护卫守陵。而青石代表他们秉承父母生前遗训：清白做人。

我边走边听，当我听得句句入神时，不知不觉已经到了墓地前方。于是我们拿出事先准备好的祭品，在墓前石台上，分别敬上一炷香、洒满一杯酒、献上一束鲜花，以示我们的敬意。之后，我还特意在墓碑前，向着两位墓主，也对着在我身旁站着的老五，轻轻朗读了由上海复旦大学出版社出版的《临安知识词典》中临安古今名人录里关于陈鸿文的评价文摘。

老校长当年面对不公，不言不语，光明磊落，问心无愧，坦然接受现实，仰首挺胸，回归故里，过着几乎隐居的岁月，彰显了"上水无言，不语大德"的崇高精神。事实告诉我们，历史终究不会被永远掩埋，甚至歪曲。时间与岁月是最好的见证！一切谎言、诋毁犹如一层浮尘、一张画皮，最后会被事实撕得粉碎，而露出它本真面貌！

念完文稿后，我还继续肃立在墓前，心中默默地告诉老校长，我们之间虽然未曾谋面，自己也不曾是您的学生，但我要告诉您的是，因武隆中学与昌化中学合并为新的昌化中学，终于实现了我曾经的梦想，也成为昌化中学学生中的一员，因此您也就成了我的校长，这是缘分，也是我的幸运。尤其是通过对您生平的了解，让我对您一生为家乡教育事业作出的伟业，更加肃然起敬！为自己有您这样一位老校长，感到无上荣光与自豪！

在下山返回的路上，我还是一步二回头，回望老校长身后那片茂密的桃核树林，仿佛看到老校长化为一棵植根于深山的百年核桃古树，而我们每个学生，就像是长在他身上的一粒粒小核桃，年复一年，代代相传，生生不息，果满天下。而老校长，只是凭着他一个教书匠的本分，待在深山潜心教育、静默奉献。他没有索取，更没有享受，唯一有的，只是在老伴陪同下，独守一份安宁。但我想，这满天下果仁的芳香，就是他为人师表、高尚品质的化身，将千古流芳，誉满人间！而昌化中学这座教育丰碑，必将世代永存，万年不朽！

悠悠师生情

　　每天下午，自己都有户外散步的习惯，而且风雨无阻坚持十几年了。在我心里早已把散步当成是日常生活中与吃饭、睡觉同等重要的事情来对待。也可以说散步就是我个人的一种"嗜好"。

　　近日，在一个阵雨后的下午，自己照例去小区后面山坡上散步。刚走不远，就听到从附近一所中学高音喇叭里传来一阵悠扬嘹亮的歌声。待我侧耳一听，马上就知道这首歌曲的名称叫《我们走在大路上》。因为这是一首60年代在我们校园里非常流行，也是自己非常喜欢，而且至今仍会哼唱的革命歌曲。虽然这是一首半个世纪前的老歌，但如今听起来心里依旧觉得还是那样亲切，那样势不可当、催人奋进。这优美动人的乐曲声，不知不觉又让我回想起那个久远而难忘的中学年代……

　　时光又回到了1962年。那年7月，自己小学毕业，从9月开始就顺利进入了昌化县武隆中学念书。当时的昌化，只是一个地处深山的贫困小县。由于受交通不畅的制约，经济发展比较滞后，这给当地教育事业也带来很大影响。自己就读的武隆中学，是一所创建于1958年的初级中学。待我进校就读时，虽说建校已经四年，但校内各方面教学配套设施仍然比较简陋。整个校区，除了一幢教育大楼和一个冠名为"跃进堂"的小型礼堂是新建的外，其他配套建筑几乎都是由原来一些破旧老房屋改造利用而成的。偌大一个校园竟然连一个像样的图书馆和综合体育场都没有。尤其是教职员工的生活住房条件，更是因陋就简。他们大部分就居住在依山而建、非常低矮潮湿的小平房里，过着十分清贫艰苦的生活。但让人想不到的是，我们这样一所非常普通的中学，校内师资力量配备却相当雄厚齐全。校内除了很多是新中国成立以前的老知识分子以外，一些比较年轻的教师很多是杭州大学本科毕业生。最起码也是从萧山湘湖师范分配来的师专专科毕业生。他们中间还有的是来自上海、杭州，甚至山东青岛等大中城市的青年教师。从其教学水平看，都可称得上教育战线的精英。在当时社会知识分子极其缺乏的年代里，一个普通初级中学能够配有如此强大的师资队伍，确实是不多见的。现在回想起来，这应该与当时我们学校是县城内唯一一所中学，而且又隶属县政府直接领导不无关系，否则"近水楼台先得月"的现象就不可能体现得如此充分明显。当然，这对于我们这些山区学生来讲，确实是一件幸运的好事，只是当年我们还年少无知，真是"生在福中不知福"。

　　1962年，应该说是我们国家刚从三年自然灾害的阴影中走出来的第一年，整个国民经济尚未恢复元气，广大民众生活都处在极度贫困之中。由于物资短缺，供应困难，各类日常生活用品都要凭票证供应，小的从食盐、火柴，大的到粮食、肉类，还有布匹，在我记忆中，凡是能报出名称的东西，几乎都得凭票供应。各种门类的票证，少说也有近百种。因此当时家家户户只能过着节衣缩食的温饱日子。而学校作为社会一个组成部分，当时的生活处境也就可想而知了。在那样艰苦生活环境之中，我们学校的老师们却都有一个共同的特点，那就是，他们都热爱新中国的教育事业，热爱自己的学校，热爱我们这些山区可爱的学生。而且他们中间有的在大学毕业后，自愿放弃大城市优越生活条件，主动申请到生活艰苦的山区从事教育工作。在教学实践中，他们发扬艰苦创业，勤俭办学的光荣传统，任劳任怨，刻苦钻研，认真备课，一丝不苟批改学生作业。为了克服教育经费不足，设备教具严重缺乏的种种困难，他们千方百计，开动脑子，自己动手制作所需教学用具，想方设法来满足我们这些学生日益成长和求知的需要。

如今，时光虽已远去。往事也随着岁月不断流逝而慢慢变得模糊不清。但老师们那一张张鲜活而熟悉的面容却似镌刻在自己脑海里的一个个跳动的音符，时刻在伴随我浅唱平凡而快乐的人生乐曲。他们既是自己人生岁月里不会消失的音符，更是我心中平凡而又伟大的英雄。他们都是我一生中有缘相遇、独一无二的恩师！

叶铭洪老师

叶铭洪，这是我一生都不会忘记的名字。因为他就是我上初中第一个，也是陪伴自己三年初中学习的唯一一个班主任老师。当年我们初一年级学生，总共只有两个班，每个班有三十几个学生，自己分配在62—1班。开学第一课，正值"秋老虎"，气候仍然有些炎热难耐，但同学们还是怀着一种期盼的心情，希望能早点见到自己的班主任老师。随着一声上课铃声响起，教室门随之被轻轻推开，这时一个中等身材，皮肤偏黑，体态精干，年纪大约三十开外的老师健步走上了讲台。他脸上略带有一种比较严肃的神情，用一双炯炯有神的眼睛向着大家环视了一遍，然后转身用手中粉笔在黑板上端端正正写下"叶铭洪"三个字。回过头来，用一种带有较浓安吉县地方口音的普通话自我介绍说，我叫叶铭洪，从今天起我就是你们的班主任，同时兼任大家的数学课。以后你们叫我叶老师就可以了。讲完后，只见他顺手拿起讲台上一支毛竹教鞭，仰头指向事先已张贴在黑板右上方墙面上的一张白纸黑字横幅字条，上面清楚写着："一寸光阴一寸金，寸金难买寸光阴。"他照字念完后，询问大家，有谁知道这句话的意思。当老师话音一落，整个教室鸦雀无声，没有人敢主动站起来回答老师的提问。于是老师指定前排一位小个子同学，叫他站起来回答，小个子同学起身后，有点胆怯地回答道，时间比金子珍贵呗！老师听后高兴地说，这位同学回答得很好。世界上最宝贵的不是金子，而是时间。因为时间是有限的，是一去不会复返的，所以希望同学们今后千万要珍惜有限的时间。尤其是不要睡懒觉，做人要像条龙，不要像条虫。上课不要迟到早退，要分秒必争，努力用功。同时也希望大家今后积极配合我这班主任工作，要做到有礼貌，守纪律，认真刻苦学习，让我们共同努力来完成各项学习任务……

如今五十多年过去了，但回想起当年老师第一节课所讲的那段精彩而生动的内容，仍然还是那样清晰、那样回味无穷。尤其是他写在墙上的那句"一寸光阴一寸金，寸金难买寸光阴"的格言，更是很难让我忘记，而且它让我以及我的家人享用了一生！

我上初中的时候，也不知什么原因，一向偏爱语文和地理课程。每当上数学课，自己就无精打采，思想经常会开小差，为此还受过老师不少批评。好在每次测验考试中，自己成绩基本上都能达到及格水平。反正在我印象中，自己是只要数、理、化几门功课能拿到六十分就满意，甚至高喊万岁的那类学生。虽然自己与老师前后也相处整整三年时间，但由于在数学学习交流互动方面，我们很少接触，我想自己在老师眼中，应该是属于另类"差生"了。但与老师有关的事，至少有两件，是我至今没有忘记的。

第一件事。有一天早自修，叶老师突然出现在教室里，开始我们以为他是来检查到课人数的，但没想到，他一进来就把大家召集起来，并向大家提出一个问题。他说，每天早上起床有刷牙习惯的同学请举手，然后又接着问，早上起床，从不刷牙的也请举手。通过一前一后两次举手回答，发现早上起床有刷牙习惯的同学寥寥无几。看到大部分同学都没有刷牙的习惯，老师好像有点惊讶！于是他非常认真地给大家讲解了刷牙的重要性，同时也针对当时学生中农村与城镇家庭经济条件的差异，建议有条件的同学要做到每天早上刷一次牙，没有条件的，也可以每隔两天刷一次，但不管怎样，一定要慢慢养成每天刷牙的好习惯。同时他还把自己的一些刷牙经验教给我们。他说，如果要省钱，可以用牙粉代替牙膏使用，这样价格便宜许多，而且效果差不多，就是麻烦一点，但慢慢用习惯了也一样。讲到最后，他要求大家将他的意见带回去告诉自己的家长，而且要作为一项任务来完成。那次早自修，实际上是老师专门给我们上了一堂口腔卫生知识课。那次讲解确实引起了很多家长对刷牙的重视，班里有很多同学慢慢养成了刷牙的好习惯。直到今天，我们一些同学回想起当年这件往事，都会情不自禁地流露出一种对老师无微不至关怀的感激之情。

第二件事。有一年的一个冬季的上午，老师为我们上完最后一节数学课，大家正准备下课放学回家。但此时从窗外看去，天色阴沉，还下起很大的雨夹雪子。见此情景，老师知道大家一时走不了，于是他就顺势招呼大家，坐在原位不要离开，他说要唱一段京剧给我们听。听到老师这一提议，大家都感到有些惊讶与好奇，因为都想不到老师还会唱京剧。于是大家都很有兴趣地安静下来，等待老师的表演。当时同学们年纪都很小，而且又都生长在大山里，没有出过远门，没见过什么大世面，平时最多也只是偶尔从电影或者广播里看到听到一些京剧表演，真正对京剧接触还是很少的。老师见到大家都安静下来后，不慌不忙先拿起杯子喝了一口水，很认真地润了润嗓子，然后他很有招式地将头向前一仰，用他那带着很浓安吉口音的嗓门清唱起来。记得当时他给我们唱的那段曲目名叫《苏三起解》。待老师认真唱完后，尽管大家听得似懂非懂，但还是很礼貌地报以非常热烈的鼓掌。老师表情非常兴奋，接着大致给我们讲解了这个曲目的剧情，同学们对受冤枉的苏三都纷纷表示同情。这时老师特地问了大家一句：想不想跟我学唱几句？此时正在兴头的我们，就一致回答老师说：想学！于是老师先领唱一句，我们在后面学唱一句，就这样一前一后学唱起来。由于大家都是第一次学唱京剧，而且京剧又不同于歌曲那么好学，所以在学唱过程中，频频出现走音跑调现象，引起同学们哄堂大笑。但老师始终一板一眼教得很认真，同学们也跟着老师一句一句学得很用心。此时窗外仍然是风雪交加、天寒地冻，但师生们欢声笑语、热火朝天，沉浸在其乐融融的暖意之中……

　　如今，不知不觉半个世纪过去了，叶老师也早已不在人世。但在自己这五十多年人生旅途中，无论走到哪里，安居何处，每当听到或者看到京剧表演，就会不由自主地回想起老师当年教我们学唱京剧的场景。尤其是他唱的那段带着安吉口音的京剧，仿佛就在耳边回荡，让我听着是那样动人、那样亲切、那样回味无穷！

潘裕荣老师

　　潘裕荣，是我的语文老师。对于自己与潘老师的情缘，还得从我母亲那里说起。潘老师是昌化本地人，我们居住在同一个县城里，他的孩子是我同年同校同班的小学同学，所以平时大家接触就多一些。当时我母亲已在城关镇担任居委会主任多年，对当地居民中的一些人与事，可以说了如指掌。所以平时在家里经常会听到母亲讲起潘老师的一些事情。从母亲断断续续的述说中，我知道潘老师的祖上在当地也算是一个书香门第，家境殷实，家风极好，一向乐善好施，崇尚耕读传家，所以潘老师自小就读了私塾。后因父亲病重不愈，家境衰落，但他始终没有放弃学业，小学毕业后，通过刻苦自学，获得了大专文凭，并取得了教师资格。解放后，他积极响应国家号召，投身于全民扫盲运动。凭借自己的学识和才能，协助城关镇创建了全县第一个职工教育俱乐部，并开设了工人农民文化扫盲补习班，免费为广大职工农民开展扫盲补习教育。而其中最早一批扫盲补习班名单中，就有我母亲的名字，可以说潘老师是我们母子两代人的恩师，所以每当说起潘老师，母亲对于他的感激之情，总会溢于言表。由于潘老师知书达礼，待人谦和，又没有一点知识分子架子，甘与普通工人农民交朋友，所以他的高尚人品也博得当地广大民众的一致好评，在人们心目中他是一位当之无愧、德高望重的知名人士。

　　由于自己从小就受母亲对潘老师好感的影响，所以上中学后，得知是潘老师教我语文课后，心里非常高兴。回到家里后，我将这一消息告诉母亲，她也很高兴，并说这是我的福气，并一再叮嘱我一定要好好听老师的话。所以在后来求学的日子里，潘老师给我上语文课时，自己内心总有一种特别亲切的感觉，听课也会特别认真一些。我想这也可能是自己一向偏爱语文课的一个重要原因吧！

在我的记忆中，当年潘老师在学校里，算得上是一位资深教师。除了年龄资格外，主要还是源于他一向熟读经书，兼通古文，又有扎实的文学功底，还有他对教育事业的无限热爱。与他接触时间长了，你就会发现，无论是他的小楷毛笔字，还是上课写黑板上的粉笔字，还是给学生批改作业，他都会孜孜不倦、一丝不苟，认真书写得清清楚楚，使人看去一目了然。尤其是他所写的毛笔字，俊秀端正，其水平决不亚于今天的一些名人书法作品。在为人处世方面，他一贯严于律己，宽以待人。平时与人交流，脸上总是带着微笑，即便碰到一些不愉快的事情，他也从不红脸生气，最多一笑了之。所以他在学校一向受到广大师生的敬重与爱戴。更值得一提的是，他在语文教学方法上，有独创的一面。他从不拘泥于课本上的条条框框，也不会用填鸭式教学模式对待学生，而是灵活应用，理论与实践结合，来启发、引导、提高学生的认知能力。在课堂上讲到有关道德的词语时，他就经常会借题发挥，给大家讲一些道德品质方面的内容。他会教导我们怎样做人、怎样爱国、怎样讲公德守纪律、怎样严于律己宽以待人、怎样尊敬长辈孝敬父母、怎样与同学和睦相处，等等。

总之，他讲的内容非常宽广丰富，而且易懂好记。有的时候听起来不外乎是一些在家中也常能听到的道德教育，并且有时他也会重复讲这些内容，让我们产生一些厌烦情绪，但是现在看起来，他所讲的一些基本道德教义，对于我们当时正在成长的孩子来讲是有重要意义和收获的。他所讲的确实是金玉良言，非常珍贵。这些实际上也是出于他内心对我们的关心与希望，事实也证明，他的一些谆谆教导，对我们后来的成长与发展是起到潜移默化影响的。

说起潘老师一向灵活多变的教学方法，让我想起了当年一次偶遇的"鬼火"事件。这件事情发生在 1965 年的初夏，当时我们正处在高中升学考试复习阶段。有天下午放学前，突然接到潘老师的通知，说我们全班同学晚上六点钟在学校礼堂门前集合，然后一起去野外进行一次夜景写生活动。大家听到通知，觉得有点新鲜好奇，因为以往从来没有遇到过这种活动，心里也不知道具体如何进行，于是大家都有一种跃跃欲试的期待。到了晚上六点钟，全班同学集合完毕，清点人数后，就由潘老师带队，沿着杭徽公路向东方向徒步行走了大约两公里路程，来到一个叫接官岭的地方。

接官岭，顾名思义，就知道是一个地势较高的陡坡山岭，站在上面向西眺望，整个县城夜景尽收眼底，可以用一览无余加以形容。选择如此最佳观景位置，可以肯定地说，潘老师是花了一番心思的，他对工作的责任心就可见一斑了。等到同学们各就各位选好最佳观景位置后，老师就对这次野外夜景写生活动的意义、目的、方法，还有注意事项，作了详细的说明。正当大家仔细倾听老师讲话的时候，我们大家突然看到右前方不远处的山坳乱坟岗里，同时蹿出几束非常光亮耀眼的火团，一闪一闪，幽灵般的，看上去非常神秘。见此情景，大家都显得有些吃惊，其中有个别同学还失声惊叫：有鬼火。同学们听到这一声尖叫，气氛顿时紧张起来，我心里也有点害怕。因为在那个年代，刚解放不久，社会上封建迷信非常盛行，乱七八糟的传说很多。坊间普遍认为世界上有鬼存在，而且认为鬼是每到晚上才出来活动的。于是大家就联想到对面火团就是"鬼火"了。潘老师见状，非常冷静镇定，高声对大家说，对面山坳里出现的火团，它的学名叫磷火。因为现在正是夏天，今天天气又比较闷热，而乱坟岗里那些腐烂尸骨，会产生一种磷质气体。这种气体一旦外泄到地面，再遇到适当的温度，它就会自燃，对面的火团就是这种自然现象，并不是什么"鬼火"。况且天底下，谁也没有见到过鬼是什么样子，世界上根本就不存在鬼！最后他要求大家安静下来，不用害怕。听完老师一番有理有据的解释后，大家内心才慢慢平静下来，原有的一些疑虑与恐慌也被老师所讲的科学依据所替代。事后，同学们都因老师拥有如此深奥科学知识而感到信服与骄傲。

世界上过得最快的就是时间。三年初中毕业后，自己就去了外地念书，中途又遇到了"文化大革命"运动。为了避免"蹉跎岁月"，浪费青春，加上 70 年代青年人心中对革命军人的崇尚与向往，我也赶时髦参军去了部队。部队复员后又在外地参加工作，接着成家立业，忙于生计，平时又很少回老家，所以与老师一别几十年没有见过面，但自己内心始终是记挂老师的。1996 年一次趁着自己回乡探望母亲之际，我专门去探望了分别几十年的潘老师。虽然当时老师已近耄耋之年，但看上去面色红润，精神矍铄，表情还是像当年一样，乐观慈祥。一见面他就询问我的身体、工作，还有家庭情况，他还是像当年学校时的老先生一样，心里永远都放不下我们这些学生。在交谈中，得知他 1972 年从原来我们的老学校合并到了昌化中学教书，退休后又被学校留任教了几年书。正式退休后，回到家中继续发挥他自己对文学爱好的特长，积极投入社会文化交流活动中，先后担任过浙江人民出版社通讯员，还兼任著名的《南国诗报》社特约记者，之后又担任过浙江省诗词学会、杭州民间文艺家协会会员等职。总之，他是退而不休，一直活跃在文化战线上，尽情发挥自己的余热，为社会也为子孙后代书写了很多有价值的文化作品，为此获得了国家级的"金砚奖"二等奖状。老学者开辟新文化天地，他的同事们称他是一个勤奋耕耘的老黄牛。让我联想到鲁迅的一句名言：吃进去的是草，而挤出来的是奶。潘老师的一生，就是我心中最佩服的鲁迅笔下的那头"孺子牛"的写照。

金嗣聪老师

说起金老师，还得从我这篇文章一开头就提到的那首《我们走在大路上》的革命歌曲讲起。因为当年教我学会这首歌曲的人，正是金老师。当年他还不是我的音乐老师，他真正教我的是地理课程，而地理课也是我上初中时最喜欢的课程之一。在刚开始接触金老师的时候，我们就从他非常古典而大气的名字，以及他平时言行举止中所表达出来的不同一般人的"派头"中，感觉到他一定是一位出生不一般的大户人家子弟。后来也证实，金老师当时是我们学校唯一一位从上海大都市来到我们大山深处教书的杭州大学毕业生，有关他的事迹从我母亲那里得到了进一步了解。

金老师确实是出生在上海一个大资本家家庭，用现在新潮词汇来形容，他当时就是一个"响当当"的富二代。当年大学毕业后，他为了响应国家提出的到祖国最需要的地方去、到祖国最艰苦的地方去的号召，主动放弃了回上海工作的机会，毅然选择了生活条件非常艰苦的山区从事教育工作。当时他的先进事迹，曾一度在当地广为流传，一时成为人人称赞的学习榜样。在后来与老师朝夕相处的日子里，老师也曾多次向我们谈到这件事情的一些细节过程。在我印象中，他心中最崇拜的就是周总理，他经常在不同场合里与我们说起周总理曾经说过的一句名言：一个人的出生是无法选择的，但要走什么样的路，自己是完全可以选择的。他的言下之意，再结合他的行动，就不难看出，当时老师所作出的决定，显然是受到周总理这句名言影响，而选择了摆脱自己资产阶级家庭，从而坚定走了自食其力的革命道路。一个大都市富家子弟，能义无反顾选择自己认定的艰苦奋斗的革命道路，孤身一人，远离上海，来到贫困山区从事教育工作，他这种精神，无论过去，还是现在，甚至将来，我想都是值得大家感动、学习与敬佩的。

在初中三年时间里，地理课在我印象中，算不上主要课程，每个星期也就两三节课，所以我们与金老师在课堂上接触的时间并不多。但在课外活动中，我们师生之间活动机会却非常丰富，因为在当时学校的老师中，金老师算得上是最年轻的教师，而且他性格开朗、待人热情大方，没有架子，善于与同学们互动交流，尤其是他来自大城市，见多识广，有很多优点是其他老师无法比拟的，这也是他给我们带来很大吸引力的主要原因之一。就说能歌善舞吧，每到周末有闲，他就会发起组织师生一起学习跳交谊舞。每次学校组织大型文艺活动，几乎都会见到金老师在台前幕后忙碌的身影（据说后来在"文革"中为组织学生跳舞，老师还受到一些不公正的批判）。

还有一件让我印象非常深刻的事。碰到星期天或者节假日，由于老师家在上海，路远平时回不了家，只好孤身一人在学校。每当这个时候他就会带着自愿报名的学生，背上他自己的相机，到县城郊外河滩山野进行摄影活动。事后他自掏腰包，将同学们的照片洗印后，一一分发到每个人手中。时至今日，我们中的很多同学还将当年老师留给的照片精心存放在自己相册中，以此作为永久的纪念。看着这一张张泛黄老照片中我们当年青涩年少的容颜，以及和我们站在一起的和蔼可亲、稳重帅气的老师，当年那一幕幕纯真快乐的往事又浮现在我们眼前……这些美好的时光再也找不回来了，能做到的只有把它珍藏在自己心里，细细地去回味……

现在回想起当年老师给我们上地理课的情形，总还觉得是我们最开心的时刻。由于平时我们师生之间关系一直比较融洽，老师在课堂上授课也比较生动活泼，我们听起来觉得无拘无束，显得比较轻松。他讲课通常是把书本上的一些内容结合他的一些所见所闻以及他的个人见解一起讲，让我们听起来，觉得有血有肉，非常有趣。比如讲到一个国家或者一个地区，他都会把当地风土人情，以及涉及的一些重大事件，还有有趣的故事，毫无保留地讲给我们欣赏。所以同学们听他讲课，犹如听他讲故事一样，没有丝毫课堂压力。他的教学方法既给我们增长了知识，也给我们带来不少快乐，更开阔了我们的视野。

记得有一次，他给我们毕业班上复习课。他在课堂上非常认真地提醒我们，要千万牢记世界各大洲重点大国首都名称。有些城市名称字数较多较难记住的，可以用我们日常生活中的近音词来模拟记忆。讲到如何应用这种方法时，为了讲得更加透彻易懂，他还列举了字数最多又拗口难记的南美洲的阿根廷首都布宜诺斯艾利斯。他说，这七个字比较难记，但你把它分为两件东西来记就好记了，比如把这七个字读作：玻璃木梳、眼泪水。可以起到一个启发联想的作用，以此类推，大家可多动动脑子，结合自己的思维兴趣，灵活应用，总比死记硬背要好得多。老师讲的这些内容，虽然后来也没有用上，但老师如此生动形象的教学方法让我记忆犹新，印象深刻，至今都没有忘却。

　　四十年后的 2005 年，我退休后了解到金老师于 70 年代为了解决夫妻分居的问题，已调回上海工作，而且当时已退休在家。我从同学处打听到他的电话号码以及他上海的家庭住址后，就专程去了一趟上海，去看望这位四十年前自己特别崇拜的偶像老师。到了上海，几经周折，终于在上海一个高尚住宅小区见到了金老师，并第一次见到了师母。

　　当时，已是古稀之年的老师，看上去还是显得非常年轻，精神矍铄且乐观豁达，从他的谈吐中看不出他已是一个古稀之人。当我们见面时，我第一时间就在他面前说了一句：玻璃木梳、眼泪水。他听后，先是一惊！好像感到有点惊讶，但他马上反应过来，对我说，你还能记住这件事？我马上回答道，恩师教诲岂能忘记。老师听后，脸上顿时露出了欣慰和满意的笑容。当时站在一旁的师母，听了我们师生之间奇怪的对话，还以为我们是在进行地下党联络暗语接头呢！老师一面说我记性不错，一面谦虚地说他自己差点都忘记了。师母听明白后，也露出了满意和知足的笑容。在她看来，当年老师大学毕业，遵循周总理所倡导的人生之路，选择了去贫困山区支教，是完全正确的，也是值得自豪和无怨无悔的。她看到了几十年后的今天，还有他当年的学生能如数家珍一样回忆起他执教时独特的教学方法，作为师母，她也一定会进一步肯定自己为家庭所付出的种种辛劳与奉献，并感到莫大的欣慰。我想这也是我那次去上海给他们两位老人带去的，他们内心深处最需要、最珍贵的精神礼品。

　　时光荏苒，岁月如歌。五十五年只是弹指一挥间。自己在武隆中学求学的三年时间里，从内心讲，应该还有很多优秀的人与事值得去回忆、去书写。比如他们中间有校长王柏林、教导主任严正、历史老师许恩茂、物理老师方恒德、数学老师胡坤一、语文老师来可弘、化学老师陈锡铅、音乐老师陈锡铃、体育老师钱森，还有学校唯一一位俄语美女老师赵笑……虽然今天没能将他们的生平事迹，一一书写成册，但他们的名字将永远铭记在我的心里。每当想起他们，我常常会庆幸在自己的生命历程中，能与这么多的恩师相遇。正是他们的教导，才成就了我的人格修养，奠定了我坚定的人生基础。虽然自己一生并无大的建树，但我还是想由衷地对他们说一声：感谢恩师们的知遇之恩。人们常说，良师难遇，益友难求。我想应该再加一句：恩师难忘！

父母给了我生命，母校培育了我成长，恩师教我做人做事，因此，我应感恩父母、感谢母校、感念恩师。愿在世的安康，愿作古的不朽！

勤工俭学

　　说起勤工俭学，人们一定会联想到五四运动时期 1919 年至 1920 年期间，一批中国进步青年受新文化和反帝斗争的影响，为了寻找救国救民的知识和真理，自筹学费，背井离乡，远赴法国开展勤工俭学。这些学生到了法国以后，边工边读、边寻求革命真理，并逐渐接受了马克思主义思想理论，成为无产阶级革命战士。在这些人中，有革命早期就献出了宝贵生命的先驱蔡和森、赵世炎、王若飞，还有女烈士向警予，也有后来领导中国革命走向胜利，并成为新中国国家领导人的周恩来、邓小平，还有著名教育家徐特立……五四运动时期的留法勤工俭学运动，在中国新民主主义革命和教育发展史上，都是具有重要意义的事件。

　　四十年后的 60 年代初期，在新中国国家教育史上，也曾经有过一次，而且是新中国成立以来唯一的一次勤工俭学教育改革事件。而倡导这次国内勤工俭学教育历史的人，不是别人，正是当时的国家主席刘少奇同志。虽然先后两次勤工俭学所处的年代不同、地点不同，而且它们之间的层次也不能相提并论，但它们都是中国教育发展史上曾经出现过的新生事物。我们当中有很多人，包括我自己在内，都是这次教育改革事件中的亲历者，因此在我心里，很早以前就想把这样一次自己一生都难以忘怀的经历书写成文，一来可以满足一下自己人老怀旧的心愿，二来可以将这段自己亲身经历告诉我们的后人，让他们知道，他们的前辈是在怎样艰苦的环境中，顽强拼搏、努力奋斗的。更重要的是还要让他们了解，在这件教育改革事件的背后，还关联着一场中国历史上，可以说是史无前例的工业与城市变迁的重大事件。

我们这代人都不会忘记，20世纪50年代末60年代初，中国经历了三年经济困难，当时那种经历，我们至今都记忆犹新。直到1963年以后，整个国民经济才逐步走出困境。当时身为国家主席并主持全国经济工作的刘少奇，面对国内经济建设的重重困难，临危受命，大刀阔斧，严肃认真对"大跃进"时期的种种浮夸、蛮干作风等教训作了总结，大胆提出了科技兴国方针，同时全面推行教育制度改革。为了加快适应国民经济建设需要，快速培养一批急需的科技实用人才，在当时国库拮据、无钱办学的现实形势下，他认真听取了各方面建议并果断采纳了邓小平等同志提出的"勤工俭学"办学方针，实行国家给政策、给师资，委托大型国有企业出钱、出力共同创办半工半读中专技术学校。这一做法，在当时情况下，可谓是一种"两全其美"的办学方案，主要目的就是解决当时基层工矿企业普遍存在的技术人员严重不足的矛盾，所以这一提议很快就在全国教育工作会议上得到了通过，并决定在全国范围进行定点试行。据统计，当年由浙江省重工业厅出面委托省直属企业创办的这样的学校就达七所之多。对全国而言，类似的学校犹如雨后春笋，迅猛发展。我也有幸在那一年成为众多春笋中一株幼苗，得以茁壮成长。

回想起1965年上半年的境况，如今依然历历在目。当时自己正面临着初中毕业之后何去何从的问题。而思想单纯的我，还是完全处在一种非常混沌的状态之中，对于今后的人生目标、理想，心中毫无概念，平日里还是和往常一样，无忧无虑，过着逍遥自在的日子。反倒是我的父母亲与哥哥在我身后为我的前途担心着急。他们四处打听，为我寻找机会与出路，尤其是我的父亲，更希望我有机会走出大山，到外面世界去闯一片天地。当时家乡地处大山深处，大人们对自己的孩子也没有太大的期望，那个年代人们心目中最羡慕的职业还是拿工资的工人，所以父亲也希望我能成为一名城市工人。正当家人焦虑万分，无计可施之际，还是我母亲消息灵通，也不知道她从哪里打听到，浙江省重工业厅下属技术学校来家乡招收学生去金华读书，而且学费可减半。她与父亲、哥哥商量了半天，最后得出的结论是，以我当时的成绩，考取大学比登天还难，希望渺茫。于是他们抱着自知之明、稳扎稳打的心态，在我毫不知情的情形下，就为我填报了浙江省汤溪齿轮机床厂半工半读中等技术学校的志愿，并很快就收到了这所学校的录取通知书。

由工厂出面直接开办学校，这在当时确实是一件非常新鲜的事物。对创办这所学校的汤溪齿轮机床厂的情况，我们也是一无所知的。后来随着自己入学，并通过不断深入接触了解，才渐渐弄明白其中的一些原委与关系。同时，一幅共和国声势浩大的三线企业迁徙建设影像记录清晰地展现在眼前……

可以说现在年龄在六十岁以上的人，都应该知道"三线工厂"这个名词。因为三线建设是中国工业史和城市史上史无前例的，也可以称得上世界上都罕见的创举。而"三线"还有"大三线"与"小三线"之分，大三线指的是中国西南、西北广袤腹地中的那些军工企业，而小三线则是以本省内地山区企业为主。创办我们这所学校的汤溪齿轮机床厂，就是当年为了适应本省战备需要而在浙江腹地金华郊区建立的一所以机械制造为主业的大型省属骨干企业。该厂是由原先的宁波机床厂和杭州矿灯厂合并于1965年初迁入金华汤溪而建成的。根据当时省重工业厅的规划布局，他们准备效仿西方工业体制的托拉斯模式，也就是现在所流行的"硅谷"之类的中心一样，在浙江内地建立几个专业工业基地。比如，以汤溪齿轮机床厂为核心（也包括当时已从宁波迁入汤溪的宁波机械工具厂）的机械制造中心，还有以江山电工器材厂（嘉兴内迁企业）、江山变压器厂为核心的工业电器制造中心，还有以浙西、浙南一带兵器工厂为核心的国防工业中心，等等。据说，按原来规划，如果没有 1966年 "文革"，省内还会有更多的城市企业迁至上述几个工业中心。

当时三线建设的原则是：靠山、分散、隐蔽。因此为了三线工业建设需要，大量工人，技术人员离开城市，背井离乡，迁到深山腹地。尽管当时面对这种突如其来的迁徙，每个职工家庭都面临着种种困难与顾虑，但这一切都毫无商量余地，必须无条件服从组织决定，因为这是国家意志，它关系到整个中华民族安危。

当年成千上万内迁工厂中，不论是大西南的云、贵、川，还是大西北的秦岭、天山、陕甘边区，它们之间的行业门类，规模大小，还有迁徙距离会有所不同，但它们中间有一点肯定是相同的，那就是所要去的地方，非常偏僻，生活工作条件非常艰苦。对于这一点，可以说，汤溪齿轮机床厂迁徙后的境况，就是三线工厂迁徙后的一个缩影。

汤溪齿轮机床厂是由宁波机床厂和杭州矿灯厂合并，同时从两座城市直接迁往金华地区汤溪镇的九峰山下的。工厂的位置纯粹处于农村一个独立空间。工厂领导按照上面确定的先生产、后生活的原则，首先要安排好工厂生产。然而职工的生活后勤保障工作，也是一件非常繁重复杂的工作。大到职工住房、食堂吃饭、看病就医，小到职工理发、洗澡，还有托儿所、幼稚园、交通出行等，总之，包罗万象，什么事情都得由厂里安排解决，所以当时厂内的状况，用 "小工厂，大社会" 来形容是非常形象确切的。

在职工具体生活方面，由于工厂地处偏僻农村，没有商场，更没有菜场，职工有钱也无处可用，平时只能顿顿吃食堂大锅菜饭。只有到了星期天，一些双职工才会骑上自行车到十几公里外的小镇上采购一些蔬菜食物改善一下家庭生活。而单职工（厂内单职比例起码占 1/3）的生活就显得无聊乏味了，他们除掉国家规定的每人每年半个月探亲假以外，平时只能过着单调的光棍生活。在业余时间里，他们只是打打扑克、走走象棋，也有的会到附近水塘去钓鱼，还有不少职工一到晚上，就会打着电筒、背着竹篓去山间农田打麻雀抓田鸡。这样既可消磨时间又可改善伙食，所以此项活动在厂内比较盛行。

与物质匮乏如影随形的就是厂区文化生活非常单调乏味。那时候没有电视与手机是肯定的，有时候一个月能看一两场露天电影是一种难得的享受。当时工人中收音机都是稀罕之物，唯有架设在厂内生活区的大喇叭，每天会准时播放一些样板戏和革命歌曲。

尽管当时厂里生活工作都比较艰辛，但也有很多福利是现在职工享受不到的。比如，青年职工婚后生儿育女，厂内都办有托儿所、幼稚园，后来还有职工子弟学校，这些都是分文不收的。女工哺乳期间，每天上下午还各有半个小时哺乳时间。每个职工去厂医务室看病也是全免费的，如果重症，只要凭医生病假条，就可享受病假休息，工资分文不扣。还有全厂职工用电用水也基本上是免费的。工厂曾经有段时间发现附近水库供水水源大肠杆菌超标，厂里马上配置水灌车，去几十公里外的金华自来水厂，拉水回来供应全厂职工饮用。每当拉水车一到工厂门口，全厂职工几乎每家每户，不分男女老少，各自提着大小不等的水桶，也有的端着脸盆，以次排着接水长龙。整个场面车水马龙，熙熙攘攘，热闹非凡。后来随着工厂经济效益好转，厂里专门购置了两辆大型客车，安排每个星期天去金华市或者兰溪市，免费为职工提供交通服务。

就这样，一个三线工厂的职工，几乎在半封闭、半军事化环境中，日复一日、年复一年，度着漫长而艰难的岁月。后来随着国际国内形势的缓和与经济政策的变化，加上不少三线企业经济效益不佳，生产陷入困境，国家就提出了"军品转民品"的方针。于是从70年代末80年代初，大部分三线企业就陆续作出了外迁的抉择。我们学校的主办工厂，汤溪齿轮机床厂也于80年代初期分批迁入了金华市区，从此全厂职工又过上了城里人的生活。

纵观国内三线企业前后二十年的迁徙历程。我们必须看到，最初大批城市职工，他们为了国家民族的安危，无条件响应国家号召，克服重重困难，弃小家顾大家，无怨无悔奉献了青春献终身，献了终身又献子孙，有的为了三线建设事业献出了宝贵的生命，至今还长眠于绵绵崇山峻岭之中。对于这些可歌可泣的三线建设者们，尤其是首批从大城市背井离乡迁入三线的老前辈们和我们学校的老教职员工们，我们的国家、我们的后辈不能忘记他们，而且应该为他们在三线国防工业建设史上所作出的无私奉献，写上浓墨重彩的一笔，因为他们才是人们心目中默默无闻平凡而伟大的英雄！

1965 年，就在汤溪齿轮机床厂刚刚从杭州、宁波两厂合并迁入汤溪的同时，根据浙江省重工业厅下达的文件精神，还需要着手创办一所中专技术学校。但根据当时工厂自身条件，这是一件不可能做到的事情。因为工厂当时整个厂区范围内，可以利用的建筑，就只有 1958 年"大跃进"时期，由原浙江省建筑机械厂留下的六幢大型车间和一部分破旧职工宿舍，其他可以用"一无所有"来形容。由于当时迁厂时间非常仓促，基建力量又跟不上来，住房就显得更加紧张，很多职工只能住在临时用油毛毡搭建的简易棚里，职工食堂也是处在半露天雨棚之中。在工厂自顾不暇的情况下，还要急需创办一所当年 9 月 1 日就要开学的学校，这看起来简直就是"天方夜谭"。

当时工厂的领导在执行上级指示方面，还是做到了不折不扣、认真负责。当时要在厂内建校确有困难，于是他们千方百计，想尽办法，在离工厂几公里外的汤溪镇临时租用了当地一座古建筑城隍庙的后院，作为办校用房。这座古庙的后院面积不大，但也紧凑够用，因为当时学校总共只招生两个班，一百名学生。学校办在一座古庙里，这是大家万万没有想到的。当时学校办得比较仓促，加上古庙内部建筑比较陈旧简陋，没有自来水，每天用水要靠同学们自己动手，去庙后墙边水井挑水。学校食堂还设在学校一公里以外的一个农机厂的车间里，每天用餐来回奔走，非常不便。教室是利用原来庙堂两间厢房改造而成，采光很差，一到阴天就要打开电灯上课。学生宿舍都是低矮潮湿的平房……

但面对以上种种困难与挑战，并没有吓倒我们这些 40 年代出生并一直泡在苦水里长大的年轻人。尤其是我们的校领导，以及学校教职员工，他们中间有具相当资历的老教师，也有刚刚从杭大和浙师大毕业分配来的青年教师，他们都能放下知识分子架子，积极从容面对眼前艰苦的环境。全校师生，上下团结一致，充分发扬艰苦奋斗、勤俭办学的精神，有条不紊地按照省教育厅颁发的中等专业技术学校教学大纲，结合半工半读教育特点，严格实施。学生们坚持半天理论学习，半天去三公里外的工厂车间，跟着工人师傅劳动实习。这种每个学生既有学校理论老师，在工厂又有工人师傅实际指导操作的教育模式，确实起到了理论结合实际的良好效果。

但让人意想不到的是，这种新型教学生活只维持了一年时间，全国"文化大革命"就开始了。

虽然我们工厂与学校地处穷乡僻壤，但毕竟不是真空地带，后来还是受到停课闹革命思潮影响。可以说，我们原本四年制的学业，实际后面三年时间是在断断续续半停课状态中度过的。但尽管如此，其中还有很多同学，他们坚持自学，特别是注重实际技能学习，坚持去工厂车间与工人师傅们同吃、同住、同劳动，并取得了意想不到的收获。根据粗略统计，我们学校毕业后分配到全省各个企业中的一百名学生，每个同学都取得了非常骄人的业绩。他们中，有的通过不懈努力，最后升任了计划单列市市长，还有的通过不断奋斗，先后走上了政府机关县处级领导岗位。值得一提的是，原浙江省最大煤矿所属机械厂，从厂党委书记到厂长，以及该厂中层一级干部，还有工厂主要技术骨干力量，几乎都是我们学校同学。除此之外，浙西、浙南几所国防军工企业中，也有我们学校毕业生的身影。他们在各自岗位上，都称得上是技术上的佼佼者。而更让我们每个同学感到兴奋与自豪的是，原来创办我们学校的汤溪齿轮机床厂后来几任厂长与副厂长，都曾由我们学校的同学担任。

一所创办于古庙里的半工半读学校，能取得如此骄人的成绩，这确实有点出乎人们预料。此时此刻，让我想起了一句大家非常熟悉的格言：劳动是光荣的，劳动是伟大的。劳动创造财富，劳动创造世界！我想只能用这句格言来作上述现象的解释。回看中国近代历史。20年代的法国勤工俭学运动，为中国革命，造就了不少革命志士与国家领导人。毛主席提倡的知识青年上山下乡劳动，又为我们现在培养了多位人民信任的好领导。而我们学校所培养的人才，虽然不能与之相提并论，但这几件历史事件有一个共同的特点，那就是它们都离不开"劳动"二字。所以在我看来，如果在上述格言中再加上"劳动创造人才"，那就更完美了。

在"文革"中曾经有人对半工半读教育方针提出过质疑，对此，我完全不能苟同。记得1966年的下半年10月1日我去北京参加了毛主席的接见。

按规定是每个学校十名学生可以选派一名代表前去北京参加接见，由于自己平时在学校挑水比较积极，加上同学的抬举，我被选为代表。10月初回到学校后，当时同学们都想去北京串连，但苦于没有带路的，于是他们提出邀约，让我陪同他们前去。当时的自己，一是碍于面子，二是内心出于对同学们的感恩，就同意他们又去了一趟北京。就在那次去北京的时候，非常有幸在北京工人体育馆，参加了周总理代表党中央、毛主席接见全国半工半读二千名师生代表的大会。在会上，周总理对当时半工半读教育方针，就有一个明确表态。他在会上非常明确地说，半工半读教育方针是党中央、国务院在当时国家暂时困难情况下作出的一次教育改革尝试。它的产生并不是某个领导个人决定的，它的方针路线是完全正确的……我认为周总理的表态，是对当年勤工俭学教育方针、对我们学校性质最客观、最公正、最切合实际的结论。

弹指一挥间，几十年一晃就过去了。当年转战数百里的老厂建设者们，如今都已各奔东西，进入暮年；当年在城隍庙同窗数载的学友，如今也都已退休安度晚年。自己在写这篇文章之前，为了增加点素材与灵感，特意在回浙江的路上又旧地重游，去了一趟汤溪。在那里见到当年非常高大、气派的厂房，由于时光的侵蚀，变得破旧萧条。但让人感到高兴的是，现在这些厂房已被多家影视公司签约，成为影视拍摄基地。从此它又将进入人们视野，焕发新的青春。昔日我们曾经住过的古庙后院校舍，虽然一眼望去，满是蛛网尘埃，杳无人迹，但值得欣慰的是，当地政府对文物古庙非常重视，正着手进行修缮。我们曾经的记忆与踪迹将伴随古庙长存。

　　漫步走出学校旧址，来到古庙门前，抬头向汤溪小镇南面望去，一眼就见到了那座久违又熟悉的九峰山身影。汤与溪都为水，而眼前不远处的九峰，是道教之山，竟然才发现我们当年的学校就处在此山此水之间！这让我想起了一句古语："山不在高，有仙则名。水不在深，有龙则灵！"九峰山，确实不高，远看只是九个小土包，但早在新中国成立不久的 50 年代，这里就曾经出过一位受毛主席亲自接见的全国著名劳动模范陈双田。汤溪的水，确实不深，只是小溪一条，但早在 20 世纪 60 年代，这里曾经创办过一所半工半读中专技术学校，为国家、为社会培养了一百名能文能武、深受工矿企业欢迎的实用技术人才。所以汤溪虽小，名不见经传，但有山有水有名人，它确实是一块人杰地灵的风水宝地，更是我心中一生都不会忘记的第二故乡。

第三辑

军营岁月

　　回想人的一生，岁月漫漫、往事万千。但最让我引以为豪的是我曾经是一名军人。而自己的军人梦想，早在幼年就已形成。

　　记得在自己很小的时候，有一年春节前夕，父亲从镇上新华书店买回来一些色彩鲜艳、画工精致的年画和门联，准备将家里张灯结彩布置一番，以增添节日欢庆祥和气氛。在父亲买来的年画中，我最喜欢的一张是一名海军战士的画像。他手握钢枪，身着白底蓝条上衣，头戴两条飘带的海军大盖帽，威严站立在海防前哨，身后还高高矗立着两棵翠绿挺拔的椰子树，双眼警惕注视着万里海疆，英姿飒爽，威风无比。画面中生动的形象深深吸引了我，看完这张画像后，我执意要求父亲将这张画像贴在自己床头对面的墙上，以便可以随时观看，与它朝夕相伴。就这样，久而久之，画面上这位解放军叔叔，就成了我心目中的偶像，而且每次见到他时，就会在自己心底暗自发誓：长大以后，自己也一定要成为一名解放军战士！

星移斗转，时间不知不觉就到了1968年底。当年的小毛孩，随着年轮的增长，已变成了一个风华正茂、身强力壮的小伙子。当时自己已是一名在读中专技校的三年级学生，本想再读上一年，就可以完成原定的四年学业，毕业后，分配一份满意的工作。但让人感到遗憾的是，当时正值"文化大革命"运动，学校也因此"停课闹革命"长达两年之久。在这两年时间里，没有课上，平时最多去工厂车间参加一些实习劳动，其余时间只能在无聊中度过。面对这种极不情愿的蹉跎岁月，自己内心感到非常迷茫与无奈，对今后人生前途也产生了一些悲观失望情绪。正当自己处在这种疑惑与彷徨的人生十字路口时，似乎老天爷也看透了我内心急躁不安的心思而大发慈悲，为我开启了一扇新的希望大门。此时突然获悉一个振奋人心的讯息：1969年新春征兵工作马上就要开始，而且我们学校还第一次破例，在自愿的前提下，在校学生可以参加应征报名。这对于一个从小就立志要当一名解放军战士的人来说，无疑是一个天大的喜讯。于是我毫不犹豫，在没有来得及征求家人意见的情况下，就自己决定加入了报名参军的行列。通过一番严格体检政审手续后，顺利成为一名解放军战士。实现了自己从小就梦寐以求的军人梦想。

厦门一直是我念念不忘的地方，因为自己当年参军部队就驻守在这座神秘而又美丽的海滨城市，也可以说，自己一生中最灿烂的时光是在那里度过的。如今回想起那段军营战斗历程，心头就会激情满怀，继而那海防前线一幕幕、一桩桩惊心动魄、魂牵梦绕的往事，就会源源不断浮现在自己眼前……

心理战

　　大家应该不会忘记，在新中国成立不久的五六十年代，国共两党在台湾海峡，还处在紧张的军事对峙之中。当时我们大陆最响亮的口号是：我们一定要解放台湾！而海峡对岸的蒋介石集团在美帝国主义势力扶持下，公开叫嚣一年准备、二年反攻、三年成功的"反攻大陆"。国共双方大有剑拔弩张之势！随即就在1958年发生了震惊世界的"八二三"解放军炮击金门事件，而后国民党也用炮火还击大陆，就这样形成了敌我双方互相炮击的局面。从此，福建沿海就成了全国人民关注的海防前线。

　　这些是自己当兵之前了解到的一点基本情况。但自从参军到了部队之后，才真正明白，厦门才是福建前线的前线。因为福建与台湾虽然是隔海相望，但直线距离有130公里之多，而厦门与对岸国民党驻守的金门列岛，尤其是沿海一些小岛，相互之间的直线距离，最近的只有2600米。它们之间在清晨或者夜深人静的时候，对岸鸡鸣狗叫声，都可以听得清清楚楚。当年的实际情形，真可谓鸡犬相闻，而老死不相往来。

　　当年自己所在部队中国人民解放军陆军2营5连，就驻守在厦门前线一个叫曾厝垵白石炮台的地方。在到达部队驻地之前，自己脑海中想象的海防前线，应该是一个碧海蓝天、阳光沙滩、椰树成荫、鲜花绽放的海上花园，就像小时候父亲送给我的那张年画中的风景一样，让我遐想万千……但是待我真的到了部队前线驻地，看到眼前的一切，顿时大失所望：驻地的营房与附近老百姓的村庄，随处可见炮战时留下的累累弹痕、残垣断壁，十分荒凉。放眼望去，偌大的海面上根本见不到一艘渔船的影子，洁白宽阔的沙滩上，除了一道道铁丝电网，也见不到任何行人踪迹。直到后来老兵告诉我才知道，海滩除了巡逻部队可以进入外，其他行人一律不准擅自进入，更不能下海游泳玩耍，否则，会被视作下海投敌论处。如果不听劝阻，会受到哨兵鸣枪警告，甚至被当场击毙。所以在那里，唯一能看到的只是一水之隔的敌占岛屿，双耳能听到的只是敌人不分昼夜对大陆的广播宣传。

尤其是一到晚上，震耳欲聋的枪炮声，会让我们这些刚到前线的新兵心惊肉跳、彻夜难眠。因为我们的驻地完全是军事禁区，平时很少见到外来行人，我们见到和接触最多的还是对岸的敌人、通过"海漂""空飘"过来的花花绿绿反动传单和品种繁多的"特殊礼物"……总之，当时印象中的海防前线，每一寸土地，每一方空气，每时每刻似乎都弥漫着战争的硝烟。自己才深切意识到，眼前所面临的一切，绝非是一个风平浪静、繁花似锦的海上花园，也绝不是如那张年画中海军战士在简单和平环境中那样站岗放哨，更不是童年时代几个小伙伴在街头巷尾无忧无虑、嬉皮笑脸玩耍的战争游戏，而是面对着一水之隔、张牙舞爪、虎视眈眈的国民党反动派，进行真枪真炮、针锋相对的斗争。自己更加明白，军人不只是荣誉，更重要的是一种担当、一种责任、一种无私无畏的奉献。进入前线所见到的一切，似乎让自己一下子成熟懂事了许多……

其实"八二三"炮击金门事件之后，两岸的炮弹就在厦门与金门之间的上空飞来飞去，一直持续到1979年元月1日双方才正式停止炮击。但在1958年炮战之后不久，敌我双方的炮击，就不约而同地从每天改变为单日炮击双日休战的局面。而且双方所谓的炮击，已改变为以宣传弹为主（就是事先将炮弹引爆装置卸除，弹头内也不装填炸药，而是放置一些纸质小型张传单，一旦弹头打到对方阵地，只会留下一个弹头窟窿，但不会爆炸，不会造成很大的杀伤力。而弹头内装有的传单会撒满一地）。这种形式的炮战，实际上是一种真正意义的政治心理战。它的主要目的并不是摧毁对方多少工事，杀伤对方多少兵力，而是要从思想心理上去瓦解对方的战斗力，甚至达到腐蚀拉拢一些意志薄弱者向己方投诚的目的。

当年两岸之间心理战的形式、手段花样繁多，可以说举不胜举。我们大陆方面对台湾心理战的形式比较简单。主要是在有利地理位置上，建设几个大型广播站，用十几个甚至几十个高音喇叭串联一起，向着对面敌占岛屿进行广播喊话。主要内容是介绍祖国大陆各方面建设成就，还有动员大陆亲朋好友给去台人员写信，然后向对岸进行广播，动员他们早日弃暗投明，回到祖国怀抱，以及公布对回归大陆人员的一些奖励办法等，还是以正面教育为主。而对岸国民党对大陆的心理战手段内容，可以用五花八门、形形色色加以形容。他们最突出的是物质诱惑和精神刺激。具体实施的办法有"空飘""海漂""炮击"，还有就是大功率广播宣传。其中，"海漂"是他们最惯用的手段之一。"海漂"，是利用天文潮汐时差进行的。海潮每天 24 小时平均分为两涨两退，一涨一退的时间差为 6 小时 12 分，也就是从最低潮位开始涨到最高潮位，中间所需时间是 6 小时 12 分，同样从最高潮位退到最低潮位，所需时间也是 6 小时 12 分，所以每天两涨两退，刚好是 24 小时。国民党就利用每天海潮最低位转向涨潮之际，将装有心理战所需的各种宣传品，如定向半导体收音机、各种美女照片、香烟糖果、牛肉干之类东西（如果碰到中秋节和 10 月 10 日所谓国民党"国庆节"，他们就会放中秋月饼，还有印有"蒋总统"头像的《告大陆同胞书》之类的宣传品），放置在塑料泡沫密封盒子里，顺着上涨潮水，漂放到大陆沿海前沿滩涂。而我们则利用高潮转向退潮之际，将所需宣传品，用同样方法，顺着潮水漂到对岸敌人岛屿。

就这样，敌我双方利用天文潮汐，你来我往，相互演义着一场规模宏大、"礼尚往来"、堪称世界上独一无二的大型现代心理战。而我们这些战士，都在不知不觉中扮演了剧目中不可缺少的角色，因为我们连队地处海防最前哨，全连担负着沿岸 5000 米海岸线中的 4 个前沿军事哨所守备任务，每个哨所除了每天 24 小时站岗值勤以外，每天清晨与傍晚还要分别进行一次海滩巡逻任务（也叫查海滩）。巡逻海滩主要任务，一是收捡敌人海漂过来的各种宣传物品。二是观察沙滩上是否有诸如水鬼脚印之类敌情。而其他驻在二线的战士，也不会闲着，除了每天正常值勤放哨外，每逢双日那天清晨，就会组织战士去营房后山，执行巡山任务，主要目的，是收捡敌人前一天晚上（单日）打过来的反动传单。按部队规定，无论是什么地方、什么时间捡到的国民党反动传单、物品，一律都要按时上交连部，然后由连部上交营部，最后上交团部统一进行销毁处理。如果发现有私自藏匿不上交者，就会按军纪严肃查处。尽管这条纪律非常严明，但违规者仍然存在。

记得 1970 年上半年，我们连就有一个来自山西的新兵，刚到部队不久，就被处理回了原籍。事情的起因，就是这个新兵刚到部队不久，就明知故犯，擅自将捡到的其中一张反动传单私自留下，然后将其夹带在家信中寄回了老家。后来被他们家乡群众举报，当地政府马上写信向部队反映了此事。后经调查核实，这名新兵承认了此事，并交代，他主要是想以此向家人显示一下自己所处海防前线特殊位置的荣耀。说到底，只是一件可以理解的虚荣心作祟而已。尽管他没有主观故意，但实际起到了敌人起不到的作用，所以最后还是将他遣送回了老家。为此事，我们连领导还受到上级通报批评。

另外还有一件军人叛逃事件，影响更为恶劣。这件事情发生在 1968 年底。我们 1 营 3 连一名副班长李友生，海南人，听说水性很好，由于他经不起对岸敌人广播的宣传诱惑，趁着夜色，在他自己站岗时，找准退潮时机，带着武器下海投敌。他在海上漂游了 6 个小时，直到第二天早晨上了敌占岛屿小金门。为此，国民党如获至宝，借机大肆进行反共宣传。除了在广播中不停宣传外，他们还通过"海漂""炮击"手段，将李要生（原名李友生，过去后，在敌人指使策划下，有意识将他名字改为李要生）身穿国民党少尉排长军装、胸前披挂着"爱国志士李要生"彩带，双手捧着称作奖金的10两黄灿灿金子的彩色照片，进行大量散发宣传。过后不久，对岸敌人又用相同手段，向我方散发了许多李要生与一位台湾女子的结婚照片，进行大肆宣传。造成我方很被动的局面。为了肃清这件事件对部队所造成的不良后果，防止今后再发生类似事件，从那以后，我们一线部队又增加了一项称为"反心理战"的政治思想学习制度。制度规定，一线官兵每周必须进行至少一次反心理战辅导学习，以提高广大指战员的反腐蚀能力。这一举措，效果确实不错，从那次事件以后，在厦门的部队再也没有听到有类似事件的发生。

如今，这些往事虽然早已成为尘封的记忆，但每当回想起来，仿佛就在眼前，心里总是难以将它忘却。也许是自己心中对战斗过的地方有一种难以割舍的情怀，在离开部队后的四十几年时间里，自己又先后三次去厦门探望过老部队，每次旧地重游，都是同样的心情，但又有不同的感受。其中让我印象最深的是2004年那次的探访。

随着国际国内形势的不断发展变化，往日海峡两岸军事对峙的状态，早已被政治对话、经济交流所替代。昔日前线高高竖着的我们一定要解放台湾的大型标语牌，早已改为"一国两制"、统一中国的内容。当年蒋介石信誓旦旦一年准备、二年反攻、三年成功的"反攻大陆"口号，也早已成为人们茶余饭后的笑话。中国古代曾有过"化剑为犁"的典故，而如今，两岸人民之间同样也演义了一段情节类似的佳话。那就是，两岸人民利用当年炮战中残留在山野大地中的炮弹皮，变废为宝，把它打制成了一把把精致的民用菜刀，供应百姓市场。其中对岸的"金门菜刀"尤为名贵，他们的"金门牌"菜刀已成为国际著名品牌，远销海外。有的海外华侨，还专门购置此刀，作为中国永久和平的见证加以收藏。更可喜的是，我们原来部队驻地附近那个残垣断壁、十分荒凉的曾厝垵小渔村，如今已成为厦门市最具特色的旅游景点而吸引着国内外大量游客前来观光游玩。因为，原先布满铁丝电网的海滩禁地，如今已建设成一个个环境优美，而且免费向大众开放的海滨浴场。从前一个个矗立在海边坚固的钢筋水泥哨所，如今已成为游客兴致勃勃、驻足观看并留影纪念的必到地方。尤其是当年两岸之间震耳欲聋的广播与枪炮声，早已被翱翔在海峡上空的一群群海鸥的欢叫声所替代……几十年沧海桑田，昔日战火纷飞、满目疮痍的海防前线，如今确实旧貌换新颜，变成了举世瞩目的海上花园。

口令 "79"

　　说起口令，又让我想起了小时候，在老家小镇街头巷尾和一些小朋友一起玩游戏的情景。记得每当夜幕降临时分，我们一群小伙伴就会不约而同地聚集到一起，玩一种名叫"解放军抓美国佬"的游戏。在游戏中，大家还像模像样地模仿电影里敌我双方使用口令来辨别身份、进行暗号联络的情形。在游戏过程中，经常有人记错或者将口令忘记，但即便如此，也不会造成什么大不了的后果，毕竟只是小孩闹着玩玩的游戏而已。但今天我要讲的这个故事，虽然也与口令有关，但绝不是一件闹着玩的小事，而是一件人命关天的真实故事。如果在当年，我还不敢将此事轻易公之于众。今天作为自己的回忆内容写出来。

　　事情发生在 1970 年的除夕之夜。当时我已是 2 营 5 连 9 班班长。我们班主要任务是负责守卫连部弹药仓库。除夕那天晚上，我是轮到当晚十点至十二点的岗哨。那天晚上的口令，非常好记，就叫"79"（吃酒的谐音）。当时部队的口令每天不同，而且当天的口令，规定是要在当天下午天黑之前，才由连部通信员，分头用口头形式，传达到每个班长，然后由班长转告每个战士。这样做的目的，是防止敌人监听泄密。所以每天的口令，在我们每个战士心中就是一张护身符，必须时刻牢记，不能马虎。

每逢节假日，尤其是中国的传统过大年时，是我们前线部队更需要高度警惕的时刻。因为在往年这个时候，发生过多次国民党派遣小股敌人偷袭骚扰沿海军民的事件，造成不小损失。因此一到节假日晚上，每个指战员都会在不同岗位上保持高度警惕，随时随地都要作好投入战斗的准备。这也是前线指战员必须具备的基本军事素质。尽管春节期间，敌我双方都会宣布停止炮击，"以示关怀"，并在两岸显眼的位置，燃放色彩绚丽的烟花爆竹，但是这些表面上看似"一派和平景象"的背后，往往暗藏着种种不可预测的杀机。越是在这种和平景象面前，我们越会百倍警惕，以防小股敌人偷袭。

除夕那天晚上我在哨位上警惕地注视着弹药库周围动静，突然听到从不远处，我们连8号哨所方向传来一声非常刺耳的枪声。一看闹钟时间，正好十一点半，离新年只差半个小时。当时我以为又是谁不小心，枪走火了。因为，我们前线部队与后方部队有一个最大不同的地方就是，我们部队规定，每天在天黑之前，全连官兵手中武器必须装满子弹并上膛关好保险，然后睡觉时将武器放置在自己顺手可拿的枕边，以便晚上遇到紧急敌情，可以马上操枪投入战斗。在此，可以毫不夸张地说，前线部队官兵几乎每天枕戈待旦，整个神经处在高度戒备状态之中。每天早上起床的第一件事情，就是全班集合先退子弹，然后参加出操，否则容易出操走火伤人。每天一晚一早装退子弹也就成了每个战士的必修课，即便是处处小心，但平时值勤站岗不小心造成走火的事故也是有的。因此，除夕那天晚上，当自己听到枪声后，就没有多想，总以为又是谁不小心走火了。

结果到了第二天清晨刚起床，突然见到连部通信员急匆匆来到我们班，通知我上午八点全连在操场集合，召开追悼会。大年初一开追悼会？开始还以为自己耳朵出毛病听错了，后来一经了解才明白，昨天晚上的枪声并不是一般的走火，而是发生了一起重大的误伤事件。

除夕晚上十一点的时候，我们连所属 8 号哨所，一个哨兵发现离哨位右前方大约 100 米处的海滩上，突然有一个黑影快速蹿至哨所右侧一片马尾松树林里，就不见了踪影。于是他马上拉响设在哨所内的警报。4 班全体战士在黑暗中只用了 30 秒时间就集合完毕，由 4 班长带领进入哨位。听完哨兵详细汇报后，4 班长一面果断命令副班长带领全班战士，从 8 号哨所右侧一片马尾松树林里向 7 号哨所搜索前进，一面在哨所用电话向正在连部值班的连长报告敌情。连长接到报告后，迅速带领机动排的 2 班全体战士，快速赶到了 8 号哨所。他听完 4 班长报告后，随即就命令机动 2 班全班战士，在 2 班长带领下，再向 8 号哨所右侧马尾松树林搜索过去。而连长自己带着 4 班长，两个人径自从哨位向右侧发现黑影的沙滩上走去。

他们目的就是去实地观察一下是否在沙滩上留有"水鬼"的脚印。当他们走到沙滩边，打开手电筒一看，才恍然大悟，原来沙滩上留下的是一串清晰新鲜的狗脚印！当他们刚准备回头去撤销搜索令时，突然从树林里传来一声清脆刺耳的枪声。等他们赶紧走过去一看，眼前的情形让他们傻眼了，只见一群战士七手八脚为一名倒在血泊之中的战士进行包扎急救。

原来事先由 4 班副带领的 4 班全体战士从 8 号哨所向右侧马尾松树林里向 7 号哨所方向搜索过去，当他们搜索到了 7 号哨所后，没有发现什么黑影。于是副班长为了谨慎一点，他又带领全班战士再往回搜索一遍，以防漏查。这一决定也无可非议。正当他们往回搜索的同时，由连长带来支援的 2 班战士，也从 8 号哨所向 7 号哨所方向搜索过来，而此时两支部队都不知道双方在干同一件事情。除夕之夜是一年中天色最黑暗的，而且又处在密林之中，双方部队都处在伸手不见五指的黑暗中摸索前进。就在此时，8 号哨所 4 班一名走在最前面的老兵，突然看到不远处有一个黑影在树丛中晃动，他非常警惕地问对方："口令？"但发觉对方毫无反应。于是老兵又一次向对方发出"口令"追问，见对方还是没有回答，于是这位老兵端起步枪就向黑影开了一枪，瞬间黑影应声倒地。见此情景，老兵还以为自己真地打到了"水鬼"，可能他立功心切，就快步走上去，口中连叫了两声：是我打的！是我打的！生怕别人会抢他功劳似的。当他走近仔细一看，傻眼了。他打倒的不是什么"水鬼"，而是自己人。而且鬼使神差，在这么黑的环境中，他端枪未做任何瞄准，随手一击，子弹不偏不倚从红领章中间打进去，由后颈部穿出，击中的正是喉咙中心位置。大家都帮着包扎急救伤员时，连长与4班长也到了现场。他赶紧命令由8名战士用雨布作临时担架，将伤员徒步抬往3公里外的团部卫生队进行抢救。但遗憾的是，这位伤员抬到卫生队时，已经没有了生命迹象。

这位被老兵误伤的，是一名1970年入伍两个月不到的新兵，林某某，时年十九岁，山东省龙口市人。他入伍后，经新兵班集训，被分配在机动2班担任轻机枪副手。也许是因为他刚到部队，第一次碰到类似反小股敌人偷袭骚扰的战斗，没有思想准备，心里难免有些紧张，加上天黑没有紧跟他的老兵机枪手，一个人慌慌张张跑在了最前面。其中最要命的是，他心里一紧张，将当天的口令忘记了，而且是个新兵，碰到这种情况又不懂得临阵处置补救，于是就发生了原本不该发生的悲剧，将自己的生命定格在了十九岁年华。事后这位开枪的江西籍老兵也在学习班上作了深刻反省。他也承认，当时他自己内心也有些紧张害怕，见对方两次回不上口令，生怕"敌人"先开枪，加之他内心也想立功，就先下手为强地开了一枪。后来在全师现场分析会上，也考虑了这位老兵没有大的过错，所以对他没有作处分，但考虑到影响问题，还是以提前退伍作罢。而我们连长（李造栓，河北人，曾经是首钢一名工人）因为说他指挥不当而受到行政警告处分。

大年初一参加追悼会，这是自己一生最难忘的记忆。在那次追悼会上，由于这名新兵入伍后，一直没有轮到他去厦门市照相的机会（当时部队规定每个星期天每个班最多只能允许两名战士离开部队），没他本人的照片，所以灵堂前只有临时请团部一个参谋给他画了一张素描画像，用作他的遗像。会后据他班长介绍，原本这名新兵是准备第二天，也就是大年初一，由班里一名老兵陪他去厦门市照相的，而且为第二天去厦门照相，他作了非常充分的准备，新衣、新裤、新帽还有新领章，但谁也想不到，当天晚上，他竟还没有过完年，就匆匆离开了人世。更让人感到遗憾的是，在他离世前，连一张军人照片都没能留下……听完班长的诉说，在场的战友们无不对他的突然离去扼腕叹息！大家一致怨恨老天爷对他太不公平了。但好在当时部队对这件事情，还是作了人性化处理。虽然是误伤，但他毕竟是在执行反小股敌人偷袭骚扰的战斗中牺牲的，所以部队最后还是追认他为烈士。追悼会结束后，部队决定派遣我们连一位副指导员，还有这位新兵的班长，带上他的骨灰盒及生前遗物，送往他的家乡山东龙口，对他父母作个交代。

据说，当他父母亲听说他们刚去部队的儿子已牺牲时，开始有点不相信。但听完介绍后，尤其是听到自己的儿子是与国民党反动派战斗中牺牲的消息后，他们化悲痛为力量，当即表示，要将自己家中唯一的女儿，也就是林某某的妹妹，再送上前线，而且要她继承哥哥的岗位，保卫祖国边防。这种深明大义的壮举，确实体现了山东革命老区人民非同一般的政治思想觉悟。当时我们连去的两位代表，遇到如此通情达理的家属，也感动万分。只是考虑到此事内中有些实情不好多说，就想以连队不收女兵为由，推辞他们的请求。但他们，尤其是他的母亲又是当地妇女主任，执意要将自己女儿送到部队，否则有决不罢休的意思。于是我们连的两位代表，只有将此情况如实电告部队。由于连、营、团三级领导均无权决定此事，最后上报到了师部。师长听说有如此深明大义的母亲，也颇为感动，他当即拍板决定，同意烈士的妹妹入伍。最后将她安排在我们团卫生队当了一名卫生员。他妹妹在团卫生队服役期间，每逢春节都会来我们连队与战士们一起过节，以表示对哥哥的怀念。后来，据说时间久了，她也知道了他哥哥牺牲的真相，加之她本人文化有限，后来就复员回了老家。

为了一个口令，失去了一个年轻的生命，听后令人心痛，让人惋惜。前事不忘，后事之师。历史的教训告诉我们，战争带来的只有伤亡与悲痛，唯有和平才有生存发展希望。但愿同样的悲剧不在两岸之间重演，更希望有朝一日世界和平，人类不再使用口令联络你我，而是用温暖仁爱的口吻，来倾诉互相爱慕的衷肠。

西瓜与大海龟

　　海防前线部队，除了日以继夜担负着紧张繁重的军训战备任务以外，还有一项"自力更生、自给自足"的大生产任务必须完成。我至今都不会忘记，当时我们连队每个战士的基本伙食费是一天4角5分8厘。对于一个身强力壮，又承担着高强度体力支出的年轻战士来说，这点钱显然是杯水车薪。因此部队必须发扬我军延安时期倡导的"南泥湾精神"，开荒种地，发展农副业生产，来弥补伙食费的不足。好在前线部队驻地周围均属军事禁区，地广人稀，荒地很多，几乎每个连队都有自己的蔬菜种植基地，分配给班排，由战士们耕种。因此，连队平时所需的蔬菜完全可以做到自给自足，还大量盈余。为了避免浪费，充分利用这些多余农产品，连队还办起了生猪养殖场。所饲养的生猪，主要用于每年重大节日改善连队伙食，比如八一建军节、十一国庆节，还有传统的元旦和春节。有时碰到上级领导下连队检查指导工作，连里也会破例杀猪来招待客人。总之，每次遇到连里杀猪改善伙食，往往是全连战士最开心的日子。尤其是在平时伙食十分清淡难忍的时候，突然碰到上级一个什么工作组下我们连，开展什么检查指导活动，战士们十有八九希望连里临时杀猪招待客人。

因为检查组的到来，就意味着大家又可以"借光"享受一次计划外的荤腥大餐。这些话，让现在的年轻人听起来，还以为我是在讲笑话，或者会说我言过其实，但我讲的确实是当年部队生活的真实写照，是实事求是，真正的实话实说。因为在我们当兵的那个年代里，战士们肚子里的油水，实在是太少太少了，所以才会产生这些现在人看起来有些不可思议的想法。

当时在我们部队里，还有一条不成文的规定，那就是班长负责全班军事，而副班长负责农副业生产管理。而我从新兵入伍开始起，在军事训练方面，一直表现比较突出，在历次参加连营军训比赛中，无论是射击、投弹，还是后来的刺杀，在全连成绩中，均属前列。尤其是投弹，成绩始终保持在全连第二名。自己当时最好的徒手投弹成绩是 63.5 米，而第一名是由一名叫张鲁元的北京部队高干子弟获得。他当时的成绩是65 米。但由于他是戴眼镜的近视眼，在瞄准射击方面比较困难。因此，当时根据综合考评比较，连部竟然在我参军还不满一年的情况下，就批准我入党（当时入党不设预备期），并破格将我从一名普通战士直接任命为 9 班班长。对于这样的提拔，当时自己一点思想准备都没有，心里感到非常意外，思想压力也很大，主要还是担心自己一下子胜任不了班长这个位子而完不成上级交给的任务。好在我的副班长是一位非常通情达理之人，他叫许忠木，福建泉州安溪县人。他的品行，与他的名字一样，非常忠厚朴实，虽然他比我入伍时间要早，但他从不倚老卖老，而是始终积极支持配合我的工作。直到今天，回想起他当年对我的种种帮助与支持，我内心都会感到无比温暖。提起我的副班长，又让我想起了一件我们两个人背着连部种西瓜的往事。

记得 1970 年初，副班长从安溪老家探亲回部队，他随身从老家带回来许多蔬菜种子，其中还有据他介绍说是他们家乡最好吃的西瓜种子。回到部队后不久，有一天，他突然告诉我说，本来他想在自己班里的承包地里种些西瓜，可以改善一下战友们的生活。但当时连里领导不同意他在蔬菜地里种西瓜，他问我怎么办？我听后，首先对他这种对自己分管工作如此兢兢业业、认真负责的态度，作了充分的肯定。同时提出，既然连里不同意在承包地里种西瓜，我们可否设法另找地方开荒种植呢？但他说种在别处，待西瓜熟了，不好管理。我一听觉得他讲的也很有道理，此事就暂未作结论。

就在那天晚上，当我站岗抬头望着眼前我们班日夜守卫的弹药库时，突然想到在眼前这座库房顶上那块空着的土地，是否可以用来种西瓜呢？因为由我们班守卫的那个弹药库是建在背向敌人的一座比较隐蔽的半山坡上。当时库房建造时，为了防止房顶被敌人打过来的炮弹击穿，引起弹药库爆炸，所以在库房水泥顶上，又围填了厚度有半米深的泥土，以此来增加房顶抗击打能力。房顶空地面积至少有 120 平方米，用来种西瓜应该绰绰有余。而且库房后墙，紧挨着后山腰一条小路，上下耕作管理也非常方便。尤其是在山坡附近，还有一个四季泉水从不枯竭的小池塘，这样灌溉也不成问题。更为重要的是，库房 24 小时都在我们班哨兵的监控范围之内，即便西瓜成熟以后，在没有我们同意的情况之下，谁也甭想有非分之想，除非他是吃了豹子胆。所以我思来想去，认为这是一个种瓜的好地方。

第二天一大早，我就将昨晚自己的一些想法告诉了副班长，想听听他的意见。当他听完我的设想后，对我的意见赞不绝口，还当面调侃我说，想不到班长一个城市兵，对种西瓜环境也如此内行！其实他不知道我也是一个从大山里走出来的乡下人，自小就有这方面的经历，当时我也没有必要把自己的身世多作说明。既然他也表示赞成，我们很快就统一了意见，然后发动全班战士，利用星期天休息时间，分头去附近村庄山坡捡来许多牛粪，用作西瓜基肥，很快就把西瓜种了下去。之后，在副班长他们的精心培育下，秧苗长势非常喜人。

本来我们班库房顶上种西瓜的事情，是想对外保密的，后来也不知什么原因，这一秘密还是被连部知道了。有一天，连部文书在没有通知我们的情况下，来到西瓜地看了以后，没有什么态度就离开了。这些还是事后班里哨兵告诉我的，当时在一旁的副班长听说有此事，他就有些担心，生怕此事会受到连首长批评处分。我马上安慰他说，不用怕。此事后果一切由我承担。后来一直到西瓜快要成熟的时候，有一天副班长急匆匆跑来告诉我说，连部文书又到西瓜地里"视察"来了。我听后马上赶了过去，果然发现连部文书蹲在西瓜地里，东张西望看个不停。当他看到我已不知不觉站在他跟前时，才惊愕地站起来，朝着我点头笑了笑，然后不停地夸我们西瓜种得不错。于是我就顺便将这次种西瓜的前后经过如实向他作了说明，他听完后，也对我们的做法表示理解。

当时我也知道他是代表连里领导来"关心视察"的，我就向他表示，待西瓜完全成熟以后，我们一定会请连首长品尝。结果过了没多久，有一天连指导员把我叫去，当面给我布置了一个任务。他说，最近团部要来一位副政委，下到我们连蹲点，搞些调查研究工作，并且要在我们连住上一段时间。听说我们班里种有很多西瓜，而且长势不错，他意见就决定将这位下连蹲点的副政委，安排住在我们班里，要求我们认真做好这项接待工作。对于指导员的意图，我一听就心知肚明。当即表示一定努力完成这项任务。

果然第二天上午一位李姓团副政委在指导员和连长陪同下来到我们班，当面作了介绍布置，李副政委就在我们班住了下来。后来才知道，李副政委下连队，主要目的是深入连队了解基层政治思想与党建工作方面的情况，这应该与他分管工作有很大关系。这位李副政委在我们班蹲点期间，看到我们每天都有新鲜可口的西瓜招待他时感到有些奇怪。后来他听战士们说，西瓜是我们班在弹药库房顶上种的时，感到有些好奇，提出要我陪他去西瓜地实地参观一下。当他上房顶看到这片不同寻常的瓜地后，对我们的创意，大加赞赏。并为房顶上种西瓜总结了两点好处。他说，第一点是充分利用了空余土地。第二点，也是主要的一点，就是可以起到隐蔽军事目标的作用。表扬我们的做法起到了一举两得的功效。据说，后来这位副政委回去以后，对我们班房顶上种西瓜的事迹，进行了全团宣传，提出有条件的地方都可以推广。

我们连领导听到这一消息后，也非常高兴、满意，我们的副班长还受到全连通报表扬。自此，他原先以为自己"偷种"西瓜会受处分的顾虑，也一扫而光。相反，他表示一定将西瓜一直种下去。后来他确实说到做到，没有食言。因为在我退伍后第一次，也就是1974年，重回老部队探望时了解到，虽然那年我的副班长早已退伍回了老家，但房顶种西瓜的传统还是被后来几任班长传承了下来。而且我们当年开拓库房顶种西瓜的故事，在后续部队中成为一个佳话。尤其是当我走进我曾经的9班战士中，看到眼前这些新战士如数家珍讲述当年老兵如何种西瓜的动人情节时，内心不由自主地流露出一种无比幸福与自豪的激动。此时此刻也更加深了我对副班长的敬佩与怀念，从内心向他道一声：老兄，别来无恙！下辈子我们还是要做战友，做最亲密的兄弟。

西瓜大丰收虽然是一件好事。但对于我来说，西瓜却成为我人生一个重要转折点的导火索。具体点说，就是因为受到西瓜的间接诱因，才导致自己不得不被部队提前"炒了鱿鱼"，自己原本想当职业军人的梦想由此戛然而止。事情的起因，还要从一只大海龟说起。

至今仍然记得是我们班获得西瓜大丰收那年夏天的一个傍晚，我们连驻守8号哨所的几名战士在对海滩例行巡逻时，在离哨所不远处的沙滩上，见到一只大海龟在退潮以后，仍然在一个沙坑中趴着不走，仔细一看，隐约见到海龟身体下还有许多奶白色、乒乓球大小的海龟蛋。当时海龟遭到战士们高声驱赶以后，它仍然不动声色，趴着不动。于是几个战士将它团团围住，然后向哨所8班长报告此事。8班长到现场一看，赶紧将情况报告连长，请示处理意见。连长听后，也是第一次碰到这种事情，不敢轻易下达处理意见。于是又报告营长，营长也是"老革命碰到新问题"，不知怎么处理为妥，他又报告团长，最后还是团长下令，将海龟原地击毙，运回食用。军令如山。连长马上赶到现场，命令8班长，将其原地击毙。据现场战士说，当8班长手持步枪，用枪口对着大海龟脑袋时，大海龟面对枪口，仍然岿然不动，好像为了保护她的海龟蛋，表现出一种视死如归的样子，在场的人无不为之感动与同情。随着一声枪响，大海龟当即毙命。

8名战士徒手将其连同一窝龟蛋抬回连部食堂。当时司务长用磅秤将海龟称了一下，不多不少刚刚230斤，同时对海龟蛋进行清点，也不多不少，整数230个。两项加在一起过秤，足足有260多斤。据当地村民说，这么大的海龟确实很少见，据说只在解放前40年代曾经碰到过一次，但个头还要小一点。第二天中午，我们连进行了海龟大会餐。可能是大海龟难得见到，更难得吃到，于是团营很多首长结伴来到我们连，共进"海龟宴"。当时整个连队气氛比过大年还要热闹。

现在回想起来，幸亏当时我们国家还没有颁发野生动物保护类法规。如果按照现行规定，大海龟起码也是国家二类保护动物，是绝对不能随意捕杀食用的。所以，现在回想起来，对自己曾经参与当年食用大海龟的"违法"行为，内心仍然有点愧疚感觉。尤其是想到当时那头大海龟为了保护自己的小生命，面对枪口岿然不动、视死如归的精神，更是敬佩不已。就在那次"海龟宴"行将结束之际，指导员为了给大家助兴，特地指示我们班，采摘了不少西瓜，供大家品尝。结果事与愿违，那天晚上，很多人身体不适拉肚子。后经军医分析，可能是海龟与西瓜同食的原因造成的，我们是好心办了坏事。

尤其是我自己，更加倒霉，非但拉肚子，而且还便血。于是马上到团卫生队进行化验治疗。后来更可怕的结果出来了，最后诊断我为血吸虫病患者。这时让我回想起自己曾经在1962年就得过此病，也许是当时没有治疗彻底而又复发了。由于团卫生队无法治疗此病，又将我转到厦门陆军174医院进行住院治疗。在住院期间，我们连长还专门来医院看望我，他一进门就毫不忌讳地告诉我说，9班长，你完蛋了（他意思是有血吸虫病，在部队的发展前途就没有了）。连长一说这句话，我心里就明白了他的意思，但对他的看望以及一直来对我的关心与栽培还是深表感谢。并告诉他，自己已作好思想准备，况且回到地方也可以分配工作，请他放心。就这样，自己在医院经过一段时间治疗与休养，后来就因血吸虫病，提早于1971年上半年复员回到地方，开始了人生又一个新的起点。

如今，远去的岁月已经在自己脑海里汇聚成一条长河。那段难忘的戎马岁月，凝固了太多的汗水与生死考验，同时也留下了许多美好珍贵的情感。除了那些陪伴我成长的碧海蓝天、沙滩哨所、两岸轰鸣不停的枪声炮声和广播声外，还有就是我心中非常思念的那位一直在背后默默关心我成长的老连长李造栓和那位来自福建安溪一直在我身边支持配合我的副班长许忠木，还有我们9班十几名来自五湖四海、生死战斗在同一条战壕、同一个哨位的战友。他们虽然不是亲人，却胜似亲人；不是兄弟，却超越兄弟。因为我们的血液里共同融进了那段一起当兵的经历，共同经受了血与火的洗礼，也从此拉开了自己人生奋斗的序幕。因此我由衷感谢军营这所大学校，它让我在艰苦磨炼中，学会了坚强，它让我在枪声炮声中，学会了爱憎分明，它让我在"三大纪律八项注意"中，学会了自律，从而使自己形成了正确的人生观与世界观，为后来的人生道路，奠定了一个坚实的基础。

军人是我一生最佳的选择，军人让我感到无比自豪。军人的名字，犹如闪烁在自己头脑里一颗发光的红星，始终照耀着我前行的方向。如果有来世，我还要争取做一名职业军人，全心全意报效祖国、服务人民！

第四辑

我与汤溪

　　说起自己与汤溪的渊源，内心总会流露出一种难以割舍的情感。自己从十六岁一个不谙世事的青葱少年，告别亲人，远离家乡，到过的第一个地方便是汤溪，在那里念了三年书，后来由于"文化大革命"，未等毕业就自作主张去了部队当兵。几年后又从部队复员，重回汤溪。当初自己两进两出汤溪的奇缘，真有点像《西游记》中的孙悟空，再有本事，也跳不出西天如来佛的手心。于是汤溪这个名字，就深深印刻在自己心中，成了我生命中的第二故乡。

　　屈指算来，前前后后，自己在汤溪足足待了十六个春秋。这与生我养我的第一故乡所居住的时间正好相仿，也是十六年。十六年对于人的一生来说，也是一段漫长的岁月。如果现在有人要我将前后两个故乡进行比较，分辨出哪一个更为重要的话？我就会毫不犹豫地告诉他，汤溪这十六年对于我人生所产生的影响更为关键、更为重要。

因为汤溪不但是自己年轻时求学成长的地方，更是自己人生奋斗起步与为后来事业发展打基础的地方。汤溪应该是自己一生最值得怀念，最值得回忆和不会忘记的地方。当然，自己的第一故乡也一定是我生命中永远牵挂乃至最终叶落归根的地方。

如今，弹指一挥间，五十多年时光，一晃而过。现在我回过头来书写汤溪这段久远而曲折、繁杂又生动的人生经历时，心里思绪万千有一种不知从何落笔的感觉。因为在这风风雨雨十六年岁月里，实在有太多的人情世故，值得去回忆、去怀念、去感恩。如果真的要想把自己在汤溪这段亲身经历，原原本本叙说完整，就是花上三天三夜，不吃不睡也未必能说得清楚。所以只能突出重点，长话短说。

思来想去，反复推敲，觉得还是从1971年自己从部队复员回到汤溪，然后进入汤溪齿轮机床厂参加工作写起，比较容易下笔。因为这是我继1968年底离开学校去了部队，经过解放军这所大学校锻炼回来后，正式踏入社会，开始人生事业奋斗的起点。由此，我就顺着脑海里对这段往事的记忆与思绪，将自己在汤溪十六年的人生轨迹娓娓道来。

贵人杨继海

　　回顾自己在汤溪齿轮机床厂这段工作生活经历，首先就要从一个人说起。他就是我终生难忘的贵人杨继海。如今回想四五十年前，自己与杨继海第一次"偶遇"的情景，当时他那张黑黝威严而目光慈祥的脸庞，仿佛又重新呈现在我的脑海里。继而，当年在厂里的一桩桩、一幕幕往事，也渐渐清晰地浮现在自己眼前……

　　至今仍然清楚记得，1971年4月初，那是自己刚从部队复员回到汤溪，随即分配到汤溪齿轮机床厂工作的一个星期天下午，我身穿一套部队退伍旧军装，去厂理发室理发。那时在工厂食堂边上设有一间专为本厂职工服务的理发室。理发室很小，里面只配有一名专职理发师，姓刁，全名叫刁心庚。他是杭州人，当时他年纪很轻，但理发技术很好，因此深受广大职工喜爱。厂内职工不分男女老少，均称呼他为小刁师傅。他还有一个哥哥，叫刁心来，是厂里装配车间的一名老职工。我在原先厂技术学校念书时就与他们认识而熟悉。记得那天下午去理发的人不多，待我进去时前面只排着一个人，于是我就按次序排在了第二位，再后来又陆续进来几个女职工。

不多时，只见小刁师傅将一名理好发的职工送出，顺手清理好发椅，就带着笑脸朝我点了点头，示意要我过去理发。当时我觉得有点纳闷，心想，怎么他不叫排在我前面这位长者先理，而叫排在后面的我先理呢？我在犹豫之际，小刁师傅开口解释说，按厂内制度规定，本厂职工应该优先服务的！听完他的说明后，我还是婉言答道，我今天休息，不着急，还是让前面这位先理吧。因为当时我心里想，排在我前位的这个人，看上去年纪要比我大很多，而且他确实排在我前面，自己心里总觉得不好意思抢在他前面先理。当时这样做，也可能是自己刚从部队回到地方，心里似乎还带有一种在部队养成的"三大纪律八项注意"的作风，认为能让别人一点，也是雷锋精神的一种体现。正当我推辞小刁师傅对我的照顾时，坐在最后面的一位女职工开口了，她告诉小刁师傅，前面这位长者是刚从金华调来厂里工作的，应该享受正式职工待遇。具体他在哪个部门？干什么工作？这位女职工没有说明，也许她也说不上来。当我听了这位女职工的一番说明后，就更加坚持原来的意见，让前面这位长者先理。小刁师傅听明白以后，马上转身向这位长者表示了歉意，接着就为他先理。

事实上，当时小刁师傅一时的误判也是情有可原的，因为他已在厂里做了多年理发师，整个厂区1000多职工与家属的脑袋，几乎个个都是由他过手打理的，可以说全厂没有一个人是他不认识的。再则，从这位长者朴实外表看去，确实显得有些"土气"，漆黑的脸庞，身着一套褪色陈旧中山装，满脸胡子拉碴，有一种不修边幅的感觉。一眼望去，确实很像是一名当地建筑工地上的泥水工。这位长者听完小刁师傅的解释与歉意后，一点没有介意，而是马上表示，没有关系，发生这种情况是难免的，再说自己确实是刚从金华调到厂里不久，大家还不认识，以后时间长了，接触多了，慢慢会熟悉的。听了他的一番话以后，在场的人都感到他讲得非常谦和，对他产生一种通情达理，很有素质、修养的好印象。待这位长者上位后，我就顺势挪到了第一个位置，正好靠近理发椅边上，静心等候着。

这时正在理发的长者，开口问我，你是刚从部队回来的吧？我听后就随口回答道，是的。他接着又问我，现在哪个车间上班？我告诉他，在齿轮车间，做刨齿机。他接着又说，前几天，他去了齿轮车间参加劳动，还在车间里拜了一名姓徐的女工做师傅，学的是 618 车床。所以跟你们齿轮班组的人没有接触过，也就没有见过你。听他说完，我也附和道，自己刚从部队回来还不到两个月，而且每天在车间两班倒，见面的机会自然就少了。听完我的说明，他也表示认可。

那次我们在理发室邂逅，前后也就半个小时左右，互相之间虽然没有过多交流，但双方的感觉还是蛮融洽愉悦的。他理完发告别之后，我也没有留意多想，后来再也没有与他见过面，直到那次理发室见面两个多月后，也就是 1971 年 6 月的一个早上。

那天我是上早班，车间上班电铃刚响过不久，我们车间主任陆根宝师傅就走过来通知我说，厂部要借调我到厂供销科工作，叫我马上去厂部，找厂政工组一个姓杨的负责人，说他要找我谈话。我听到这一通知后，感到很突然，一点思想准备也没有，也不知道具体是什么情况，于是转身将此事告诉了祝全荣师傅，然后就抱着忐忑不安的心情，急匆匆去了厂部二楼的政工组办公室。当我敲门推开办公室大门时，就看见上次在理发室见过的那位长者坐在里面办公。

后来才知道，我眼前这位长者，叫杨继海，原来是金华地委党校组织科科长，前段时间刚从金华地区"五七干校""解放"出来，调到我们厂，担任厂党委常委兼政工组组长，平时大家都称呼他为"老杨"。他见我站在门口，有点惊奇犹豫的样子，就站起来招呼我进去，一面吩咐我坐下，一面去给我泡茶，并对我说，我们又见面了，一回生、二回熟。他接着说，这次请你来，是要给你一个新的工作任务。他泡好茶放下茶杯后又详细介绍说，他到厂里以后，对全厂机关干部情况作了调查研究，感到厂部机关干部队伍中存在两个问题，一是党员骨干太少，二是干部年轻化做得不够。所以厂党委最近研究决定，要逐步解决这些问题，尽快充实一些年轻党员骨干到机关科室中来。他接着说，组织上对你的情况已经作了些了解，觉得你各方面表现都不错，尤其是在部队，年年被评为"五好战士"，又是党员班长。当前机关科室中，由于供销人员比较紧缺，原有的一批供销人员都上了年纪，长期在外出差确实有些困难，所以组织研究决定，将你作为借用，先到供销科帮助工作，从采购员做起，以后再根据你的表现情况，决定是否正式进入"以工代干"编制（"以工代干"是"文革"时期任用干部的一种组织架构）。他介绍完情况后说，今天叫你来，主要想听听你个人意见。

由于我毫无思想准备，当时听完这突如其来的决定后，一时也不知如何回答。因为在我心目中，做供销员工作，必须是那种头脑灵活、能说会道、善于交际的人才行。而凭自己的性格脾气，可以说是恰恰相反。我知道自己是一个比较内向、平时笨嘴笨舌、不善言辞，更不会主动与别人打交道的人。在车间师傅们眼中，自己完全是一个老实本分，也可以说是一个非常憨厚木讷之人。自己跟供销人员的特性相比，完全是搭不上边的人。因此当时自己心里对这一决定，有点左右为难，甚至对供销工作有点望而却步的想法。还有就是我担心，如果去了而后不适应，完不成工作任务，而被淘汰出局，就更没有面子向组织交代而辜负了组织对自己的信任与培养。

当我断断续续表露完内心一些想法后，老杨还是非常坚定地对我说，万事开头难，凭你现在这种对工作有危机感和种种担心的想法，就说明你是一个有责任心的人，这本身就是你的优点。但不管做什么工作，首先需要树立信心，然后知难而进，脚踏实地努力去做，不懂就学，先虚心向老同志学，不断从实践中去锻炼自己，慢慢就会适应的。至于供销人员灵活性问题，也要把握好原则，搞经济工作，既要活，又不能乱。总之，一定要做到活而不乱。接着他又说，你是一名党员，首先要服从组织安排，起到模范带头作用。现在虽然是借用，但在工作中不要有临时观念，要认真严格要求自己。只要你认真努力去做了，我相信你一定会取得成功的。听完他这一番出自肺腑、情真意切的谈话后，我内心触动很大，打消了原先思想上对供销工作的种种消极畏难情绪，增强了对做好这项工作的信心与决心。

最后在他的极力鼓励下，我鼓起了勇气，接受了组织的安排，愉快地走上了新的工作岗位。就这样，我从 1971 年 6 月借调到厂供销科工作，一直到 1982 年调出汤溪，在这整整十二年时间里，心中始终牢记老杨第一次找我谈话的内容：在新的工作岗位上，一切从零开始；在业务上虚心向老同志学习，在工作上积极主动当好他们的配角；在实际工作中，真正做到脚踏实地，埋头苦干，不断积累提高自己的业务水平；想方设法开拓物资和产品销售渠道，出色地完成上级交给自己的工作任务；从而使自己从一名普通业务员，逐步成为科里能独当一面的业务骨干，最后走上了厂供销部门的领导岗位。

其实在这个过程中，就在我借调到厂供销科工作的第二年，也就是1972 年的下半年，老杨就因工作需要，又被组织上调到金华地委专案组工作，所以我与他在厂里真正相处只有一年多时间。后来他虽然人已调回金华，但还是一直关心我的成长。他从外地办案，有时路过我们工厂时，都会顺道到厂里来看望我。后来我成家有了小孩，有一次他来我家听到我的女儿奶声奶气叫他"羊外公"时（杨的谐音），开心得手舞足蹈、连连称好，我内心深受感动。其实在老杨心里，早已把我看成他的亲人一样对待。而在我心里，也一样，早就把他当成是自己心中一位不是亲人而胜似亲人的长辈。

现在回想起自己与老杨的相处，始终有两件事情徘徊在心坎里。一件是让我感到欣慰的事情。1991 年下半年，老杨与他老伴（杭州浙江麻纺厂职工）均已退休安居在金华。那时在全国正兴起一股深圳特区旅游的热潮，而我正被市政府派往深圳筹建办事处，就怀着一颗小小的感恩之心，邀请他们到深圳旅游。在我的一再邀请下，他们最后由女儿陪同来到了特区。开始我想办事处刚在筹办中，各方面条件很差，准备在外面给他们找个条件好点的旅馆。但他们死活不让，说老伴身体不便（当时已坐轮椅）还是住在办事处，人手多可以随时帮助一下。我就顺从了他们的意见并将自己的房间让给他们居住。但最后，由于他老伴冠心病出了点问题，在深圳只住了两天，就回金华了。虽然那次由于我们条件有限，没能让他们玩得尽兴，但也算到过特区感受到了这种新潮流的乐趣，同时也了却我一点感恩的心愿。而另外一件是让我终生感到遗憾的事情。90年代末，老杨因患咽喉癌，去了上海治疗。后来从开刀到不治去世，因为我一直在深圳忙于工作，竟然不知一点音讯，所以直到老杨临终时都没能见上一面。后来，当我询问他女儿时，他女儿心情沉重地说，当时在上海病床上，父亲是经常说起你的，但他又说，你这么远，讲了怕影响你的工作，所以就一直没有告诉你。听完此话，我无语，一阵心酸，眼眶湿润，不能自已……

之后，我得知老杨与老伴安葬在他的家乡，浦江县一个叫杨里村的地方。于是我在我们办事处一位同事陪同下，带上花圈和祭奠用品，驱车前往浦江扫墓。老杨的家乡我从来没有去过，就连大致方向都不太清楚，沿途打听，东找西转，费了很大周折才找到一个叫杨里村的地方。在村口打听时，碰到一位过路村民，当他看到我们是广东车牌，又听说我们要给老杨上坟，感到非常惊讶，他马上表示愿意陪同我们前往老杨墓地。我们也好是感动。因墓地小车开不进去，我们只能步行。在前往墓地的途中，与这位村民交谈时还了解到老杨一些生平事迹。他介绍说，老杨是新中国成立前就参加革命的老干部，生前为村里做了不少好事，凡是村里有人碰到困难，去金华找他帮助时，他都会放下架子，百忙之中倾力相助。说话间，他又指着脚下一条水泥小路说，当时村里做这条路，水泥买不到，还是老杨帮助从金华尖峰水泥厂买来的。他还说老杨为村办小学捐款捐物，出资帮助贫困学生上学，他是村里一个了不起的好人。

到了墓地，我们送走这位好心村民后，首先在他们夫妻墓前做了祭奠仪式，然后静静站在墓前。双眼望着墓碑上老杨那张已经泛黄的遗照，突然有一种凄凉落寞的心情涌上心头。"有缘千里来相会"，我们今天却是一次阴阳相隔的相会，这是自己最不愿意见到，但又必须面对的事实。尤其是想起老杨在生命垂危时刻，还处处为我着想，生怕影响我的工作而不愿将病情告诉我……想着想着，我潸然泪下……在蒙眬的泪光中，自己似乎又见到了老杨伟岸的身影，耳边仿佛又听到他那严父般洪亮的回音：万事开头难，只要肯下决心，脚踏实地去做，你一定会成功的……

如今，回想起自己与老杨生前相处的那些点点滴滴难以抹去的往事，心里还是感到那样温暖，那样亲切向往。其实在我看来，我们第一次在工厂理发室的偶遇绝非是偶然，而是苍天早已安排的必然。是我们前世排定的缘分，所以我要感谢上苍对我的恩赐，让我在人生起点就有幸遇到了老杨这样的好人、贵人，得到了他无私的举荐与帮助，为我的人生事业增添了无穷无尽的勇气与力量。是他改变了我的命运，是他给我带来了幸福。

滴水之恩，当涌泉相报。可如今只能滴水之恩没齿难忘了。我真希望人生有轮回来世，那我定在百年之后，毫不犹豫投奔在您的麾下，为您效犬马之劳，以回报今生今世亏欠您的大恩大德！

老杨，您永远活在我的心中。

计划经济时代的印记

　　说起计划经济，对于现在年轻人来说，可能只知道这是一个时代留下来的老名词了。但对于亲身经历过那个时代，并在其间从事过十几年供销工作的人来说，留下的却是一段抹不去、忘不了的记忆。

　　如今，计划经济时代虽然已离我们远去，往事也已成历史，但那些早已消逝在岁月的故事，就像是一部深深印刻在自己脑海里的怀旧电影，一幕幕、一段段，精彩而生动，难以忘怀。因为那是一个跌宕起伏、极不平凡的时代，那是一个我们这代人顽强拼搏、无私奉献的时代，也是我们内心感到有些五味杂陈、不堪回首，但又无怨无悔的时代……

　　如果现在要讲述过去那段让现代人感到不可思议、闻所未闻的往事，就首先要解释一下，什么叫计划经济以及它所形成的历史背景。顾名思义，计划经济就是国家有规划，并且又有具体实施计划地发展经济，也可以称为指令性经济。它是一种对生产、资源分配，以及产品销售，事先进行有计划安排的生产体制。说白了计划经济就是政府经济。而我们国家最初实行这种经济体制，应该说与革命战争时期实行的供给制是分不开的。再后来随着革命取得胜利，新中国成立，接着国家又面临"一穷二白""百废待兴"的困境，如果要想尽快恢复国民经济，巩固新生政权，就必须依靠当时国际社会主义阵营中的"老大哥"苏联的支持与帮助，因此当时提出学苏联。随着《中苏友好同盟互助条约》的签订，我们开始学习苏联的社会主义经济发展模式，也就是后来我们国家实行的计划经济体制。现在回过头来总结，应该说，根据我们建国初期实际状况，为了尽快恢复国民经济，采用这种几乎全盘行政命令式的经济管理体制，对我国初期经济发展，确实起到过重要、积极的作用。但随着我国国情的不断变化，如人口迅速增长，人们需求的不断改变，计划经济体制的弊端就慢慢显现出来。由于计划经济的核心，是公有制经济，其中国有企业占国家主导地位。到后来，就连国内极其少量而脆弱的私有企业，也按当时国家有关政策，以公私合营的形式，改造成集体所有制经济企业。可以说，那个时代在全国范围内，几乎完全取消了私营个体经济。否则，就会被视为"走资本主义道路"，将会用"割资本主义尾巴"的名义加以消除。因此在当时人们眼中，会把资本主义视为"洪水猛兽"并且以一种十分恐惧的心理加以防范。

　　由于当时经济体制实现了全国上下一盘棋，统一由各级政府主管部门管理，因此企业的一切权利，包括产、供、销，以及企业干部任命也要由主管部门决定。职工的工作调动，统一由劳动局审批；生产资料分配由物资局统一申报分配；日常生活用品，统一由商业局或者粮食局统购统销，然后凭票供应。这样就造成了政府包揽一切的局面。企业只能按照上级主管意志行事，他们既不能自主经营，也无须承担企业盈亏的责任。各级政府就是一家之主的"婆婆"，她什么都要管，什么都说了算。而企业只是家庭中的一名"小媳妇"，有名无权，完全被"婆婆"束缚在一个狭小空间里，为其"生儿育女"，也就是按照上级下达的生产计划去完成任务。而生产出来的产品，再由国家统一分配销售，企业没有任何支配权。

　　由于计划经济管理体制过于"死板"，难以调动企业和广大职工的主观能动性。在每个企业中，大家拿的是差不多的工资，吃的是差不多的饭菜，干多干少一个样，职工除了满足温饱生活以外，也没有别的诉求。那个时候人们思想中根本没有多干多得到一些报酬的意识，所以就谈不上如何发挥职工劳动生产积极性、创造性。这种制度的弊端是滋生培养人们的惰性，而造成劳动生产率低下，人力物力的巨大浪费……

以上所描述的，只是国有企业管理体制弊端的一些表面现象，而具体涉及每个企业的内部问题，可能就更为复杂难解了。就拿我比较熟悉的物资供应管理体制来说，体会就更加深刻。在计划经济时代，由于国家物资资源相当贫乏，尤其是像我们机械行业中所需的钢、铁、煤炭、油料化工、有色金属材料等，都是属于国家管控的一类物资，都必须由国家统一按计划分配供应。但遗憾的是每年企业上报主管部门的申请数量，往往都得不到满足，其中有很大一部分缺口都要由企业自行解决。鉴于上述原因，我们基层单位在向上申报需要计划时，都会要一些"小聪明"，就是有意夸大需求数量，采用虚报造假手段，试图从中多得到一点分配指标。这也是当时企业普遍惯用的无奈之举，后来也成了"公开的秘密"。当时为这种现象，社会上有人还编过一句顺口溜："头戴三尺帽，准备让你拦腰砍一刀。"而物资主管部门也是心知肚明，他们会采用同样办法对付下属企业，那就是：你报你的，我砍我的。就这样相互玩着空对空的文字游戏。实事求是地讲，这也并不是说主管部门有意为难下属企业，而是"僧多粥少"，与那个时代物资短缺、资源匮乏有直接关系。那时像我们这样一个省属重点企业所需的物资供应都得不到保障，那些地方所属的小企业，以及乡镇、社队企业的物资供应情况就可想而知了。

由于当时不论大小企业，普遍存在程度不同的物资缺口情况，而企业又要想方设法完成各自的生产任务，但"巧妇难为无米之炊"，必须自己去"找米下锅"，于是就造成了整个社会采购人员满天飞的局面。在计划经济时代，采购员都是每个企业非常重要的职位，尤其是一些小型乡镇社队企业，他们的重要性尤为突出。因为这些企业的产品，从生产原材料供应，到产品的销售，都不能列入国家计划，它们走的完全是"自产自销"的路子。所以这些企业的采购员在企业的位子就显得特别重要，可以说是仅次于厂长书记，有的甚至比厂长书记更为重要，因为他们的工作好坏，是决定一个企业前途命运的。在那个年代一般企业领导，对采购员工作非常重视。采购员都是由企业中比较能干，事业心较强，或者与上层，特别是与物资系统有特殊关系的人来担任。尽管如此，当时采购员的工作也并不好做，因为计划经济时代，国家物资总量还是有限的，除了重点保证一些国防军工、国家重点项目以外，所剩计划外的东西就更加有限了。在这种情况下，采购人员大显身手的机会就来了，他们往往是"八仙过海，各显神通"，全线出击，采用"鱼有鱼路"和"虾有虾路"的广泛"游击战术"。在开通各种物资业务渠道过程中，普遍采用的套路是：以一百响冲锋枪"子弹"（整条好烟）和手榴弹（瓶装好酒）开路，最后遇到关键时刻、关键人物时，就用"炸药包"（指高档土特产）攻关。总之，他们会竭尽所能、想尽办法以达到目的。最后如果谁能搞到工厂所需要的原材料，谁就会受到厂里的庆功嘉奖。反之，则会"无米下锅"，使整个工厂停工待料，大家无奈摇头。

而此时，有些手中有物有权的人物，就成了一批"特权"阶层，只要他们批上一张小小的条子，就会换来不少的好处，甚至也关系一个企业的前途与命运。在那个各种物资匮乏、什么商品都要凭票供应的时代里，这些手握实权的大人物可以耀武扬威、不可一世。如今还记得那个时代，在社会上流传着这样一句顺口溜："四个轮子一把刀，白衣战士红旗飘。"这句话中的"四个轮子"指的是驾驶员。因为当时社会交通不畅，不像现在这样发达，而且国家政策规定，一切商品物资是不允许私人进行长途贩卖的，否则就会被当作"投机倒把"分子，进行打击。而单位驾驶员就不一样，到处流动就是他们的职业，在工作间隙，就可以顺便捎带一些当地紧俏物资，回单位供亲朋好友享用。于是驾驶员就成了当时人人羡慕，个个都会巴结的"香饽饽"。"一把刀"，指的就是屠夫，也就是杀猪匠。因为计划经济时代，什么商品都要凭票，猪肉更不例外，大人每人每月一斤半，小孩还要减半。供应数量实在太少，人们吃猪肉就像现代人吃人参一样，成了日常生活中的奢侈品。而且那个时候人们最喜欢买的不是精肉，而是争着要挑肥肉买，因为那个时候平均每人每月只供应4两素油，而且还是16两秤的4两，相当于现在秤的2两半，人们肚子里的油水太少了。而屠夫就不一样，他可以"近水楼台先得月"。只要谁跟他关系好，就可以你要什么，就给你什么。这其中微妙的利益关系就不言而喻了。"白衣战士"，指的就是穿白大褂的医生，因为在那个时代，医生也有些特权。以上所讲述计划经济时代这些形形色色社会现象，让现代人看起来，一定会感到不可思议，甚至会觉得可笑，但这些确确实实是当时我们这代人的亲身经历。如今它已成为记在我们心间永世也难以忘记的往事。

在计划经济时代，国家各级经济计划主管部门，为了做好全国各地生产物资统筹平衡工作，每年都会召开一些物资订货会和物资余缺调剂大会。尽管在这些会议上也会出现一些文章开始提到的种种"不正之风"，但从总体社会风气讲，当时在经营活动中的所作所为，从金额数量上，仍然是属于小打小闹的，诸如请客送礼、赠送一些烟酒和家乡土特产之类的东西。从来也没有听说过像现在社会上这样的经济犯罪分子，动辄是上百万元，甚至千万亿万元的案子。从客观上讲，可能当时大家都比较贫穷，而且也得益于早年天津经济大案中对刘青山、张子善的惩处起到的震慑作用。但我个人认为主要还有两个原因：一是因为当时有一大批当权老干部，他们大部分都非常廉政自律，然后对下属部门也严格把关；二是当时的经济体制原因，计划经济时代，主体经济都属公有制性质，加上企业财务制度也非常健全。企业中，谁也无权，也不敢，更没有必要为了达到企业某个利益，纵容下属拿着公款，去搞行贿犯罪活动。而现在一些私营企业就不一样，它们往往都是老板一人说了算，一旦涉及自身重大利害关系时，这些私人老板就会无所顾忌，铤而走险，制造出一些骇人听闻的经济犯罪事件。因此计划经济时代的"大锅饭"，虽然弊端很多，但从一分为二的观点看，它应该也是杜绝一切重大经济犯罪的重要屏障。

现在回想起自己十几年供销工作的经历，在当时那些被人们称为"不正之风"的大环境中，自己也确实曾经与之"同流合污"过。有时为了解决本厂一些现实困难，也有时为了建立一些与外界长期协作关系，只能委曲求全，去迎合社会上一些不良风气，做了一些本不该是自己性格所为的事情。但平心而论，在这些经济交往过程中，我还是有自己的原则底线的，这个原则底线就是我的老领导杨继海说的那 4 个字，即"活而不乱"。我理解这 4 个字的核心思想就是公私分明。所以我始终把这 4 个字当作自己一切行为的准则：在本职工作上，做到兢兢业业，锲而不舍；在经济交往中，做到不谋私利，廉洁奉公；在对外关系上（包括待人关系），做到真心相待，以诚取信。总之，十几年供销工作，虽然没有取得很大的建树，也不敢标榜自己有"出污泥而不染"的高尚品质，但可以说自己为本厂已经做到尽力而为，问心无愧了！

人生百味，一路有一路的风景，一程有一程的感悟。在计划经济时代与市场经济交替进行中，虽然我内心有一些五味杂陈、不堪回首的感受，但还是会为自己在这些年工作中所取得的一点微小成绩而感到无比感慨与自豪。这也是对自己十几年平凡而繁杂的供销工作，感到无怨无悔、自我欣慰的主要理由。

如今国家实行改革开放，随着市场经济的不断发展壮大，商品已经前所未有地丰富起来。从我们的日常生活用品，到生产所需的大宗物资，大多数商品已进入供过于求的买方市场，这是我们这代人早先不敢想象的事情。尤其是现在的采购员与销售员的地位已经完全被颠倒过来。计划经济时代的销售人员过的是"七孔朝天"的好日子，可如今，销售人员的工作就不好做了。反之，先前的采购员"求爷爷""告奶奶"到处奔波，现在一下子变成了以前那些人的"大爷"，他们几乎不用再去四处奔波、"找米下锅"，而是坐在家中，打个电话，就会有销售员送货上门，甚至还有大包小包礼品跟着上门巴结你呢！这真是"三十年河东，三十年河西"那句老话的真实写照。

　　回顾新中国 70 多年的经济发展道路，从当初的计划经济转变为现在的市场经济，应该说这是一个伟大的转变，是通过几代人不断努力探索的结果。在这过程中，逐步破除了崇洋媚外和极左的错误思想干扰，消除了人们对市场经济的恐惧心理，从而坚定地走上了中国特色社会主义道路，最终实现了从站起来、富起来，再到强起来的举世奇迹！实践证明，改革开放的方向是正确的，中国特色社会主义道路是我们的必由之路。只有重温过去、细看今朝，方知新中国 70 多年发展的不易，才能更好展望未来。这也是我今天书写这篇文章的初衷所在。

　　如今随着岁月的流逝，我们这些经历过计划经济时代洗礼的人群，都已进入古稀之年，因此内心不再有太多的梦想。我们只希望，计划经济永远成为历史、成为我们这代人的记忆而从此一去不返，而市场经济发展，更加欣欣向荣、蓬勃向上。愿祖国繁荣昌盛，人民生活幸福安宁！

"神仙"与"狗"

　　当看到这个题目时，对于绝大多数人来说，一定会感到诧异与不解，心里会琢磨"神仙"与"狗"，这两者，一个在天上，一个在地上，它们之间到底会有什么关联？或者说想要表达什么意思呢？但对于在计划经济时代，长期从事过供销工作，并为之四处奔波的一大批老供销人员来说，他们一看就会明白，这是那个时代，他们在长期出差过程中，所遇到过的两种截然不同的工作状态。这两个截然不同的代名词，就出自当年供销人员队伍中一句脍炙人口的顺口溜："供销人员苦不苦？有时'神仙'，有时'狗'！"这句话的中心意思是，搞供销工作的人，有时候遇到单位有非常重要任务，而时间又非常紧迫的情况下，单位领导就会特事特批，让你坐飞机出行。就这样，当你坐上飞机，在浩瀚的天际云层中，来回飞翔，就会有一种飘飘欲仙，仿佛自己也成了神仙似的感觉。而有的时候，情况却完全相反。当你长途出差在外，一时买不到火车卧铺，甚至座位票，但又为了按时完成肩负的工作任务，往往就会先买上一张站台票混进车站，上车以后再争取补票。但上车以后，只能听天由命，作好两种准备。于是白天只能在火车车厢过道上，席地而坐。但到了晚上，人困难忍，补票又无望的情况下，就不得不像一条狗一样，俯身钻进别人座位下面、再铺上一张报纸和衣而睡。此时尽管深感狼狈，内心终有一万个不情愿，但也无计可施，只能屈从。为的是养好精神第二天更好地开展工作。上面这句顺口溜，就是当时供销人员对自己长期艰苦工作环境的自我嘲讽与调侃，也可以说这是计划经济时代供销人员苦乐人生的真实写照。

虽说那个时候供销工作中，会遇到类似"神仙"与"狗"这样种种不同的经历，但实际情况是，真正能当上一回"神仙"的人，还是少之又少，甚至可以用凤毛麟角来形容。那个时代，老百姓坐飞机是一件非常了不起的事情，对于绝大多数人来讲，只有抬头仰望羡慕空中飞行飞机的份，而很少有享受坐飞机的机会。那个时候，购买飞机票，除了要有县级以上政府介绍信和本人工作证以外，乘机人员还要求是县处级以上干部。因此那个时候坐飞机的人大多数是领导干部、华侨，或者是外籍人士，极少有普通老百姓和一般干部乘飞机的。一是他们级别不够，二是一张飞机票的价格私人也承担不起。还有就是，按当时财务制度规定，飞机票在一般单位是不能报销的。就拿当时我们厂的情况来说，一个上千职工的省属重点企业，也从来没有听说过有谁曾经因公出差而坐过飞机的。但让自己感到万分幸运的是，就在那个坐飞机比登天还难的年代里，自己竟然像中了头彩似的，碰上了一次坐飞机的机会，真正上天去体验了一回当神仙的滋味。虽然这是一件四五十年前的往事，但至今回想起来，当时那种甜美激动的感觉，仍然会在心中浮现荡漾，仿佛此事就发生在昨天……

自己第一次坐飞机的故事就发生在 1974 年的 12 月份，当时我在厂供销科负责全厂工量磨具的采购工作，而这块工作一般在年底会比较空闲。就在那段时间的一天上午，我们科长突然把我叫到他办公室，说要我去完成一项临时紧急任务。他说金华地区物资局打来电话，说我们厂1974 年度申报分配的二辆解放牌卡车，供货合同是与长春一汽厂签订的。当年全地区只分配到五辆卡车，其中三辆分别是巨县和开化县物资局的。因为一汽厂迟迟没能交货，所以半个月前，他们局已经委托开化县物资局派了一名副局长带人去长春催过一次，但他们只在那里待了一个星期就无功而返了。现在已近年关，只怕厂方将合同作废，所以要求我们厂派人，代表他们局再去催催看，尽可能将这五辆汽车拿回来。另外，他们局里意见，因为时间非常紧迫，可派人坐飞机去，机票及一切费用可由他们局里承担。当时厂领导知道此事后，指示我们科派人前去催货，而且一再要求完成任务，至少也要将我们厂里的二辆汽车拿回来。而当时科内一位分管机电汽车业务的同志，因年底工作繁忙无法脱身，所以科长就指派我去长春办理此事。

我听完科长的情况介绍以后，心里有一种喜忧参半的感觉，喜的是能坐飞机，这是我梦寐以求的好事；而忧的是，之前开化县物资局长带人刚去催过而无功而返，可见这是一件非常棘手难办的差事，所以自己内心又产生了去后完不成任务的担心。为此我当时就向领导表示，去长春催货没问题，但只能做到尽力而为，不敢保证一定能完成任务。当时自己这样讲的目的，主要是向领导表明自己丑话说在前头的意思。后来两级领导也认可了我的态度，于是我就接受了任务，着手去做出差的准备工作。

首先是去金华地区物资局，找到有关部门，接洽办理了汽车合同事宜。然后凭物资局开具的介绍信，又去了地区行署办公室，开了一张专购机票的介绍信，之后就急匆匆返回了厂里。当我回到厂里后，好像全厂职工都知道我要去坐飞机的事情，每当我行走在厂区路上，无论碰到谁，他们都会有意无意地，用一种极其羡慕的眼光与我打招呼，有些人还向我问这问那，问一些让我都感到莫名其妙的问题。心里想自己只不过去坐一趟飞机而已，怎么就成了全厂新闻人物似的，弄得我浑身上下很不自在。现在再回过头来看，在那个年代的中国人眼中，坐飞机是一件多么稀奇与了不起的事呀！

当时在我心里考虑最多的还是怎么想办法将这五辆汽车拿回来的问题！说来也非常凑巧，就在我回到厂里的那天下午，在下班回家的路上，碰到了我们俞氏本家兄弟，当时还在热处理车间任技术员的俞岳皋师傅。交谈中，他主动向我介绍说，他的姐夫叫康××，原来在一汽厂任党委政治部主任一职，几年前已调往湖北二汽厂任党委副书记。我听到这一消息后，马上灵机一动，既然原来在一汽厂当过领导，肯定对一汽厂情况非常熟悉，就请他与他姐夫联系一下，请他姐夫出面帮助联系一下原来一汽厂有一定实权的熟人，牵个线、搭个桥。当时自己是想用"曲线救国"的办法，迂回达到拿车的目的。俞岳皋师傅听完我的请求后，毫不犹豫就表示，晚上回去电话联系后，再给我回音。结果第二天一上班，他就兴冲冲来到我办公室告诉我，他已与他姐夫联系过，他姐夫非常支持，并已写了一封给一汽厂一位领导的介绍信。听到这一消息后，好像是打了一针兴奋剂，我浑身上下热血沸腾，急忙用双手紧握住俞岳皋师傅的手，使劲向他道谢。这封私人介绍信让我看到了完成这项任务的曙光，原本沉重的心情，也感觉轻松了许多！

为了将事情做得更加扎实牢靠一点，我们商量着给一汽厂那位领导送点礼物。当时东北还没有大面积种植大米，据俞岳皋师傅介绍，当地粮食还是实行粗细粮搭配供应，他以前就给他姐夫寄送过大米，于是我就决定带些大米作为礼品。当时他还提醒我，大米太重，不好带。而我则表示自己还年轻，身强力壮，随身带上三五十斤完全没问题。说干就干，我特地去附近农村，通过自己以前一起当兵的老战友，在工厂附近一个叫东祝公社下伊大队的农户家里买了50斤优质晚稻米，记得当时价格是1角8分1斤。比国家粮站价格高出一倍左右，但它是不用粮票的"议价粮"，也有人称为"黑市米"。大米买好后，刚开始也打算通过铁路托运过去，但考虑当时已近年关，铁路运输比较繁忙，加上长春路途遥远，只怕中转环节出了差错，而误了大事，最后还是决定，情愿少带其他行李，也要将大米与人随行。

做好了出行前的准备工作，收到俞岳皋姐夫的私人信件后，我就满怀信心出发了。

当时杭州没有直达长春的航班。我先坐火车去上海，在上海民航售票处顺利买到了一张从上海起飞，经北京中转，再飞长春的航班机票，然后住进旅馆。飞机是从上海虹桥机场起飞，起飞的时间是第二天上午的八点三十分。我所住的上海黄浦区的九江旅馆当时我厂长驻上海的一个立足点，离机场距离比较远，加上是第一次坐飞机，心中无底，只怕误了点，于是就吩咐前台服务员第二天早上五点钟叫我起床。再三叮嘱他们千万不能忘记，这是去乘坐飞机的。当时一位当班老服务员用半信半疑上海腔十足的口气反问我：侬年纪介轻就坐飞机啦？我将那张机票给他仔细看了一遍，他这才相信是真的，马上就改变了口气说：侬放心好嘞，明早一定准时叫侬！

其实，那天晚上我几乎没有合眼，第二天一早没等服务员叫，就早早地起床了。可能是第一次坐飞机，心情过于激动吧！

起床洗漱后，我按时赶到民航售票处，搭乘去机场的专程客车。清晨行人稀少，又是直达专车，不一会工夫，就顺利到了机场。当我拿着行李，进入候机厅贵宾室时，眼前的情景让我感到非常新奇吃惊。宽敞明亮、装饰豪华的暖气房内，整齐摆放着一对对高档真皮沙发，边上茶几上还摆放着水果、香烟和小糖。前排沙发上已经坐着不少衣着笔挺、外加呢制大衣、一眼看去就像大干部模样的旅客。而此时的我，全身上下，棉衣棉裤，除了鼓鼓囊囊行装外，肩上还背着一袋大米，一个活脱脱的货物搬运工。像《红楼梦》里的刘姥姥进了大观园，我浑身感到局促不安、不知所措。正当自己犹犹豫豫左右张望的时候，一位年轻美貌的服务员向我走来，脸带微笑问我，是否乘飞机？是乘哪个航班？她一连串询问，让我紧张得答不上来，就干脆从口袋里将机票拿给她看。

她仔细看了我的机票后，要我先进去找个位置坐下，将贵重物品随身携带，其他行李去托运处办理托运。我遵照她的指点，办完托运手续回到原来位置刚坐下，就见刚才那位服务员走了过来，利索地为我泡上一杯热茶，并细声细语告诉我，茶几上的糖果香烟都是免费享用……她可能看我是第一次乘坐飞机，所以将有关事项给我介绍得特别详细。介绍完毕后，她吩咐我慢用，就礼貌地向我点了点头，就去忙其他工作了。当年那位服务员青春美貌、笑容可掬的风采，尤其是真诚热情服务的工作态度，至今都印象深刻，难以忘怀。

飞机还是正点办理了登机手续。那次乘坐的是一架产自苏联的伊尔62型客机。据坐在我身边的一位长者介绍，该飞机当时也算得上是世界上最豪华的客机之一，飞机最大载客人数为105人，但那天一眼望去，还是有很多座位是空着的，可见当时飞机乘坐率并不太高。旅客各就各位坐好以后，从机舱里走出两位男服务员，他们手推小货车，向乘客每人派发一袋水果糖和一包六支装的中华牌香烟。服务员一边派发，一边提醒大家，水果糖最佳食用时间是飞机升起和降落的时候，这样可以起到缓解因飞机高低落差气压不同而引起耳膜不适的症状。但我仍然舍不得马上将这些航空礼品享用掉，而是打算将它们积攒起来，带回去给女朋友，还有科室同事们，分享自己坐飞机的乐趣。

坐在我身边的那位长者，似乎看出了我的心思，他向我介绍说，飞机起降时，只要将自己的嘴巴张开，并不停呼气、吸气，也同样可以起到缓解作用。听了他善意的提示，我内心也很感激，只是以微笑点头，向他表示认可与谢意。因为对于我一个第一次坐飞机的人来说，一切都是门外汉，只能谦虚认同而不多作评判。这时飞机已慢慢离开跑道渐渐升空。瞬间，地面上的一切物体如同棋盘上一个个棋子，变得星星点点，尤其是看到地面上行走的人群，就像一群群搬家蚂蚁，在来回不停地移动。此时眼前的一切是那样地变幻莫测，让人看了眼花缭乱。当飞机穿越厚厚的云层，进入高空云端时，一缕耀眼的阳光出现在天空东方。此时飞机也渐渐平稳，紧贴着无边无际的云海，迎着朝霞不断前行。让我感到幸运的是，第一次乘飞机，自己的座位刚好紧挨着窗口。所以，我总是怀着新鲜好奇的心情，一次次把额头倚贴到窗户口，兴奋地张望着天空中五彩缤纷、变幻多端的美景，不知不觉中，就沉浸在无限遐想与思索之中……

脑海里一面细细品味着天上飘飘欲仙的神仙味道。同时也让我回想起几个月前，自己去云南昆明量具厂催货后回金华路上的艰辛遭遇。当时买不到昆明回金华的火车座位票，在火车车厢过道上尝尽了三天两夜当"狗"的滋味……

为此，心中不由自主感叹着，同样的出差，差不多的距离，但由于两种不同的交通工具，就产生了两种截然不同的命运。看看自己眼前神仙般的模样，再想想往日火车上如狗一样情景，又让我联想起了一位哲人所讲过的一句格言："一个真正见过世面的人，他会讲究，会去享受人间最好的东西。同时他也能将就，会去承受世上最坏的结果。"这才是一种谦卑却有内涵的气质。我想这应该也是每个人，必须学会和具备的人生态度。更是我们这些供销人员今后努力的方向。

飞机经过一个半小时飞行，就安全中转降落在北京首都机场。结果发现机上大部分乘客都在北京下了飞机，最后机上只剩下七名旅客，可见"自古京官多如牛毛"那句民谚，确实是一句大实话了。虽然中转航班需要重复起降而带来不少麻烦，但对于我一个初次乘机人员来讲，未尝不是一件好事，至少可以多体验几次升降感受，积累一些乘机经验。飞机在首都机场停留了半个多小时，然后再次升空，向东北方向飞行了半个小时就安全降落在长春机场。这时从广播里得知，长春室外气温已降至零下二十一度，听到这一消息，着实让我吓了一跳，因为这是我第一次出差到东北，也是有生以来碰到最寒冷的气温，所以内心难免有些恐惧。于是我赶紧添衣加裤、全副武装下了飞机，领取了行李，就直奔由地区物资局介绍的吉林省计委招待所住下。长春气温听起来很低，但实际上室内都有暖气开放，感觉非常舒适。就是在室外，因为那里的冷是干冷，不像我们浙江的冬天是湿漉漉的阴冷，所以走在长春大街上，也并不觉得特别寒冷。倒是那里的伙食让我难以适应，招待所内虽然设有食堂，价格也比较实惠，但凭全国通用粮票，还是要实行粗细粮搭配供应。刚开始几天，吃了那里的红色大头高粱米饭，觉得又糯又香很好吃，但吃到第三天，就觉得吃厌了。后来只得到外面饭店吃"议价大米饭"，肠胃才感到舒服些。

那次去长春的主要工作任务，其实要比我原来想象中的困难多得多。首先，我拿着俞岳皋师傅为我备好的那封信件去找一汽厂那位领导，让我万万想不到的是，这位领导在两个月前就去学习了，还一时回不来。当听到这一消息后，我原来一颗火热的心，一下子凉了半截，但我并不气馁，也知道这世上没有救世主，一切还是要靠自己去努力争取。于是我就按正常程序来办理，先拿着汽车合同，找到一汽厂销售处。在与一位副处长交涉中，他表示出许多无奈，并用手指着门外一排长长的人群说，他们这些都是与你一样来要车的，他们有的已经待了一个多月了，都没拿到，厂里也正在加班加点生产，尽可能在年内交货。最后他也只能要我再耐心等待而已。

鉴于当时情况，我也只能先加入这群催货的人群，以便深入了解一些实际情况。通过接触了解，这些人来自全国各地的都有，其中最远的有西藏、新疆建设兵团的。当他们听说我是来自浙江的，都说我是最近的。经过一番了解以后，我心里就知道要作好打持久战的思想准备了。同时也明白了，上次开化物资局他们待了一个星期无功而返的原因。所以我还是抱着既来之则安之的心态，一方面坚持每天上午去一汽厂销售处及时了解行情，另一方面，随时寻找新的机会与突破口。就这样每天早出晚归、日复一日，坚持了半个多月，结果真是功夫不负有心人，似乎我的辛劳也感动了苍天，不知不觉幸运之神突然就降临到了我的头上。

记得那是一个星期天的早上，我起床后心想，反正待在招待所也没有事情可做（因为那个年代没有电视机可看，也不知道电视机是什么玩意），还不如去厂里看看。于是我照例赶到一汽厂销售处，可能那天是星期天的原因，虽然厂里照常上班，但屋内人员格外稀少。我进去后，看到大门值班室内只有一位老同志坐着值班，于是我就有意上前试着与他唠嗑。东北人一向生性比较直爽，而我自己虽说是南方人，但我的祖辈也是河北人，所以我也是属于那种性格直来直去的人。后来我与这位老同志之间竟然天南地北谈得还很融洽，并且从交谈中也知道他是一个快要退休的老职工，但他的女婿却是一汽厂生产处下面一个科级干部。后来他告诉我，一汽厂当年生产任务完成应该没有问题，主要问题还是出在铁路运输上，尤其是你们外省一些偏远地区更加困难。谈到最后，他建议我，可以向厂方提出要求，你们自己提货，运输问题自行解决，这样就容易将汽车拿到手，然后再想其他办法将车运回去，再不行也可以派司机来长春直接将车开回去，何况你们浙江也不是很远。听了他的一番建议，真让我茅塞顿开，心里有了一种新的工作思路。听了这位老同志一番建议后，也真正体会到，姜还是老的辣！为了表示对这位老同志指点的感谢，我当时就想起了，自己随身带来的五十斤大米，反正放着也无处可送，也不可能再背回去，干脆就送给这位热心的老同志算了。

当他听到我的意见后，坚决推辞不愿意接受，最后看到我的真情实意才表示，一定要收钱卖给他才收，于是我就象征性按米的国家牌价收了钱，他才放心收下。收下大米后，他还不断向我道谢。其实几斤大米也值不了多少钱，用现代人眼光看，更是一件再小不过的事情了。但当年这位老同志坚持付钱的举动，恰恰代表了那个时代人们心目中所具有的诚实、正派，决不会因一点小小私利而丧失人格底线。这也恰恰是当今社会严重缺失的一种道德情操！当我第二天星期一早上，准备按照老同志的建议，试着去销售处接洽时，在大门，昨天那位老同志迎面向我打招呼，把我叫到身边，悄悄告诉我马上拿着合同，去找销售处一位开票的女同志，直接开票提货就行了，他已事先与她打过招呼了。当听到这个连自己做梦也没有想到的好消息时，头脑真有点蒙了。还是在这位老同志的催促下，我赶紧去办理了开票、托收、提货手续。当最后拿到汽车提货单时，才感觉到压在自己心中的一块沉甸甸的石头，总算落地了。下一步考虑先要将五辆汽车提出，放置在我的驻地停车场。于是我还是找到那位老同志，请他帮忙，由他出面叫来两名司机师傅，整整忙了一天时间，才顺利将汽车提出放置在招待所停车场内。

为了表示对他们的感谢，在当时社会不允许收取劳务费的情况下，我就在驻地附近的饭店，请他们几位吃了一顿便饭，然后每人送上两条香烟，以表一点心意。为了尽快将暂存汽车早点开回去，第二天一早我就去当地电讯大楼打长途电话，准备将自己这边工作进展情况向厂里汇报，并通知有关单位迅速派司机前来提车。但让我万万没有想到的是，一个长途电话，整整打了一个上午都未能打通，于是我又改用加急电报进行联系，但一连打了三个加急电报，也均被如数退回！到后来才知道，当时金华市电讯局已完全中断，中断原因是当地两个造反派组织，一个叫"民总"，另一个叫"民团"，一个占领了金华电讯大楼，一个占领了金华饭店大楼，进行大规模武装斗争。而此时的我，正为汽车的事，急得像热锅上的蚂蚁。而且更为要命的是，由于那次出差想不到要在外面待这么长时间，所以当时随身携带的粮票与旅费，都所剩无几。而且自己所住的招待所房费也催着要交，真是有点弹尽粮绝，叫天天不应、呼地地不灵的感觉。

就在我万般无奈的情况下，心中突然想起了我们厂驻杭州办事处的黄凤祥同志，这也是我唯一的希望所在。于是我又连夜去电讯局打电话与杭州的黄凤祥同志取得了联系，并从电话中得知，他也无法用电话与厂里取得联系。当他悉知我的紧急情况后，就毫不犹豫表示第二天专程乘火车回到厂里，将我的情况报告厂里，以便采取相应措施。就这样在黄凤祥同志的鼎力相助下，由金华地区物资局出面，迅速组织了几个用车单位驾驶员，乘飞机赶赴长春，与我会合，同时也解决了我的粮草旅费问题。真是谢天谢地，幸亏有黄凤祥同志的倾力帮助，否则后果不堪设想！

那次长春之行，自己前后在冰天雪地的城市中度过了二十几天，我将五辆汽车钥匙交到驾驶员手中的第二天，已是12月29日，离1975年元旦只差两天时间了。当时自己蓬头垢面，身心疲惫，归心似箭，一心只想尽早回去。于是我打起背包，就直奔机场，而当天飞杭州的航班已过，只有去北京还有一趟航班。于是我也顾不了太多，就买了一张长春直飞北京的机票，准备到了北京再看看有没有当天去杭州的班机。那天长春飞北京的是一架苏联产的安24型小型客机，载客量为48人。到了北京一打听，运气不错，当天下午三点钟还有一班从北京直飞杭州的班机，而且还是一架当时世界最新型的"三叉戟"客机。当我听到"三叉戟"三个字时，脑海里就马上联想到"九一三事件"中那架坠落在温都尔汗草原上的专用飞机，心里就认准一定是一架好飞机。

于是我毫不犹豫就买了当天下午这趟航班机票。当下午这架神秘的飞机展现在我眼前时，一眼望去，无论是外形设计，还是内部装饰，还有座位舒适度，它都远远超越苏联的伊尔62型飞机。等到我们飞机快要起飞时，更让我吃惊的是，我们这架原本应该乘坐115名旅客的飞机，此时旅客只有3个人。当时我心里想，这该是多么浪费呀？这也许是当时国家还处在计划经济体制，是一个不计成本核算的时代吧！但后来一想，当时已临近元旦，出差的人员少了，这自然也是一个重要原因！不一会，两位帅男服务员出现在我们面前，他们脸带笑容地告诉我们，今天旅客少，又快元旦了，所以每人派发双份航空礼品，并预祝大家元旦快乐。于是大家就在祥和欢乐的空中音乐声中度过了一次终生难以忘怀的航程。

回想起四五十年前，自己第一次坐飞机的情形，再看看四五十年后的变化，应该用天翻地覆加以形容。四五十年岁月，放在中国五千年历史长河中，只是短暂的一瞬间，但在我们新中国成立七十多年经济发展进程中，却有着举足轻重的影响力。别的不说，就拿我国民航事业发展和铁路交通建设成就来讲，这是非常惊人、有目共睹的。以前，人人羡慕向往，把坐飞机视作"神仙"的梦想，而如今，坐飞机已成为平常百姓出行旅游和公务的家常便饭。就连我老母亲八十三岁高龄的时候都坐上了飞机，还笑着戏称自己来天上做了一次"王母娘娘"。以前，人们出差，常年会被围困在铁路绿皮车厢过道上，折磨成"狗"一样，而如今，人们出差，随时能坐上日行千里的高铁列车上的软席沙发座椅。以前，为了采购生产急需卡车，要冒着严寒，千里迢迢前去厂方催货，而如今，不论大车小车，还是进口汽车，采购起来比以前去百货公司购买自行车还要随意方便。以前，国家粮食需要南粮北调，大米还要凭票供应，而如今，优质东北大米，已源源不断进入千家万户，成为南方家庭餐桌上的首选。自己当年随身携带五十斤大米北上的往事，也随着时代的变迁，一去不会复返了……总之，这四五十年所取得的成就是巨大的、主要的，也是值得肯定的。而且我们更有充分理由相信，再经过几十年共同努力，我们的国家将会再一次迎来新的飞跃发展。最终中华民族就像是一头睡醒的雄狮，威武不屈屹立在世界东方。

如今，我们这代共和国同龄人，如果要说还有梦想，那就是：希望"神仙"的日子能够永远永远，而以往"狗"的遭遇不再重演！

追忆两位老书记

  人的一生会有很长的路要走，而且还会遇到很多的人和很多的事。但真正能让你终生感动还不会忘记的人和事，却是少之又少。那些人，尤其是那些被岁月尘封了几十年以后，才发现他们的品德行为是那样高尚感人、他们的人生价值是那样的光彩照人的人，就更是难能可贵、屈指可数了。而今天我要向大家讲述的就是这样两位几十年以后，仍然值得我们去追忆、值得我们去怀念、值得我们去颂扬的老人。他们就是我曾经工作过的汤溪齿轮机床厂的两位老书记、老领导邢化川和夏浩。

忆老书记邢化川

  现在提起邢化川的名字，可以说大多数汤齿人不会知道他是何方人氏了，但对于70年代以前一些老职工来说，应该还是记忆犹新，无人不知、无人不晓的。因为他是我们汤齿厂第一任党委书记，而且让大家印象更为深刻的是，他在担任我们厂党委书记的几年时间里，无论是去外地出差，还是去省城开会，甚至回山东老家探亲，他从不向公家报销差旅费、领取任何出差津贴，一切公出费用全都自掏腰包。他从不轻易使用公家为他配备的专用小汽车，而是经常起早，自带干粮，然后步行四公里沙石路，去汤溪镇汽车站，自己出钱买票，坐上大客车去金华地委参加党组织生活会（因为当时工厂虽然行政上归省重工业厅管理，但党组织关系挂靠在金华地委）。他虽然解放初就已担任嘉善县委书记，但他没有利用手中权力积极安置家眷，而是仍然将老伴与一双儿女留在山东老家务农。直到 60 年代汤溪工厂初建任务完成时，还因工作繁忙，全家仍然分居两地……

这一桩桩、一件件平常而细小的往事，如今从历史的记忆中重新打捞起来，串联在一起，犹如在我们眼前呈现出一条洁白无瑕的珍珠链，它是那样地熠熠生辉、光亮照人。恍惚此时，才让我重新认识到老书记当年那种大公无私、廉洁奉公的崇高品质才是一个真正共产党人初心不改的典范。

现在年龄在六十岁以上的人都应该知道"三线企业"这个名词，因为这是 60 年代中国工业和城市变迁史上一件关系到千家万户，以及他们后来几代人命运的重大历史事件，也可以说这是一件世界史上都非常罕见的壮举。而汤溪齿轮机床厂，就是那个时代，浙江省政府为了响应国家战备需要而在浙江腹地金华地区建设的一个以机械制造为主的大型省属"小三线"企业。它由原先的宁波机床厂和杭州矿灯厂合并于 1965 年初迁入金华汤溪。

省政府把这所工厂定性为省属机械行业重点企业，行政级别为县团级，并明确由省重工业厅直接领导。同时，把当时在省厅就有"拼命三郎"之称的优秀干部邢化川，任命为工厂党委第一书记。在全厂六名党委常委中，有四位是参加过抗战的老干部。除了邢化川是第一书记外，厂长是当时老干部队伍中少有的知识分子、早期沈阳炮兵学院高才生、正团级工程师王清法。还有副书记能恒刚，副厂长侯言德，他们两位都是政治素质、工作能力非常出众的老干部。还有两位是年纪稍轻的当年宁波市机械行业中技术管理专家级人物、解放后培养出来的副厂长丁绍林和励增岳。

我是 1965 年才进厂的学生，对当时迁厂与工厂重建整个过程没有全程目睹。进厂以后，在车间参加实习劳动过程中，知道了在工人师傅中流传的一首由他们自创自编的顺口溜："六间厂房一口井，二排宿舍半透风。道路蒿草齐腰深，平顶山坡来安身。食堂吃饭没桌凳，露天茅坑星当灯。池塘洗衣亦洗澡，艰苦创业难安心。"短短几句，言简意赅，字里行间透露出迁厂初期那些不尽如人意的生活环境。当时工厂选址汤溪，是为了利用 1958 年"大跃进"时期遗留在那里的原浙江省建筑机械厂的几间大厂房，以争取时间，早日使企业投入生产。整个厂区，除了几间大型厂房和一公里外的峙龙建有二排简易职工宿舍一口水井外，其他几乎可以用"一无所有"来形容。当初工人师傅们那首自创自编的顺口溜，应该是对当时工厂艰苦恶劣生存环境的真实写照。

在那样的条件下，邢化川带领广大职工，从繁华城市来到平顶山安营扎寨，发扬"工业学大庆"艰苦创业精神，克服生产、生活上重重困难，仅仅用了三个多月时间，就使企业恢复了正常生产。而且还根据省计委、省重工业厅联合下发的文件要求，按时在当年 9 月 1 日以前，创办了一所中专技术学校，为企业自身和全省直属工矿企业发展培养输送了一批可贵的技术管理人才。之后，短短的几年时间里，全厂职工在邢化川书记的带领下，通过不断开拓发展，将一个原来只有几百名职工的小厂，逐步发展成为拥有 2000 多名职工，在全省，乃至全国机械行业主要精密机床制造和维修配件生产供应中享有极高声誉的企业。为后来工厂生存发展，奠定了一个坚实的基础。

俗话说："喝水不忘掘井人。"如今回想起五十五年前汤齿厂建厂初期那段艰苦卓绝的创业之路，我们首先不应该忘记的是第一批从杭州宁波背井离乡来到汤溪安家落户的老职工前辈们，是他们为了国家民族的安危，为了国防工业建设，无条件响应国家号召，克服重重困难，弃小家顾大家，无怨无悔奉献了青春献终身，献了终身又献子孙。有的为了"三线"建设事业还献出了宝贵的生命，至今还长眠于绵绵的平顶山中。

尤其是我们的老书记邢化川，他就是我们老一辈开拓者的杰出代表，是一头勤勤恳恳的拓荒牛。他对党的事业忠心耿耿，两袖清风。工作上以身作则，埋头苦干。生活上艰苦朴素，廉洁奉公。他那种毫无自私自利、克己奉公的高尚品质，让我们这些当年的老职工现在回想起来仍然对他肃然起敬，念念不忘！我还相信，当今天把他这些看起来似乎让人"不可思议"的动人事迹书写出来，如实告诉我们的年青一代，他们同样也会受到感动。因为老书记这种披肝沥胆、忠贞不渝、鞠躬尽瘁的品德，终究是我们中华民族几千年以来所崇尚追求的美德。

如果我们再将历史往前看，会发现在中国几千年的封建社会里，一人当官，万人升天，皇亲国戚可以享尽荣华富贵的故事比比皆是。如果我们再看当今一小部分干部，他们都自嫌发财不够，还处处为他们身边的亲属子女着想，通过种种卑劣手段，捞取不义之财，重演现代版"一人得道，鸡犬升天"的故事。如果再将老书记邢化川那种大公无私、清正廉明的行为与前后两种腐朽没落行为相比较，其间的反差，就不言而喻了。我想这也是我今天挥笔书写这篇文章的真实意义。

一个人的生命可以逝去，但一个人的精神可以永存。现在我们的老书记虽然早已长眠在天堂，但他那种大公无私、两袖清风、一心为民的精神，却永远留在我们心间。邢化川的名字就像一座永不磨灭的丰碑，高高耸立在人们心中。

怀念好书记夏浩

2019年清明前夕的一天上午，当我伸手打开电脑，在电脑屏上浏览《浙江日报》新闻内容时，突然一条让我吃惊不已的信息映现在我的眼前，上面内容是：夏浩同志逝世。紧接着就是他的生平简介：金华市离休干部夏浩（享受地专级待遇，按副省级标准报销医药费），因病医治无效，于2019年2月15日在杭州逝世，享年九十六岁。夏浩同志浙江省余姚市人。1943年10月加入中国共产党，同时参加革命工作。历任新四军浙东纵队余上办事处警卫队战士，独立营供给部军需员，华东纵队1师2团机枪连、警卫连副政治指导员，志愿军20军58师173团连政治指导员，管理股副政治协理员，解放军20军58师173团营政治教导员，防化科科长，司令部副参谋长，浙江省汤溪齿轮机床厂党委副书记、副厂长等职。

当我神情凝重地看完全文内容后，心里感到十分沉重与难过。同时在悲痛之余，也为我的老领导能活到九十六岁高龄，而感到些许欣慰。

现在让我去回想四十年以前的一些往事，其中大部分记忆就会像一团一团的浓雾，在自己眼前飘荡不定，再仔细去看，也无法看清楚。但对于四十年前自己与夏浩书记那段交往经历，却依然可以清晰地展现在眼前。因为这是我一生中最刻骨铭心、最难以忘怀的记忆……

如今还清楚记得，夏浩书记是20世纪70年代末，从部队转业来到我们工厂的。刚开始自己并不知道他是什么时候到厂，也不知道他到厂以后具体分管什么工作，这应该与我当时在厂供应科长年在外出差有关。后来还是我同厂一位老同学告诉我有关他的一些情况，这也许与我的那位同学和夏浩书记是余姚同乡有关。而后来自己真正与夏浩书记第一次见面并接触交流的地方，却是在工厂浴室旁的锅炉房里。

那次见面的时间大约是在1979年一个深秋的上午。当时我在厂供应科担任一名小科长，由于前一天晚上刚从外地出差回来，时间有点晚，估计当时浴室已经没有热水洗澡，于是我就在第二天上午准备再去洗澡。当我拿着面盆与换洗衣服慢步经过锅炉房向浴室走去时，看到一个裸着上身的人影在锅炉房内来回晃动，我好奇地走近一看，此人不是别人，正是夏浩书记。而让我更为吃惊的是，他竟然一个人光着上身，俯着身体，满头大汗为一具躺在木板床上看去已经僵硬的老人遗体清洗身子。当我不解地走近点去看个究竟时，夏浩书记直起身子，用认真低沉的口气告诉我说：他是锅炉工马祖德，昨天晚上突然去世了。他接着又说：按理在他上路之前应由他的亲人为他洗个澡再送走，但他老家在河南，而且家乡也没有什么亲人了。他是一个孤寡老人，现在没有人为他干这事，还是由我来帮他最后洗一次吧！

听完夏浩书记一席动人而真诚的介绍，我当时心里也感到非常惋惜与同情，并对夏浩书记的善举感动不已。于是我就接过他的话题，询问夏浩书记，要不要我也一起帮他一把。夏浩书记听后，马上起身摇手对我说：不用了，已经快洗完了。他坚定回绝后，我也没有勉强。说内心话，其实当时自己对这种事情多少也有点顾忌的。但当时我没有马上离开现场，只是在一旁为他添加一些热水，并与他攀谈聊天。当时房内只有我们两个人，我心里想这样在他身边陪着，也是对他这种义举的支持与赞赏，同时也可以多少为当时房内那种凄凉而悲伤的氛围增添一点生气与暖意。

躺在眼前的这位去世的老人，只知道他叫马祖德，解放前是国民党俘虏兵，是从杭州矿灯厂迁来汤溪的一名老职工，其他情况就不太清楚了。经过这次与夏浩书记交谈后才知道马祖德是河南人，解放前确实当过国民党兵，但是被迫抓壮丁的，后来他在解放战争中，又参加了解放军。因为没有读过书，目不识丁，也没有一技之长，只能做些勤杂工作。他虽然属于解放战士性质，但夏浩书记又解释说：革命不分先后，解放战士也是参加过革命的军人，在人格上完全应该享受同等待遇。夏浩书记的一番解释，让我明白了许多道理。接着夏浩书记又动情地对我说：一个老兵，而且是孤寡老人，从杭州迁厂这里，一直在锅炉房为大家烧水洗澡，辛苦十几年了，现在他要走了，为他最后洗一个热水澡，也是应该的……

我听完夏浩书记这席话之后，感到自己的心灵受到了极大的冲击。看看眼前这位身经百战、头发花白的老革命、厂领导，在这种情况下，能俯下身来，亲自动手，为一个与自己非亲非故已经去世的普通工人清洗送终！再想想我自己，是一名党员，也曾经是一名军人，而且年轻力壮，做不到像他这样功德无量的境界，相比之下，真为自己的渺小而感到惭愧内疚。

夏浩书记将马祖德全身清洗完毕后，从自己一个军用挎包里取出一套崭新的军衣军裤，准备给马祖德穿上。我在一旁看他一个人换穿会比较困难，于是想上去帮他一把。正在此时，夏浩书记突然开口问我：你不害怕吗？我想了一想回答道：自己以前只在我父亲去世时做过一次，对其他人确实没有过。接着又补充了句：你都不怕，我也不怕！这时夏浩书记，一边解开手中衣服，一边对我说：那你胆子还算大的。一般人都不敢碰，都有些迷信，认为碰了会带来晦气，不吉利。但我不一样，一是自己老了，不怕死。二是在过去战争年代碰到多了。尤其是在朝鲜战场上，几乎天天会遇到这种事情，每次前线战斗一打响，我们后勤部队送上去的是一批批武器弹药和给养，运下来的是一批批伤员和战友的遗体。有时战斗非常惨烈，早上一个连上去，一百多号人，打到后来只剩下几个人，其中大部分人，伤的伤，死的死。每当送来牺牲的战士时，都是由我们后勤人员为他们清洗整理，然后用大号白布袋套上，上面写上部队番号、姓名、年龄、籍贯和职务，再转运到大后方。那个时候也不知道什么是怕，也根本没有时间去怕！只能咬着牙，强忍泪水，为他们收殓分装。有时见到战士的双手和胸腔全被炸飞，全身血肉模糊难以辨认时，心里就知道，这是一位手抱炸药与敌人同归于尽的英雄！此时，我们在场的人员，都会情不自禁地泪流满面……所以现在想想过去，再看看眼前只是小事一桩了。

我认真惊奇地听完夏浩书记讲述他自己的切身经历后，突然想起了自己小学曾经读过的一篇由抗美援朝著名战地记者魏巍所写的文章《谁是最可爱的人》，再与他所描述内容一对照，瞬间眼睛一亮，今天站在自己面前的夏浩书记，不正是作者笔下的那些在敌人枪林弹雨下，不畏强暴，视死如归，最勇敢最可爱的人吗？！而且让我感到更可敬的是，这位当年在朝鲜战场上九死一生、满头黑发的战士，几十年后到如今虽已满头白发，但当年的英雄本色不改！在不同的时代，不同的岗位上，处处以党和人民利益为己任，尤其是他看到普通群众需要帮助的时候，就及时伸出援手，俯下身来，为一位与自己无亲无故的孤寡老人洗身送终。试问，他这种无私无畏、一心为民的精神，与鲁迅先生笔下"俯首甘为孺子牛"中的那头孺子牛相比较，他们之间有什么区别吗？答案是肯定的，他不仅是世界上最可爱的人，更是一位人民最需要、最可靠的孺子牛。此时的我，从夏浩书记身上看到了人间真正的真善美，同时也明白了自己今后人生应该努力的方向。

想到这里，不知不觉中自己原先思想里的一些迷信顾忌的东西，似乎一下子都忘得一干二净，就很坚定利索地配合夏浩书记将马祖德老人的衣裤穿戴整理完毕。记得穿衣过程中，还有一个小小的插曲。夏浩书记的个子不是很高，在1.7米左右，而马祖德人高马大，个子有1.8米左右，所以待衣服穿好后，夏浩书记才发现他自己的衣服给马祖德穿上，似乎小了不少。当时我在边上听到夏浩书记自言自语地说了一句：确实小了一点，但现在再做新的也来不及了，只能让他将就点了。我听了此话心里也很感动，马上宽慰地对他说，老马师傅能碰到你这样的领导，也是他的福分了，他一定会理解和满意地穿着走的。听了我这句稍带宽慰的话语后，夏浩书记脸带苦笑地对我说：老兵对老兵，应该的。最后他用非常平静的口气跟我说了一声：行了，下午送他去火葬场吧！

我重新进入浴室洗澡时，心情久久难以平复，除了脑海里会回想刚才那辛酸而动人的一幕以外，更多的是为我这次能结识夏浩这样一位值得自己崇敬和信赖的好领导而感到欣慰和高兴。

自从那次在锅炉房与夏浩书记结识后，我们之间的交流见面就增多了。因为夏浩书记是在厂办公大楼的二楼上班，而我们供应科办公室位置就在一楼的上下楼梯口边上，所以夏浩书记有时下楼看到我在办公室时，经常会到我们科里来转转，顺便向我们了解一些物资采购供应情况。在交谈过程中，他曾多次告诉我说，他以前在部队一直是搞后勤物资供给工作的，主要是军需物资调运与配给。他说与我们的物资供应有很多相似之处，所以我们在一起交谈时，会有很多共同语言。

记得1980年上半年，当时省机械工业局组织开展了一次规模相当大的全省机械行业物资管理整顿大检查活动。由于是全省组织的大检查验收活动，所以当时厂党委也非常重视，还专门召开了中层干部会议，然后又进行了全厂职工动员大会。那次整顿活动，我们物资供应部门是主战场，所以厂党委几个领导还专门开会进行分工下基层指导。据之后夏浩书记告诉我，他是主动请缨，要求到我们供应科来的。这也意味着他对我们物资工作的兴趣与重视，更是对我个人的关心与信任。我听到他要到我们科来坐镇指导，心里是非常高兴的，也对完成这次整顿任务充满了信心与决心。当时我们科所管理物资总共有三万多个品种，分为四大类仓库，即金属材料、五金机电、化工油料和铸工炉料。由于那次整顿，省局提出了很多新的考核验收标准，比如仓库明细分类、货物必上架堆放整齐、账物相符，还有消防方面都提出了很多新的要求，所以对原有的一些仓库设施以及存放位置都要作出相应调整，工作量也随之大大增加。而且让人更头痛的是，在仓库整顿过程中，还不能影响全厂生产车间物资的发放工作。

　　就在我们面对时间紧、任务重、劳力少的种种困难束手无策时，夏浩书记老当益壮，挺身而出，深入到我们科室，先作调查研究，然后商讨整改方案，为我们提出了许多合理化建议。并从其他部门抽调多余人力支援我们，解决了原先自身无法解决的劳力不足的难题。在具体方案实施中，他既是一个指挥员，又是一位战斗员。他处处以身作则，亲自动手投入到物资搬运、库房清理、货架油漆装潢的工作中，还很有耐心地帮助仓管员建立新的物资台账。为了争取时间，他还经常起早摸黑，加班加点与职工同甘共苦。其中让我更为感动的是，他每次碰到上面开会，或者有事来不了，都会当面向我请假。我心想，他在部队是一个师级首长，在厂里是我的领导，而自己在部队只是一个小班长，在厂里也是他的下属，他这样谦虚地向我请假，让我心里实在难以接受。他这种官兵一致，平易近人的作风，深深打动了我的内心，从而不得不再次被他这种高尚的人格魅力所折服。

　　那次物资整顿工作，我们在一起整整忙了两个多月，最后顺利通过了省局检查团的评审验收，并获得了全省优等奖。之后还听夏浩书记讲，省局领导还专门在会上点名表扬了我们厂的工作表现，我想这些荣誉的获得是夏浩书记组织领导有方的结果。但就在省局检查团人员结束我厂工作准备离开的前一天下午，夏浩书记特地陪同一位检查团的主要负责人，来到我们科室，他当着那位负责人，详细介绍了我在整顿工作中的种种表现，几乎把这次整顿工作的所有成绩，都记在了我的功劳簿上，而对他自己亲自组织指导却只字不提。当时听完他的介绍，自己心里感到无比汗颜，甚至有些无地自容。事后，夏浩书记才跟我解释说，老同志年纪都差不多了，有机会应该尽量把你们年轻人推荐上去，也为你们今后发展进步创造一些条件……

对于他的种种良苦用心，至今我都难以忘怀，感激不尽。但让他失望，使我惭愧的是，由于自己人生向无大志，加上性格耿直，又不善心计，工作水平有限，所以一再辜负了老书记对自己的关心与期望。回顾自己一生，只能说一事无成，是一个十足的扶不起的"刘阿斗"。在之后的岁月里，随着自己工作的不断调动和夏浩书记不久退休回杭州居住，我们从此就没有再见过一面，这成了我一生最大的遗憾。

日月如梭，光阴似箭。不知不觉，几十年的岁月就匆匆过去了。如今回想起两位老书记的生动事迹，感人至深，历历在目。在我看来，他们两位是旗鼓相当的老英雄。他们一位来自沂蒙山革命老区，一位来自四明山革命老区。一位曾经是地方县委书记，一位是部队高级将领。他们为了国家"三线"国防建设事业，先后来到了九峰山下的汤溪。他们一个对党的事业忠心耿耿，为革命工作献出了一切，一个处处替人民群众利益着想，事事行善积德，苍天可鉴。虽然他们来自两个不同的地方、不同的岗位，还有着不同的工作经历，但他们都有一个相同的特质，那就是共产党人始终不改的初心。他们不论何时何地，都能坚持党和人民的利益高于一切。这既是他们共同拥有的优秀品德，也是他们留给我们后人的宝贵精神财富，更是中华民族几千年文明的传承。

蓦然回首，两位老书记的光辉形象，就像是耸立在汤溪九峰山上的巍峨壮丽的双雄宝塔。它既象征着邢化川书记一生大公无私、清正廉明而浩气长存，又象征着夏浩书记一世关爱人民、行善积德而永垂青史。他们既是值得世人瞻仰的双雄宝塔，更是让我们子孙后代永世怀念的心塔。他们的丰功伟绩，必将载入史册，千古流芳！

第五辑

市场经济大潮的洗礼

　　1978 年中共十一届三中全会作出了实行改革开放政策的决定以后，特别是进入 80 年代，随着经济体制改革步伐不断向前推进，我国计划经济体制全面向市场经济体制转型速度也不断加快。企业作为市场经济的主体，无疑就被推向了改革时代大潮的风口浪尖，经历了前所未有的冲击，尤其是在如何转换企业经营机制与市场需求接轨，如何自主经营、自负盈亏、取得企业自身经济效益，如何开发市场、积极参与市场竞争，如何建立用户至上、更好地树立企业形象等方面，面临着许多新的课题和新的挑战。在这场经济改革大潮中，不但对每个企业领导是一次极大的考验，同时也给企业每个职工带来不小的震动与压力。对我们这些担负着企业经营责任的部门来说，更加不可能袖手旁观、独善其身，必须将自己置身于时代大潮最前沿，迎着风浪，挺身而出，在实践中去搏击奋斗，砥砺前行。因为这是一个新时代的呼唤，也是人们对社会经济发展的渴望。

用户就是"上帝"

　　用户就是上帝（亦称"顾客就是上帝"），这是我国改革开放初期，在社会上最响亮、最流行的一句商业口号，其中"上帝"二字，一看就明白，它是舶来品。这句口号虽然只有短短几个字，但它在当时有着非同一般的意义。在它的引领下，我国商业经营服务质量改革衍生出了一系列优惠服务政策，比如产品实行售后的"三包"政策、厂家对用户定期进行质量回访制度，还有很多行业制定了不同形式的服务质量考评打分制度，等等。而在这之前的计划经济时代里，在用户和顾客变成"上帝"之前，企业生产的产品不论质量好坏、品种款式如何，国家都一律实行统购统销，这些商品也就成了"皇帝女儿不愁嫁"的香饽饽。

　　由此产生的厂家和商业部门那些掌握审批商品物资供应大权的人物，就成了人们顶礼膜拜的"大爷"。而此时就连最基层的商店售货员，也常常会用一张清一色、冷冰冰的脸孔对待顾客。因为在他们眼里，似乎广大消费者，都是有求于他们施舍的"臣民"，他们才是广大消费者的"上帝"。在那商品物资极度匮乏、供应渠道单一，加之什么商品都要凭票供应的年代里，广大消费者没有其他更好的选择，他们只能忍气吞声，无条件屈从。所以，当社会上出现了"用户就地是上帝"这句口号时，就像平地突然响起了一声惊天春雷，它无情地扫除了计划经济时代罩在用户头上的寒冬阴霾。一时间市场经济的春风吹遍了整个神州大地，唤醒了人们对未来美好生活的向往，也大大激发了高涨的劳动热情与生产创造力，为以后几十年的社会主义市场经济建设高歌猛进起到了不可磨灭的引领作用。

现在回想起自己后半生的生活工作经历，实际上就是在不知不觉中伴随着国家改革开放四十多年步子走过来的。如今还清楚记得，在1980年以前，我们工厂作为省地两级政府重点企业，一直都是执行计划经济管理体制，企业凭借着自身的技术力量和先进机械加工能力，还有国有企业产、供、销一切由上面包揽的机制，过着"衣来伸手，饭来张口"无忧无虑的好日子。直到80年代初，随着计划经济逐步向市场经济转型，工厂领导并没有及时调整好经营思路，主动积极参与市场竞争，而是抱着计划经济时代那套"等、靠、要"的经营旧模式不放，以自己是省内重点骨干企业的老大身份自居，等着用户上门求购。因而造成工厂原先一些老用户纷纷投向那些产品品质好、经营灵活、价格优惠、服务态度又好的厂家。从而使我们厂的产品销售形势，发生了断崖式的下滑，大量产品积压，又造成了资金周转不灵，恶性循环，一度企业职工连发工资都成了问题。面对如此严峻的局面，厂领导才意识到问题的严重性，看到吃人的"狼"已经冲到了他们面前，必须自救。与此同时，工厂的形势，也引起了当时主管部门金华地区经委和地区重工业局领导的重视，于是，由主任、局长亲自带队的工作组，赴工厂进行现场办公，希望能帮助企业渡过难关。记得就在1980年下半年召开了一次有厂党委和地区工作组领导参加的全厂中层干部研讨会，会议内容就是针对当时工厂遇到的困境提出解决办法，要求到会的人员都要积极发言。当时我是以厂供应科负责人身份参会的，如今翻开当年的笔记本，虽然字迹已有些漫漶，但发言内容仍依稀可见。当时我主要讲了三点：第一，以销定产。提出必须改变以往一味追求产值而盲目安排生产的状况，严格根据市场需求，按销售合同进行生产，以免造成产品积压。第二，质量第一，用户至上。重点突出产品售后服务质量的重要性，尤其是要克服以往大型企业的那种"唯我独大""唯我独尊"的观念，放下架子，尊重用户，服务用户，以此取得用户信任。第三，提倡走出去，请进来的营销方式，每年开展一些不同形式的经销活动，以巩固老用户发展新用户，进而不断开拓新的市场。

自己在那次会议上的发言内容，得到了不少与会者的共鸣与支持，尤其是得到了当时在场的地区工作组人员的重视，他们在后面的总结发言中，也认可了我的观点。后来也可以说那次发言几乎改变了我的人生道路，使自己变成了一个被频繁调动工作单位的"流浪汉"……

就在那次中层干部会议召开后不久，有一天厂党委高建义书记突然把我叫去谈话，要将我从供应科位置对调到销售科去，要我去负责产品销售工作。当时我非常意外，内心也不情愿。主要是自己从事物资采购供应工作已多年，业务已比较熟悉稳定，而且当时供应商都把我们这些大用户当"大爷"看待，吃香的喝辣的自然就不在话下。而当时厂内的产品销售工作，正好与我的供应工作相反，困难重重，还要到处求爹爹拜奶奶，给别人当孙子。更何况自己对销售工作也不是很熟悉，难以胜任。于是我毫不客气拒绝了对调意见，那次谈话没有谈出结果，不欢而散。

但事情并没有完结。没过几天，高书记又一次找我谈话，而且这次谈话的口气是命令式的，他明确告诉我，厂党委已研究决定，将供应科与销售科合并成一个科，叫供销科，由我担任科长，施××担任副科长。我听到这一决定后，心里有点耐不住了，马上说，自己原来不去销售科，主要是怕胜任不了工作，而不是为了抢班要权想当科长，而这样调整，原来销售科长面子怎么放？他也是一个工作踏实，为人厚道的老同志，这样让我于心不忍，面子难堪。我马上提出还是自己当副手，让他当科长，否则很难接受。就这样讨价还价以后，高书记最后说研究一下再作答复。后来厂党委文件下达内容是，我们两人为供销科两个并列科长，由我负责产品销售，另一个负责物资供应。最终结果当"孙子"的命运还是落在了自己头上，当时内心真有点悔不该当初在中层干部会上自己"多嘴多舌"讲那么多话。

说实话，那次工作变动其实是一次"临危受命"，也是我参加工作以来第一次遇到的重大挑战。尽管对这次调整内心很不情愿，但既然来了，就要背水一战，把事情做好，这也是我一向的倔强性格使然。

工作关系调整好以后，我就凭着自己一向喜欢独当一面的工作习惯，静下心来仔细盘算今后的工作思路。首先要做好的功课是搞好调查研究，毛主席那句"没有调查就没有发言权"的论断，始终是牢记在我们这代人心里的，也是搞好自己工作的有效武器。为此，我对近几年全厂产品销售情况具体数据，进行了一次全面摸底分析，并详细制订了一个全国产品销售分布明细表，通过汇总分析提出了立足本省、拓展全国的总方针，并在具体品种上又提出了确保机床配件、发展汽车配件的工作思路。

首先，我们把立足本省市场，比喻为"兔子就要先吃窝边草"的经营理念。因为在我看来，一个企业在本地市场都无人问津，就不可能去占领外地市场，除非你是那些完全依靠请客送礼歪门邪道起家的乡镇企业，这不应该是我们一个知名国有大型企业干的事情。因此只要先做好左邻右舍用户的生意，并且建立起良好的信誉，他们就会成为我们产品最好的广告宣传员。除了首先做好省内市场外，对外省市场也根据以往销售数据作出了一南一北两个重点销售指南。一南指的是云南、贵州、四川（统称云贵川高原地区），因为在那个年代铁路运输不像现在这样发达畅通，货物主要是依靠公路运输，而且在高原行驶车辆，汽车配件消耗数量庞大，所以应该是我们产品销售的主攻方向。而一北，主要指的是东北大小兴安岭地区的林场，从我们厂原始资料看，那里相对汽车配件消耗量比较大，因此也作为我们今后销售重点对象看待。

当我们将今后经营重点目标明确以后，就分头开始行动。我们当时行动的第一步，就是实行"兔子先吃窝边草"的方针，我们指的"窝边草"就是浙江省当时最大的国有汽车运输公司（因为当时还不存在私人汽车运输公司）。而省运输公司的重点，我们是先从温州分公司开始的，因为当时温州暂未开通铁路，大量货运还是靠汽车运输。记得那次去温州之前，我去找分管我们这条线的厂党委副书记王卓凡汇报工作计划。在向他汇报去温州重要性的时候，我还顺便提出请他代表厂领导出面一起去效果会更好，他表现出极大兴趣。因为当时我考虑王书记在1957年曾经遭遇过不公正待遇而下放到金华七一农场制药厂，而且在那里跑过二十几年供销员工作，对于供销工作他应该是个"老内行"，如果他能去，不但可以给我们撑面子，同时还可以为我们出谋划策，想些点子，所以这是我内心最大的希望。听完我的汇报和邀请后，没想到他非常高兴地接受了我的邀请，还说多年没去温州，是想再去看看，听到他这一表态，我心里非常高兴。

于是说走就走，我们一行五人就开着厂里一辆小吉普汽车出发了。到了温州，我们就直接去了温州汽车运输分公司，听说我们厂领导去拜访，他们公司总经理马上放下手头工作，亲自接待了我们。他们公司老总叫陶有光，绍兴人，当他听完我们的情况介绍后，尤其是见到我们王书记这么大年纪的一位老革命，还亲自风尘仆仆，不辞辛苦来温州拜访他们，非常感动，并且一再表示，他对我们厂还是比较了解的，尤其是汽车齿轮配件质量是非常过硬并且在前几年一直是在使用的。但最后他话锋一转，向我们非常直白，但又显得非常真诚友好地告诉我们说，既然你们这么远路来征求意见，我也不再隐瞒一个事实真相了。他说，在他们省运输总公司系统有一个不成文的内部规定，就是全省十一个分公司材料站，不准采购使用你们汤溪齿轮机床厂的汽车配件，否则省公司会用"家法"处置。我们听了这一消息，心里感到非常震惊和不解，马上问他为什么！于是他就将这件事情的前后经过给我们讲了一遍。

他说，大约三年前，我们省公司材料总站一位主要负责人带队专程从杭州坐火车去你们厂考察参观，并准备将自己库存的一批钢材委托你们厂代为加工汽车齿轮配件。结果吃了闭门羹不说，你们厂有关部门还表现出一种盛气凌人、极不友好的态度，当时他们几个人受了一肚子窝囊气，就匆匆离开了汤溪。回到杭州后立马通知下属十一个分公司材料站，作出了上述不成文的内部规定。听完他的介绍后，真的让我有倒吸一口凉气的感觉，自己在查看近几年销售记录时，确实没有见到省运输公司系统向我们厂进货的数据，原来是这样一个原因造成的！"姜还是老的辣"，此时我们的老书记，面对如此突然情况，还是脸带微笑、不慌不忙、非常诚恳地向他表示，感谢他能真实地告诉这个原来我们一点都不知道的内情，并就我们厂以前在计划经济时代的那些"夜郎自大""七孔朝天"的不良经营作风表示歉意，并对他们分公司为难之处表示了充分理解。我独自向陶经理要来了他们省公司材料站负责人的姓名和联系电话后，我们就告别离开了温州。虽然从表面看，我们是空手而归，但我们所了解到的信息，可以说比什么都重要，因为只有找到问题的症结，才能够对症下药，找到有效的解决办法。

回厂后，我们如实向厂部汇报了这次温州之行的所见所闻，尤其是关于省运输总公司的内部"秘密"，引起了厂领导的高度重视。事后厂领导还专门召集有关部门开了研讨会，对以往厂内存在的一些"唯我独尊""唯我独大"的生产经营作风进行了深刻反思，达到了统一思想认识的目的。与此同时也清楚意识到，如果省运输公司负责人以往对我们厂的那些内心芥蒂不加以消除，要想将我们厂产品打入全省十一个分公司市场是不可能的。所谓解铃还须系铃人，当务之急，就是要尽快做好省运输公司工作，说具体一点，就是要挽回那位曾经到过我们厂、受过委屈的材料站负责人的面子并得到他的谅解。为此事，大家在会上讨论了好久，也议不出一个好办法，最后厂部就把这个任务全权交给我们去设法解决。

会后我为此动过不少脑筋。最后我想到，我们厂当年有很多从杭州矿灯厂迁过来的老职工，我想他们中间是否有什么亲戚或者朋友与省运输公司有关系呢？带着这个问题仔细走访打听，得知厂动力车间电工班的沈志华师傅家就在省运输公司附近，而且他可能有亲戚在里面工作。

听到这一消息我非常兴奋，马上去找沈志华师傅了解情况，事实正是如此，他的老婆姨正是在省运输公司工作，而且我还侧面了解到，沈师傅以前在杭州矿灯厂工作期间，在厂供销部门工作过，具有一定的供销工作经验。于是我就通过与厂动力车间联系，顺利将沈师傅借用到我们供销科并直接派驻杭州，明确他的任务就是疏通与省运输公司的关系。与此同时我把这件事情的前因后果详细地向他介绍了一遍，并将上次去温州得到的那位省运输公司材料站负责人的姓名、电话告诉了他，最后拜托他一定要做好这件工作。

之后在沈师傅的不懈努力下，最终联系上了那位省运输公司材料总站负责人。后经沈师傅不断登门拜访，交流接触，深深感动了他，以前那桩往事，最终还是得到了他的谅解。当听到这一消息后，自己除了高兴之外，心想此时是否需要请王卓凡老书记再次出马去杭州一趟？于是我一面向他汇报，一面向他提出，关键时刻能否请他代表厂里去杭州再为此事加"一把火"？他一听马上理解，并表示可以专程去当面向他们道歉一下，这是应该的。于是我们趁热打铁，第二天就去杭州省运输公司拜访。通过这次拜访交流，我们之间彻底消除了长达三年之久的隔阂，并达成了今后进行长期合作的意愿，此事就此画上了一个圆满的句号。

为了进一步呵护珍惜这个来之不易的大逆转，并巩固发展我们厂与省运输公司长期业务合作关系，我们决定将沈志华师傅作为本厂长驻杭州代表负责产品售后服务。明确了他长驻杭州的主要任务：一是保持好与省运输公司长期的业务关系，二是开拓新的业务渠道并搞好产品售后服务联系落实工作，三是及时提供各类信息。

就在我们去杭州拜访省运输公司回来之后不久，我们就得到了沈师傅返回的一个重要信息，就是1980年底，省运输公司系统下属十一个分公司经理要在杭州召开年度总结表彰大会。当时我想这是一个难得的联络感情的好机会，于是就向厂部提建议，将他们在省里参加会议的经理接来厂里参观座谈，进行实地考察。如果成功，可以起到一劳永逸的作用。这一建议很快得到厂部的同意，于是我第二天就去了省运输公司，代表厂里邀请对方所有参会代表到我们厂里参观考察，并很快得到了省公司和到会代表的赞同。第二天我们厂就派了一辆大型客车，将他们三十几位代表从杭州接到汤溪我们厂里，进行了为期一天的参观座谈活动。时间虽短，效果明显，通过这种形式的互动，既加深了互相了解，又增进了双方友谊，更重要的是为今后与他们保持长远的业务关系奠定了坚实基础。

省运输公司这个大市场的重新回归，可以说是我们销售工作从原来的计划经济时代向市场经济时代转变的一个新的里程碑，它的初试成功也为我们今后搞好产品销售工作增添了不小信心。面对眼前的成绩，我们并没有满足现状，而是再接再厉，奋力前行。在之后的日子里我们又分别走访了云、贵、川和东北大小兴安岭两个大林场以前的老用户，紧接着又全力以赴参加了全国机械配件和汽车配件订货会议，并取得了可喜的业绩。通过整整一年的拼搏努力，我们厂产品销售形势，初步摆脱了原来的被动局面，为我们厂从原来的计划经济经营模式向市场经济经营方式的转型，迈出了可喜稳健的一步。

实践证明，"质量第一，用户至上"的经营理念，是一个企业能否生存的关键。只有树立这种经营观念，企业产品销售之路，才能走得更远、更宽、更久。这种经营理念也是我们每个企业不可或缺的生命线。

"被迫"的调动

1981 年底，经一年时间的努力，正当自己分管的产品销售工作有所起色的时候，突然有一天，厂党委书记高建义把我叫去谈话，根据金华地区经委和重工业局领导意见，准备将我调往金华地区拖拉机汽车修理厂（又名金华气门厂）去担任副厂长。

原来，该厂同属地区经委管辖的一个地区直属企业，多年来，由于企业经营管理不善，经济效益一直上不去，一个六百多号人的工厂，年产值至少也有六七百万元，但每年的利润始终在十七八万元之间徘徊。根据地区经委领导调查分析，认为该厂的主要问题是经营力量太薄弱，因此经委领导决定，采用直属企业之间干部进行相互交流的办法加以解决，于是要求我们厂指派一名懂经营、会管理又有责任心的中层干部，去支援该厂，并明确是去担任经营副厂长。在谈话中，高书记还向我透露了一个内部情况，他说，刚开始地区来要人，并没有指名道姓要谁去，于是厂里几个领导商量了一下，本着"肥水不外流"的原则，将你们科里另外一名科长推荐上报上去，结果第二天，地区领导看了不满意，专门打电话指名要将你调过去。他接着又说，从内心讲，大家都不愿意放你走，但官大压死人，我们也不敢违抗上级命令，只能"忍痛割爱"将你报了上去。他最后说，今天只是给你通个气，让你心中有数，具体还是以上面任命文件为准。

听完高书记一番推心置腹的谈话，首先为他对我的评价感到欣慰，但对调我去外单位担任什么副厂长，确实是自己没有想到的。听到这一消息后，当时心里就有点发怵的感觉，因为我是最了解自己性格的，我这个人没有心计，为人处世太直爽，不适宜做领导工作，也不欢喜麻烦别人，更不会去发号施令指挥别人，自己也就是喜欢干点看得见、摸得着的实事。再说论学历，中专没毕业，论工作能力，自己只是个跑跑腿的供销员，总之，从内心讲，自己是不想去当什么领导的。想到这里，我就直截了当告诉高书记，自己不想去。高听后，惊奇地问我，为什么？我就把刚才自己的一些内心想法向他陈述了一遍，并向他提出，如果厂里真的希望我留下不走，那自己个人意见就决定不走，上面工作自己去做，一定不会为难厂里。当时高书记听完我的意见后，显得有些意外还带有点高兴，他告诉我，你能留下，我们当然欢迎，但估计希望不大，一般上面决定下来的事，很难改变，但争取一下也是可以的。最后我说了一句，上面工作会自己去做，那次谈话就这样结束了。

回到家后，我将此事与家属进行沟通探讨，当时家属也表示两个小孩尚小，分开照顾确有困难，她也是赞成我留下不去的想法。统一思想认识后，为了达到不去的目的，我当时就想出了一个如今自己都感到非常幼稚可笑的绝招，那就是装病住院。如今还清楚记得，为了使病装得更像一点，我还特地找到汤溪人民医院一个自己比较熟悉的医生，在他的安排下，我以自己身体欠佳需要住院体检的名义先住了进去，然后准备在那里慢慢"调理"。目的就是想以此来逃避这次调动。

我住进医院不到两天，当时的地区经委第一副主任侯庆云和地区重工业局局长张翔斌就找上门来"看望"我了。他们的突然出现，让我有点猝不及防，因为心虚，就有点紧张起来，自己这种笨拙的表演，一下就让他们看出了端倪。于是他们就毫不留情地对我一阵狂轰滥炸式的批评，他们非常严肃认真地给我指出，你一个年纪轻轻的干部，也学会了有些老干部模样，想不通就用消极住院的办法来对付组织决定，你有什么资本与人家老干部相比呀？好样不学，歪门邪道倒学会了。一个年轻干部，尤其是一个党员，无条件服从组织需要才对呀……听到这里，因为当时想不到他们会来医院，而且来得如此迅速，所以自己毫无防备，当时场面显得非常尴尬！听完批评后，自知理亏，于是自己只能找一些孩子太小、家属不同意的理由，向他们解释。俩领导听完我的一番诉苦后，他们的怒气也稍微平息了一点，然后就心平气和地表示，你家庭个人有什么困难可以事先向组织提出，也不能用这种消极住院的办法来逃避调动。此时的我，除了心里有点理亏以外，让我感动的是看到站在自己面前的两位论年纪都可以做我长辈的老革命，不顾自己这么大年纪，风尘仆仆，找上门来，对我这样一个普通基层干部，如此重视关心，他们这种对革命工作高度认真负责的精神确实感动了自己，让我真的有点羞愧难当，感觉自己的做法确实不妥。

于是我在他们面前作了自我批评，与此同时又当面向他们提出了一个自己考虑已久的调动方案。方案的主要内容是：自己同意试着去干两年，如果两年之内，确实将对方企业经营管理搞好了，尤其是经济效益搞上去了，两年以后，要求组织将自己安排到金华市区工作。至于到金华以后的工作单位，可以由组织安排，也可自行解决，但到时候厂里必须放人。反之，如果两年后，企业经营状况没有起色，效益上不去，我会主动请辞，然后回汤溪齿轮厂，干我的老本行，当一员普通供销员。

为了更好说服两位领导支持这一方案，我又向他们详细阐述了自己提出这一方案的理由。我跟他们说，一个人，无论是到一个新工作岗位，还是到一个新的领导岗位，如果经过两年时间的努力，都干不出什么名堂，那肯定是工作能力与工作方法上有问题了。如果遇到这种情况，继续再干下去，也无济于事，只会造成"占着茅坑不拉屎"的局面，并贻误了时机。与其这样混日子，倒不如有自知之明，趁早主动靠边让贤！两位领导听完我的观点以后，觉得似乎有一定道理，但他们对我提出的两年后要求调金华市区工作的要求，认为不能作为组织调动的附加条件。但他们也表示，两年时间真的干好了，组织上一定会考虑你的要求并加以解决。我听出他们话中有变通的口气，以为他们同意我的方案了，于是就"得寸进尺"向他们提出，自己愿意写一个书面军令状，并要求领导在军令状上签名立据，有个凭证。他们听了我这有点过分的建议后，显得有些为难。他们明确指出，组织调动不是做买卖，个人不能与组织讨价还价，至于以后调动问题，到时候我们一定说话算数，信守承诺。当时见领导话都说到这个份上了，我也只能见好就收。但如果真的要我说实话，最后我还是被他们的真诚与信任折服，心服口服地向他们"缴械投降"，接受了自己参加工作以来第一次"被迫"的调动。

时间很快就到了 1982 年，刚过完春节，我正式接到任命文件后，就抓紧办理移交工作，然后急匆匆到了离我们老厂十五公里的蒋堂镇附近的金华地区拖拉机汽车修理厂报到。刚开始去的时候，一个人单枪匹马，人生地不熟，确实压力不小，但一想起自己在地区领导面前立下的军令状，心里自然就会鼓起勇气，振作精神，暗下决心，心想只有"背水一战"，才能有出路有希望。到了新单位以后，自己除了分管经营这块工作以外，还分管全厂的生活后勤，这是原先没有明确的工作，但刚到新单位，领导之间也不熟，我也不好意思讨价还价，二话不说就承担下来了，心想虽然没有搞过后勤工作，还是尽力而为吧。

自己到新单位的主要工作目标是非常明确的，即两年之内要想方设法，把经济效益搞上去，要用漂亮的数据来说话。到了新单位，还是采用老办法，首先搞好调查研究，只有摸清情况，看准问题，才能精准施策。下去后，我首先要弄清楚的是工厂每年产值不低，为什么利润这么低？通过一番认真调查分析，其中的主要原因就找出来了。我发现该厂当时主要产品中的发动气门和曲轴，其中 80% 是为农机发动机配套的（主要是为永康拖拉机厂配套），而这些产品所执行的销售价格，一直是计划经济时代国家制订的农业机械优惠价格。而且这些产品价格优惠的幅度与我原来企业民用产品价格相比，差距非常惊人，有的甚至可以用

"天壤之别"加以形容。打个比方，两只大小相似的气门，农用发动机上配套的利润只有7角5分钱，而用在民用汽车发动机上的利润是7元5角，两只差别不大的气门，它们之间的利润差距竟有十倍之多。这些农机配套产品是国家指令性任务，必须完成，而且价格丝毫不能变通。鉴于上述现状，经过反复考虑，最后，自己向厂里提出了一些建议，主要内容是，在尽量保留原有国家下达的农机配套生产任务外，应把生产重心逐步从农机产品向民用汽车配件转移，要重点发展利润丰厚的民用汽车配件生产。后来在厂长主持召开的全厂经营分析会上，大家进行了充分讨论，统一了思想认识，最后形成了一个明确的生产经营方针，那就是：保留农机，发展民机。记得当年在那次中层干部会上，曾经有人把厂里农机与民机两个产品形象地比喻为工厂的两个儿子，为了谋求工厂更好的发展，并取得更好的经济效益，就必须"忍痛割爱"舍弃一个成绩差的儿子，而去培养、扶植另一个成绩好的儿子。由于这个比喻非常生动形象，博得了与会者的热烈赞同，所以当时的情形至今仍记忆犹新，仿佛就发生在昨天。

明确了工厂今后的生产经营方针以后，我们厂领导之间也作了明确分工，厂长主要负责抓好民用新产品开发生产，而自己作为经营副厂长，开拓产品销售市场，自然就成了主要工作方向。而对于开拓产品销售市场，我是胸有成竹、满怀信心的，因为自己在原单位从事的就是供销工作，而且在自己手中掌握着一大批可以信赖的用户，尽管现在销售的产品与老厂销售的齿轮配件完全不同，但这些用户既然需要汽车齿轮配件，就少不了需要气门配件，所以对于我来说，销售渠道应该没有问题，关键就是看我们的产品质量好不好。为此，我也毫不客气地对厂长提出了"各负其责"的军令状，就是产品质量由他负责，产品销路由我负责。事后证明，我与厂长在这方面配合是非常默契的，厂长在新产品开发、质量把关方面，堪称完美。而自己在经营策略上还是采用"走出去、请进来"和"兔子先吃窝边草"的老办法，好的产品应该从家门口做起。为了打好第一仗，我又想到了浙江省最大的汽配销售用户单位浙江省汽车运输总公司。因为一是这个单位自己比较熟悉，二是他们是全省拥有解放牌汽车数量最多的单位，而自己单位当时所生产的民用配件中，主要就是解放牌发动机的气门（当时东风汽车气门正在试制），所以我还是把该单位作为重点来抓。

1982年7月，也就是自己调入新单位的第四个月，从杭州得到消息，浙江省运输总公司以及下属十一个分公司经理要在温州召开他们系统第二季度订货座谈会（他们每季度召开一次）。经联系了解到具体开会时间后，我想这是自己调入新单位需要与他们见面接触的最佳机会，于是我与厂长商量后，决定前去参加他们这次订货会。

记得那次我们原定是去五个人，结果出发那天早上，其中一名叫陈招友（人称"老烟枪"）的业务员，因星期五回巨州家里，到了星期一早上准备出发时未能及时赶到，我就临时决定连同小车司机一共去四个人算了。没想到我们开着小车向温州方向行驶途中，突然发生因球头脱落方向盘失灵造成汽车撞山翻车的事故。四轮朝天、油箱破裂、汽油外泄，我们四个人被压在了车内一时不能动弹。当时正值中午，夏日气温极高，汽油挥发严重，如果有一点火星，恐怕我们四个人都没有今天了（幸亏那天那位家住巨州的"老烟枪"迟到没有一起来）。这时正好被在附近干农活的几个农民兄弟看到并好心帮我们将小车搬起扶正。当时自己还比较年轻，第一个从车里爬出。当我看到小车司机一动不动靠在驾驶椅上时，吓了一跳，心想不会是那个了吧？我用手推了他一把，他第一句话就说，眼睛睁不开了，听到他还会讲话，我也放心不少。一看他全身都是汽油，难怪眼睛睁不开，于是我第一个将他背到附近一个水塘里，将全身汽油冲掉。接着我又去搀扶另外二人一起到河里清洗身上的汽油。然后再到附近村里打电话（那时有手机就好了），与厂里取得了联系。厂里得知情况后，马上派了一辆大卡车，将我们连同小车一起运回了厂里。回到厂里，分别进行了包扎治疗。结果四个人中，算我伤势最轻，只是小腿脚踝处扭伤，感觉不碍大事，心里还是考虑到那次订货会的重要性，最后自己决定还是要坚持去参加。

　　我第二天一早临时叫了一个业务员与我一起去金华赶上去温州的早班车就出发了。虽然我们那天是在他们订货会开幕的中午才到会场，但我拐着脚走进会场，并将自己前一天的遭遇向他们作了详细介绍以后，他们都非常感动。与此同时，我把自己最近工作调动情况以及新单位的基本状况也向他们作了介绍，希望他们以后能一如既往给予支持与帮助。由于我们之间原来就比较熟悉，加上这次自己又打了车祸这张"悲情"牌，结果十一个分公司经理都纷纷表示，可以先向我们订一部分气门试用一下，如果质量好，可以长期合作。看到当时场景自己非常感动，也乘此机会向他们发出了邀请，邀请他们在下半年合适的时候到我们厂进行实地考察参观，他们对我的邀请也表现出极大的兴趣。会后，我又单独拜会了省公司蒋月坤书记，我们是老朋友，关系非常融洽了，这次拜会主要是请他落实什么时候到我们工厂去考察。交谈中，他一再表示，你这次带伤坚持来参加我们的会议，充分体现了你对我们真诚的情义，你的行动不但感动了我本人，更是感动了我们下面十一个分公司的经理，假如我拒绝你的邀请，我就无法向他们交代了。因此，他就一言九鼎确定下来说，第三季度我们在杭州召开会议结束，就去你们单位参观学习，具体情况到时候再联系吧！听到他这么肯定，我当时就吃了一颗定心丸，非常兴奋，向他连连道谢。最后我们与各分公司签订了气门合同，第二天自己就拐着受伤的脚回到了厂里。然后将温州会议情况向厂长作了汇报，厂长听后也很满意，他还夸我这次是"因祸得福"，但我对这次成功的体会是：精诚所至、金石为开。

　　时间很快就到了当年的金秋十月，此时省运输公司的蒋月坤书记非常讲信用，国庆节刚过完，他们就确定了到我们厂考察参观的时间。记得那次是开着我们厂刚买来的一辆崭新大客车去杭州迎接他们的。为了做好这次接待工作，也为了给对方留下一个好的印象，我们厂长还专门召开全厂职工大会，在会上向全厂职工提出很多注意事项，并发动全厂职工，进行了一次彻底的环境大整治，使整个厂区面貌焕然一新。据厂里一些老职工讲，如此规模，如此形式邀请客商来厂里召开订货洽谈会，建厂以来还是第一次，所以这次会议不但让大家开了眼界见了世面，还大大鼓舞了广大职工对搞好企业的信心与决心。更重要的是通过这次与客户的互动，加深了相互了解，增进了友谊，为我们厂产品的后续销售奠定了一个牢固的基础。

1982 年，是不平凡的一年，我们厂在全厂职工努力下，当年利润实现了建厂以来破天荒的历史最高水平，全年净利润达到了 35 万元。比前一年增长百分之七十六。取得这一成绩，不仅全厂职工欢欣鼓舞，而且地区经委和重工局领导也非常高兴满意，还专程到厂里表示祝贺，并鼓励我们再接再厉，在新的一年取得更好的成绩。第一年取得的成绩，对于我来说，虽然值得庆幸，但毕竟还只是两年中的第一年，面对第二年的目标任务，自己丝毫不敢松懈，必须继续努力，在第二年以更好的成绩，实现自己立下的诺言，只有这样才能达到去金华的最终目标。虽然第二年的目标任务还是比较艰巨，但自己还是蛮有信心的。俗话说"万事开头难"，而自己有了第一年良好的开端，第一年所实现的利润与较以往水平翻一番的目标也只是一步之遥。使我更有信心的原因是随着新一年东风汽车气门的大批量生产与销售，利润增长的幅度势必会更大……

正当自己心里暗自憧憬着新一年美好未来的时刻，突然遇上了"不测风云"。1983 年 9 月，在传达中央文件时知悉，按当时文件精神，年龄达到六十周岁以上的县团级老干部，一律都要退休二线。也就是说，按照文件规定，当时对我口头承诺过的两位老领导都属于退休二线对象，而此时 9 月份离我两年期限，只差 3 个月时间，还有就是当年两位老领导对我的事情只是口头承诺而没留下任何文字凭证。而根据当时工厂的生产销售形势预测，第二年的利润，至少也要达到 50 万元，这个数字大大超出了当年自己立下军令状的承诺，虽然这不能说完全是自己一个人的功劳，但这里面确实有自己不可否认的辛劳呀！如果两位老领导退休走人，原来对我的承诺就顷刻变成了空谈！想到这些，当时内心真的有点心灰意懒，不知如何是好！经过再三考虑，我觉得不能坐以待毙，于是我鼓起勇气，理直气壮地去金华找到两位老领导，如实向他们汇报了自己思想顾虑，并向他们提出要求。

让我想不到的是，两位老领导非但没有忘记这件事情，而且听完我的汇报，他们之间碰头商量了一下以后，马上就当着我的面，打电话给我们厂党委书记兼厂长周樟敦，向他提出要借用我到经委帮助工作，请他放人。当时听他们讲，厂长以厂里经营人员没有接班人为理由，不愿意放人。听到这一结果心想完了，自己内心有点六神无主的样子，这时两位老领导不愧为讲信用、重情义的山东汉子，他们表示，先让我放心回去，他们准备第二天专程为此事去厂里商量解决。到了第二天上午，两位老领导果真没有食言，真的坐着小车到厂里来了，后经他们与厂长一番商量，最后厂长只能同意放我走人。事后还是厂长告诉我，当时两位领导到了他面前，摆出如果你不放人，他们就不走的态势，还能不同意吗？他还半开玩笑跟我说，我总不能在老革命面前背上人还没走茶就凉的骂名吧？！此时我也对他放我的善举表示了感谢。说实话，在我与周樟敦厂长相处的差不多两年时间里，无论是工作关系，还是个人情感，我们是比较默契、友好的，如果不是我的个人原因，我还是很喜欢与他这种性格的人一起共事的。已经过去这么多年了，我内心始终没有忘记这位在我人生重要转折时刻帮助过我的恩人，他的名字叫周樟敦！

通过自己两年的刻苦努力，尤其是承蒙两位老领导的关心与厚爱，我如愿以偿地从蒋堂地区拖拉机汽车修理厂借调到了地区经委帮助工作。由于当时借用时间比较仓促，经委当时也没合适的工作可安排，后经商量，暂时以金华地区拖拉机生产协调小组名义，派往永康拖拉机厂搞调查研究工作。在那里前后待了大约三个月时间，直到1984年元月，地区经委决定筹建直属工业物资供销总公司时，我才被从地区重工业局副局长调任地委组织部部长后再担任金华地区行署副专员的章关键同志直接指名，担任该公司总经理职务。当听到这一决定后，从内心讲，对于什么职务，自己并不看重，让我感到比较满意的是，可以从事自己比较喜欢也比较熟悉的物资供销工作，更为重要的是，自己原来临时借用的身份终于可以转正了。

现在回想起当年自己从汤溪调往蒋堂，再由蒋堂借用到永康，最后正式调入金华这段曲折又艰辛的过程，除了老领导章关键的亲自关心让我铭记外，让我最不能忘记的就是我们经委老主任侯庆云和重工业局长张翔斌两位老同志。记得当年自己借用期间去永康拖拉机厂时，他们两位都已办理退休在家中安度晚年了。直到自己后来去深圳工作期间回金华时，我都会抽时间去看望他们，以此来报答他们对自己的恩德。遗憾的是，张翔斌局长和老伴于1986年去了北京与在新华社任记者的儿子团聚后，就再也没有见过面了。但无论他们现在是在人间还是天堂，两位老领导侯庆云和张翔斌的名字将永远铭刻在我的心中，永世难忘，因为他们都是我人生道路上遇到的贵人。

一段"摸着石头过河"的工作经历

1985年元月，正当自己从金华地区拖拉机汽车修理厂调入地区经委着手筹建的经委下属工业物资供销公司刚满一年的时候，在自己毫不知情的情况下，突然接到金华地委一纸干部任命文件，任命我为新成立的金华地区经济技术开发总公司总经理。

刚拿到文件时，真有点"丈二和尚摸不着头脑"的感觉，直到看完文件内容后，心里才明白，总公司是金华行署为了适应改革开放新形势、进一步做好全区招商引资工作而成立的。总公司的主要任务是为全区工矿企业，做好外引内联，起到牵线搭桥的作用。同时文件还明确，为了更好发动行署所属各个经济管理部门统一协调配合工作，总公司采用了新型的董事会管理模式，董事长由行署一位分管工业的副专员兼任，另外八位副董事长，分别由行署下属各个经济和外事外贸部门主要负责人兼任。从总公司的组织架构，再到公司领导人员的组成，就足以说明当时地区领导对招商引资工作的重视程度。看完文件后，自己内心是十分复杂和矛盾的，一方面，自己花了很大精力，刚刚将经委供销公司筹建完毕，又要马上离开，去筹建另一个新公司，内心确实有点难舍难分又疲惫不堪的感觉。另一方面，从文件内容看，自己要去的新公司，它的牌子那么大，位子又那么高，所从事的又是自己以往从未涉足过的与外商打交道的工作，无论从自己的资历、学历，还是工作能力，要去承担如此重任，我对自己都是表示怀疑的。因此，在思想上就产生了一种畏难情绪，左思右想，觉得当时拿在自己手里的任命文件，似乎一下子变成了一块"烫手的山芋"，让我无所适从，不知如何应对！但心里又明白，文件已下达，这是不可改变的事实，自己也不可能再像三年前那样为了逃避调动而去装病住院。

正当自己感到万般无奈之际，突然看到任命文件上一个人的名字"章关键"，瞬间让我眼睛一亮，似乎看到了一点新的希望，因为章关键不是别人，他正是自己心中一直非常崇敬的老领导。从文件中看到他是兼任总公司董事长，应该是我未来的顶头上司，所以我想，必须先找到他，才能指点我心中的迷津。于是我就干脆放下手中一切事务，怀着一种焦虑不安的心情，专程去拜访这位多时不见的老领导。

在他办公室，他还是把我当成久别重逢的老朋友一样对待，他还是以前老样子，毫无副专员的架子，不停为我递水泡茶。我们之间之所以如此熟悉，是因为在他担任行署副专员之前，一直就是我们地区重工业系统年纪最轻、为数不多的知识分子局级领导。他在担任重工业局副局长期间，经常深入到我们直属企业搞调查研究工作，在深入基层工作中，他那种知识渊博、平易近人、乐意帮助基层解决实际问题的工作作风，深受广大基层干部和职工的称赞与欢迎。我们在一次次工作交往接触中，逐步加深了了解，并建立了信任与友谊。见到他以后，我就毫无保留地将自己近期一些工作情况，尤其是自己接到任命后的一些思想顾虑，如实地向他作了汇报。老领导听完我的汇报后，先是和颜悦色地对我前期一些工作表现，作出了充分肯定，接着就把行署成立开发总公司的前前后后经过，以及公司成立的目的和意义，还有公司今后开展工作的重点，详细地向我作了介绍。最后他语重心长地告诉我，在当前国家实行全面改革开放形势下，有很多新的工作，新的事物是我们以前从未遇到过的，比如你马上就要涉及的招商引资工作，它就是一项新形势下，如何充分利用外资来发展本地区经济的新路子，这是一条我们这代人谁都没有走过的道路，但要相信路是靠人走出来的。鲁迅先生曾经讲过一句名言："其实地上本没有路，走的人多了，也便成了路。"所以只有试着去走，才会有路。当然万事开头难，在新的道路上，不可能一帆风顺，肯定会有各种各样的曲折困难，甚至还会有风险，但既然组织上信任你，将这副担子交给你了，你就应该放手大胆去干。至于你提到的什么学历文凭，还有工作能力等，你就不用多想了，组织部门事先都已作过全面考察了解，充分相信你，才作出决定的，所以你一定要珍惜组织上对你的信任与期望。虽然面对新工作心里会产生一些压力，但这本身也是一件好事，有压力，才会有动力。首先从思想上要树立信心，尤其是要继续发扬你以往那种知难而进、坚韧不拔、踏踏实实、刻苦努力、灵活善变，但又活而不乱的工作作风，我相信你一定能适应并完成这项新的任务……

当自己听完老领导一席高屋建瓴、情真意切的教诲以后，心里有一种豁然开朗的感觉，不但让我从思想上提高了对招商引资工作重要意义的认识，也对做好公司今后的工作有了明确的方向。更重要的是原来一直笼罩在自己心里的畏难悲观情绪此时几乎一扫而光，同时也为做好今后的工作树立了信心，增添了力量。当我要离开办公室时，老领导还不失时机提醒我，在今后开展各类招商引资活动中，会有很多涉外商务活动，你作为总经理，除了抓好日常工作之外，还需要抽出些时间，学习一些有关外事活动方面的知识，外事礼节礼仪、服饰及外交语言表达等，都需要关注一下，因为这些都是我们这代人以往没有接触过的知识短板。比如你一个总经理，今后在一些重大外事活动中，都应该配有国际通行的服饰西装及领带……听了老领导这些指点与建议，我都一一记在心里。事后就去新华书店与营业员多次联系委托，买了一本由外交出版社出版的国际礼遇知识条例，进行了认真学习阅读，初步了解了一些最基本的外事活动常识，在以后的实际工作中确实起到了不少作用。除此之外，我又去金华最大的服装一厂，请他们厂最好的师傅；为自己定制了一套全毛哔叽西装，以备后用。

回想起这些往事，现在看来只能算是微不足道的一些小事，但在中国刚刚开放的 80 年代，尤其是在金华一个地处内陆的小城市，一个共产党的干部穿着西装、系上领带，满街走动的情景确实是不多见的，甚至可以用凤毛麟角加以形容。观念是会随着时代前进的步伐而改变的。

1985 年初，我告别了地区经委工业物资供销总公司，肩负着地区领导对自己的信任与重托，开始着手筹建金华地区经济技术开发总公司。当时组织上给我的基本工作条件，只有一块牌子，4 个人事编制，还有就是一次性开办费五千元钱，其他一切均要自行设法解决。如此苛刻的条件，是自己原先没有想到的，当时就连公司办公的地方也是临时安排在地区第一招待所里一间客房里。当时的情景，自己就像是进了一个皮包公司。面对眼前"一穷二白"的困境，怎么办？一开始曾经有过动摇之心，但想想当初老领导的鼓励与重托，尤其是那两句一直铭记心头的"万事开头难"和"路是靠人走出来"的谆谆教诲，自己最后还是想，尽力试着干吧！

好在我们这些生在红旗下的 40 年代人群，一直深受毛泽东提倡的艰苦奋斗精神影响，崇尚的是大庆人那种"有条件要上，没有条件创造条件也要上"的拼搏创业精神，心想反正在哪里都是干革命工作，只要做到尽心尽责，问心无愧就是了。于是面对现实，静下心来，对眼前所面临的困境，进行了全面谋划分析，最后在自己心里制订出一个两手抓的工作方案：在公司以招商引资工作为总目标前提下，分二步进行。第一步，首先抓好公司经营创收，说白了就是赚钱，先要设法解决公司自身生存问题。然后再逐步开展第二步招商引资工作，因为只有自己有了强有力的经济实力，才能去帮助别人，这应该是一个企业生存最基本的原则。而在如何抓好公司经营创收方面，自己是有一定优势的，毕竟从事供销工作这么多年，在生意场上自己也应该算得上是一名"久经沙场"年轻的老供销员了。

事实证明也是如此，通过短短半年多时间的努力，我们公司在开展经营创收服务活动中，取得了非常可观的经济效益。不但做到了公司日常开销以及工作人员的工资自给自足，我们还拿出部分资金，在金华市区景色宜人的婺江江畔购置了四套住房（记得当时房价每平方米是500元），解决了部分员工的住房问题。与此同时考虑公司在地区招待所办公，不是长久之计，于是我们决定将公司办公地点正式搬迁到市区中心地带。在公司搬迁之前，为了凸显我们公司是一个非同一般的涉外单位，也为了适应接待外商需要，我们请了专业装修设计公司，按照我们提出的体现中国古香古色特点的要求进行了精心装修。然后再经过公司员工精心布置，装修后的公司内外面貌显得格外富丽堂皇、气势非凡。路过我们公司的市民都会一步三回头，感到惊讶不已！无意中对我们公司的性质，产生了许多猜想，因此也为公司增添了一种神秘色彩。与此同时，我们又请当时金华量具厂厂长顾金根（他是上海人也是我多年的朋友）帮助，特地为我们公司定制了一块厚质黄铜精制招牌——黄底黑字，厚实庄重，一眼望去使人有一种实力雄厚非常可靠的感觉。虽然称不上是什么金字招牌，但在80年代的金华城里，像我们公司这样用金属材料制作招牌的单位，确实不很多见。

在公司积极开展自身经营创收的同时，我们始终没有忘记公司成立时的初衷，那就是为全区工矿企业搞好招商引资工作。由于自己之前对外事外贸工作从未有过涉足的经历，所以说对这方面工作完全是一个"门外汉"。但自己心里非常明白，除了要不断从实践中边干边学、小心摸着石头过河之外，还有一点就是必须要充分发挥董事会作用，这也是当时行署设立董事会的目的所在。于是我们就以董事会行政手段，充分利用地区行署下属各经济主管部门和各县市区有关部门的作用，在他们的支持协助下，收集了各县市区海外侨胞联谊会名册，然后采用各种不同形式和方法，号召海外侨胞，积极为家乡经济建设献计献策，开展形式多样的招商引资活动。同时为了进一步提高海外侨胞开展招商引资活动积极性，我们还会同有关部门分别制订了外商投资优惠政策，以及海外侨胞介绍外商投资的具体奖励办法。

　　在开展对外联络工作的同时，我们又大力开展了对内广泛联络工作。内联工作的重点是，充分挖掘国内，尤其是中央部委办、各省市自治区经济部门中的金华籍重点知名人士的人脉资源，并通过各种渠道与他们取得联系，尽可能得到他们各方面的帮助支持。

　　通过以上外联与内联两个方面的努力工作，确实收到了很多意想不到的效果。有不少怀有报效家乡建设之志的有识之士，纷纷主动与我们取得了联系，在他们积极推荐帮助下，先后有不少外商前来金华与当地企业洽谈投资。在公司成立的短短一年半时间里，我们先后就接待了来自美国、英国、德国、法国、日本、新加坡和中国港澳台的客商，并分类对口将他们介绍给金华企业直接洽谈。

　　在介绍引见这些外商过程中，如果要说谁对我们金华帮助最大，那就必须提起一个人的名字，她就是我们原金华地委宣传部司超老部长的女儿司五铃。司五铃是四川成都外语学院毕业的高才生，毕业后被分配在国家外贸部任英文秘书。她接到我们的宣传邀请函以后，就第一时间同她在外贸部工作并精通阿拉伯语的丈夫王汉江先生一起专程陪同外商前来金华进行商贸投资洽谈，并取得了很好社会效益。在这些项目中，有美国佛罗里达州的西式火腿合作项目，有德国巴伐利亚州的啤酒生产线引进项目等。这些项目大部分是我们介绍外商与企业直接洽谈的，我们所做的就是牵线搭桥作用。其中一个与日本日产汽车公司代理商洽谈的有关汽车配件引进组装汽车的项目，自始至终是由我们公司直接与日方代表洽谈的。

　　因此，时至今日，这个项目洽谈过程仍记忆犹新。这是一个由金华籍新加坡八十三岁老华侨单鸿孺先生介绍给我们的项目。来自日本横滨市的日产汽车公司的代理商片三敬一先生准备来中国投资建设一个汽车组装厂，组装小型汽车在中国市场销售。据单老先生讲，该日本客商是他多年熟人，所以知道他意图后，就把他介绍给了金华老家。他还说，日本客商主要看中我们金华地处浙江中心位置，公路交通四通八达，汽车销售潜力较大。

当我们初步了解到外商意图后，就及时向董事会作了汇报，行署领导知道此事后，非常重视。考虑到汽车组装项目，技术性较强，为了将项目谈得更仔细、更扎实，行署领导还指示金华汽车分公司派技术人员配合我们洽谈。记得当时地区汽车分公司也很重视，专门派了一名分管技术的女经理参加了我们的洽谈小组。当时我们公司没有日语翻译，后来听说金华日报社有这方面人才，于是我就找到了我在汤溪齿轮厂工作时的老领导杨继海（当时已是金华日报社党委书记），在他的大力支持下，指派了他们报社唯一的一名日语翻译小李同志（南京军区外国语学院毕业）全程为我们服务。当时正值盛夏季节，气温比较高，为了给我们创造一个舒适洽谈环境，在行署领导关心下，将我们与外商洽谈地点选在了风景优美，气温凉爽的金华双龙宾馆进行。通过双方几轮友好的洽谈，最后双方形成了一个初步合作意向，双方以合作的形式在金华组建一个日本日产汽车组装厂。具体分为二步进行，第一步先从日本进口20辆样车，其中10辆为12座小型面包车，10辆为1.5吨农用双排座卡车，分别进行组装。第二步待获得该项目国家正式批准后，再进行具体深入洽谈。当我们双方顺利签订完意向书告别客商以后，我就马不停蹄去省计委争取立项审批手续。

到了省计委，接待我们的是计划处一位处长。在会议室互相握手寒暄时，这位处长脸带微笑对我们说，你们这些家乡父母官来了，欢迎欢迎！我听到他讲这句话，心里正感到有点纳闷不解的时候，他接着就自我介绍说，他也是金华人，叫柳知勇，具体讲是金华东孝人。听他这么说，我心里才恍然大悟，庆幸自己一出门就碰到了一个手握实权的老乡，心里很高兴，我们之间的距离一下子就拉近了许多。此时内心也真正体会到了中国那句老话"亲不亲一乡人"的真实含义了。

之后我就认真仔细向柳处长汇报了汽车组装项目洽谈的全过程以及需他们审批的内容。他听完我的汇报以后，先是轻轻叹了一口气，然后用非常明确的口气告诉我们，既然都是老乡，我也不转弯抹角讲了，你们刚才讲的项目，按目前国家政策是严格限制的。尤其是进口汽车项目，不要说金华，就是上海北京这些大城市要建都很困难。听他这么一番讲话，自己感觉被人当头泼了一盆冷水似的，一下从头凉到了脚。但仍然不死心，又作了一些解释，目的是再争取一下。但最后他也推心置腹地说，他作为一个金华人，巴不得有这种好项目建在家乡，但对于这样的项目他是无能为力的。退一步讲，就是我们省里为应付批给你了，到中央也是批不下来的，至于你们的心情只能理解，但确实帮不上忙。

后来，他又给我们提出了一个非常有利的建议，他说既然你们已经花了这么大精力，组装项目又不行，鉴于目前社会上进口汽车这么紧张，你们倒不如将这个项目改变成满足当地工农业生产需要申请进口 20 辆汽车的项目。况且省里进口汽车审批权限就在计划处，而且马上可以做主批给你们，这件事也算是他对家乡的一点贡献。一般单位报上来，不要说 20 辆，就是 2 辆也不一定批给他，因为全省进口汽车指标是非常紧张有限的。需要说明的是，省里批给你了，你们还需要得到国家计委的审批手续，最后只有国家计委批准了，你们才能向国外办理进口手续，所以最后你们还要过国家计委这一关。他说到这里，顺口问了我一句，你们在国家计委有没有熟人？当时我想了一下，就如实告诉他说，没有熟人。他就笑了笑对我说，据他所知，国家计委外事局一位姓徐的局长也是金华人，但具体情况他也不是很清楚，他建议我先去金华县了解一下。他这么一提醒，我也马上领会了他的意思，对他表示感谢并交换双方名片后，就匆匆回到金华。

之后通过金华有关部门打听，很快就了解到，国家计委外事局局长的确是金华人，此人名字叫徐进，解放初北京大学毕业，后分配进国务院工作并担任当时国务院某位副总理的英文秘书，之后就担任了外事局局长。于是我就拜托当时与这位局长有些私交的金华县县长专门给他写了一封书信，我们再带了些金华土特产，专程去北京拜访了这位局长。与此同时，我们在北京又去找了司五铃，请她拜托一位叫李彪的处长，也向国家计委有关部门打招呼，就这样通过双管齐下双保险的办法，最终国家计委批给了我们 12 辆进口小汽车指标（10 辆农用双排座小卡车、2 辆 12 座面包车）。接着我们就拿着计委进口批文，委托国家进出口总公司，办理了从日本五十铃公司进口汽车的合同。

如今还清楚记得，当年 12 辆小车从上海港口岸办理完提货手续，浩浩荡荡开进金华县城的时候，街道两旁行人纷纷驻足观望，几乎轰动了整个金华县城。80 年代初期，社会上最紧缺，也是最时髦的就是能拥有一辆原装进口的小汽车，而金华这么一个小县城，一下子出现这么多原装进口汽车，自然就成了一条爆炸性新闻。

由此，我们公司也一时声名大噪，也因此带来不少人的嫉妒与算计。因为小汽车数量虽然不少，但闻讯前来求购的单位数量更多，而且其中大部分求购者都是熟人与关系户，有的还是在社会上有头有脸的人物，面对"僧多粥少"的尴尬局面，无论怎样分配也无法满足大多数人的需求，于是无意中我们公司就得罪了不少人。

就在我们将这批汽车分配销售过后没几天，我们公司门口就来了几位满脸凶神恶煞骑着工商执法三轮轻骑的不速之客。当我们问他们有何贵干时，他们马上亮出身份，称他们是 ×× 工商分局缉私队的，说有人举报你们公司倒卖走私进口汽车，所以前来缉查核实。听完他们来意，我当时就明白有人在背后搞鬼了。我马上请他们进公司坐下，吩咐工作人员将整套进口汽车手续交他们查看，但他们几个人看了好久，好像也看不出什么名堂。我就从容上前，给他们介绍了这批汽车从省计委到国家计委办理批文，再到委托国家进出口总公司办理进口手续，到如期交货，几乎全过程都给他们讲述了一遍。他们几个年轻人，个个晃着小脑袋，像"小鸡啄米"似的频频点头称是。此时的我也从他们一张张稚嫩的脸上看出，其实他们对有关国家进出口业务方面的知识并不是很熟悉，充其量也只能说是略知一二，至于是不是滥竽充数，我就不好妄加评述了。当我将整个过程介绍完毕，并如实向他们亮明了我们公司的性质和身份后，他们才恍然大悟，并马上表示，只是例行公务而已，说完就悻悻离开了。

事后，我心里也在暗思，无论何时何地，一定要相信老祖宗那句"身正不怕影子斜"的道理，一个人也好，一个公司也好，诚实做人，合法经营，才能始终立于不败之地！

1986 年 9 月，我们公司成立一年半时间，通过不懈努力，经营创收与招商引资都取得了一些可喜成绩，并有条不紊将各项工作推向深入。这时，金华开始了撤地建市的行政体制大改革。当时根据省政府意见，并报国务院批准，决定撤地建市，将原来金华地区所属十三个县市，一分为二，划分为金华与衢州两个省辖市。随着新的市政府建立，下属一些政府机构部门，也相应进行了组建与调整。

在这次新机构的组建中，自己的工作岗位也发生了改变。就在 9 月下旬金华新的市政府成立不久，有一天接到市长办公室秘书小李的电话，说叫我马上到市长办公室去开会。当时我也不知道开什么会，就按通知去了市长办公室，见到原来地区协作办三位老主任已经先我在场了。稍等片刻，郭懋阳市长就进来了，并向我们四个人提出了新组建的协作办领导班子名单，除保留原有的三位老主任外，把我也列入了副主任之列。市长公布名单之后，想听听我们每个人的意见，待他们几个老主任表示没有意见后，我就向市长直截了当表示，自己不愿意到协作办工作，主要理由是，自己以往一直从事企业工作，对机关工作不熟悉，而且也明白自己性格太直爽，且思想单纯没有心计，只能沉在下面做些实对实的具体工作，当领导肯定适应不了……最后向市长提出还是让自己留在公司当经理算了。市长听完我的发言后，看到我态度如此明确坚决，他就给我使了一个缓兵之计，他笑着对我说，小俞，这样吧，你还是先在协作办挂个职，具体开发公司经理兼着不变。见市长这么一说，我也一时不好意思再争辩，就这样被市长"连哄带骗"进入了市政府协作办编制，成了后来才知道的公务员，而当时根本就不会去考虑这些复杂的利害关系。

如今回想起来，还是要感激当年市长"连哄带骗"将我安排进入行政编制，后来才成了公务员，否则继续留在企业单位的话，那如今的自己可能就是千千万万个企业下岗职工中的一员了。2000 年，在老市长退休几年后偕同夫人来深圳去香港旅游时，我全程陪同了他们。我提起了当年这件事情，并向他表示谢意，老市长记忆犹新，并流露出溢于言表的兴奋与欣慰。他当时那一瞬间的音容笑貌，让我现在回想起来，同样记忆犹新、难以忘怀。但让我感到非常遗憾的是，我们那次在深圳香港的相见和分别，竟成了我们今生的最后诀别。到如今，有时心里会想，如果真有来世，我仍然愿意做他的部下。

关于金华“675经济诈骗案”

　　就在自己被市长点名挂职市协作办副主任不久，在协作办就发生了一起轰动整个金华乃至整个浙江的特大经济诈骗案。如今这件经济诈骗案虽然已经过去三十几年，但每每想起当时那段跌宕起伏、惊心动魄的经历，尤其是想起自己在这起案件中所体会的五味杂陈、左右为难的滋味，内心总有一种不堪回首的感觉……

　　这件案件发生在1986年10月，也就是自己刚刚挂职协作办还不到一个月的时候。

　　记得那天下午自己正准备从公司下班回家，突然接到市协作办主任一个电话，电话里声称，市委××书记一个同乡从北京介绍过来一笔2000吨进口钢材生意，市委书记意见指示叫我们协作办负责与他们洽谈，对方代表明天上午要到协作办来谈。但他说，刚才又接到省协办打电话来，叫他明天上午去杭州开二天会议，所以明天他无法与对方洽谈。他又说，这笔生意准备让协作办下属一个协作公司去做，考虑到这是一笔进口钢材生意，他又担心协作公司经理以前没有做过进口贸易，只怕上当，于是他就想到了我，认为我做过进口贸易，所以想要我先代表他与对方初步接触洽谈一下。当我听明白他的意思后，就告诉他，市长当时分工很明确的，自己只是在协作办挂个职，具体还是管理开发公司工作，协作办工作自己不应该搭手。听完我的推辞，老主任还是不肯罢休，说到最后，他还说就算是他个人求我帮帮忙性质，在他一再"求助"下，我也一时放不下面子，就答应了下来。

第二天一上班，我就如约去了协作办，进去后就看到协作公司代理经理×××此时已经与几位客商在相互交谈了。后经双方介绍，才了解到，这笔生意是由市委书记的一个老乡介绍过来的。对方一共来了七个人，分别代表三个单位：对方为首的是江西省新建县协作办所属的协作公司，也是以他们为主负责与台湾进行进出口贸易；另一个单位是四川万县一个乡镇企业，据说由他们提供桐油、朱砂货物给江西公司出口台湾，然后换回钢材；第三个单位是湖南常德市建材总公司，他们是由江西公司介绍牵线到金华来的。后据常德公司介绍，他们已随身携带一张500万元的现汇支票，是准备来做这笔钢材生意的，但考虑到江西公司只是个县级协作办小公司，这么大一笔生意，有点不放心，就想放弃不做了。但后来江西公司又告诉他们说，可以联合金华市政府一起做，他们一听市政府觉得比较放心，所以就跟随他们到金华来了。

听完他们一长串的关系介绍，我心里才明白，原来这是一笔非常复杂的三角生意。各自介绍完情况后，我就直奔主题说，既然是一笔与台湾的物资进出口贸易，就必须要有国家有关部门的进出口批文。江西公司一位王姓经理听后，马上从公文包里拿出一沓国家对台贸易有关政策复印件，我就顺手翻阅了一下，里面并没有什么正式批文。我就说，这些政策复印件，说明不了什么问题，我们要看的是国家有关部门的正式批文，否则谈什么都没有意义。当他们听完我的意见后，一个个都待在那里，答不上话来。就在此时，其中一个自称是市委书记同乡的人，忽地站起来对我说，××书记叫我们来，就是要做这笔生意的。听完他如此盛气凌人的表达，我就回复他说，那也要看符不符合条件，你们拿不出正式进出口批文，想做也做不了呀！他们听完我的意见后，都表示出一脸不满情绪，并一再提出要先将合同签下来，但我仍然坚持自己的观点，先看批文再签合同。于是最后决定待协作办主任杭州开会回来再谈，那天就这样不欢而散了。

大约事后第三天，我们副市长章关键找到我（因为协作办作为经济部门也属他分管），主要是想听听我对这笔生意的意见。见了老领导我就实话实说，告诉他，这不是一般国内普通贸易，而是对台进出口货易货贸易，一定要有国家相关部门批文才能做，而江西这么一个县级协作公司要拿到 2000 吨钢材进口批文可能性很小，但不管怎么样，能不能看到正式批文是关键。

后来，听说协作办主任从杭州回来后，他们几方代表又重新进行了商谈，最后还是按章关键副市长意见，坚持要求对方拿到国家正式批文以后，再继续洽谈签订合同事宜。江西公司那位王经理也答应马上去广州办理批文，然后通知我们去广州查验。而当时湖南常德代表，他们不可能老待在金华等候，他们就决定将 500 万元现汇支票交给协作办，表示全权委托金华出面与江西交易，他们按投资金额进行分成。于是金华协作办与常德公司签订了一个合作委托协议书，然后他们交出了 500 万元汇票，就回湖南去了。此事就暂时搁置，静候江西方面办理批文的消息了。

但就在此时，从协作办系统传出了许多让人费解的流言蜚语，说我不会做生意，与江西公司经理争吵起来了，江西公司经理对我非常不满，等等。对于这些评价，我从内心讲，也没有去计较它，但后来更让我可笑的是，竟然说我怀有"私心"，犯了"红眼病"，千方百计想搅黄他们协作公司这笔大生意！恶言恶语，非常难听，虽然听了这些攻击人格的言语让我生气，而且也知道此话出于谁的口中，（因为第一参加洽谈的我方代表就我与协作公司那位代理经理两个人）但我始终抱定那句"能容小人，方成君子"的俗语，让时间来证明一切。

时间又过了一个星期，江西公司果然从广州打来加急电报，内容是批文已办妥，并指名一定要协作办主任胡××去广州查验。当协作办主任收到电报后，第一时间就向章关键副市长汇报，提出要马上去广州看批文。当时章市长心里也明白，协作办主任虽然原来也是老物资局长出身，但毕竟那时是计划经济时代，与现在市场经济营销模式，不一定适应，更何况他不懂进出口贸易有关业务知识，所以考虑再三，章市长还是指示市外贸局派了一名熟悉外贸的业务员陪同前往广州。没过几天协作办主任从广州回来，向市长汇报说，他在广州已经看到过对方拿来的进出口批文，非常肯定地说没有问题，可以做。

于是，由协作办出面，与金华工商银行打招呼，再由协作公司出面向工行贷款175万元，加上湖南常德现汇支票500万元，共筹集货款675万元。由协作公司那位代理经理前往江西，然后会同江西公司一起去四川万县采购桐油、朱砂出口台湾换取钢材。

据后来协作公司派去江西送支票的业务员讲，当时他在江西下火车时，是他们公司早几天已经在江西的经理前来火车站接他的。当他一下火车，经理就交代他，到了江西协作公司碰到他们王经理时，你不要再提俞坚华名字，否则这笔生意就做不成，因为他们王经理对俞坚华非常感冒（现在回想起这些言论，真是觉得可笑、可悲又可恨，他竟把自己协作办的同事视为外人，而把诈骗分子当作了自己人）。由于他自己屁股没有坐正，结果使金华和湖南两个单位因此造成了不可挽回的重大损失。为此事，自己也反复分析思考过，得到的结论是八个字：左右为难、五味杂陈！因为如果这笔生意真的中止不做了，我就会被他们公司怨恨一辈子，而后来生意做了，却造成如此大损失，这也是自己始料未及、非常痛心的事情。证明自己清白的代价实在是太大太大了！

后来通过别人我才知道，协作公司那位代理经理接到业务员送去的两笔共计675万元货款后，就与江西公司经理前往四川万县，去落实准备出口台湾的桐油和朱砂。据说，在协作公司去四川之前，我们协作办主任几次与他通话中，都非常明确告诉他，必须看到货源才能将货款交出去，否则宁愿不做，也不能轻易付款。直到最后一次，协作办主任打加急电报，明确告诉他速将675万元货款带回，再重新研究对策。结果这位代理经理还是经不起对方忽悠，打着他的小算盘，公开抗拒上级命令，自作主张将一张 500 万元的支票交给了四川万县，同时将另一张 175 万元的支票交给了江西公司。之后他还专门写了一封声明书寄给协作办主任，声称他认为四川生意可靠没问题，所以要"斗胆抗命"将货款全额付给了对方，并铿锵有力地宣称，一切后果由他自己负。结果这边协作办主任还未收到他的声明书，四川那边就已东窗事发了。四川万县那个乡镇企业收到他 500 万元现汇支票的当天，就把这 500 万元分几笔以还债名义瓜分了，而被江西拿走的 175 万元，他们也迅速将其中146 万元划走用作还债之款消失了。

其实这笔生意从头到尾就是江西、四川两家公司有预谋设置的诈骗圈套，而我们金华方面不去辨明是非，就拼命往里钻，结果就发生了当时整个金华乃至全浙江最大的经济诈骗案。当我听到这一结果时，内心感到又震惊又惋惜，同时还有些五味杂陈的味道，因为自己也曾经参与过洽谈。做任何生意都是有风险的，关键看你能不能把好关。从这个案子看，就有两个地方没有把好关。一个是协作办主任去广州看批文，明明市长指派了一名外贸局业务员陪同他一起去的，但实际看批文时，协作办主任并没有让外贸局这位一起去的业务员参加核查，而仅仅是在酒楼与江西公司一起酒足饭饱之际，看了一张复印的假批文（这是主任后来在隔离审查时交代的）。所以说这不仅仅是一个没有把好关的问题，而是一个不可饶恕的严重失职问题。其次，当时协作办主任已加急电令协作公司经理将两笔资金 675 万元从四川撤回，但这位经理却"斗胆抗命"拒不执行，又犯下了一个不可饶恕的错误。

这一案件发生后，比我们更着急的还是湖南常德公司，因为他们有 500 万元资金在案子里面，于是他们接着就按法律程序向我们金华提出了起诉。为此当时的市政府处境非常被动，整个机构可以用焦头烂额来形容。而此时的市政府内部，原来一些知情接头的领导却躲得远远的，都说与自己无关，而把所有的事情都推给了分管市领导章关键。虽然当时他对此事考虑已经非常周到，亲自与外贸局长取得联系，并指派了一名外贸局专业外贸人员陪同协作办主任一起去广州看批文，但不管怎样，作为一个分管领导他是无法，也不会推卸责任的，作为他的老部下，我是太了解他的为人了。所以，那段时间章副市长作为一名分管领导所承受的压力是可想而知的。

记得事发后的有一天，章副市长突然来到我们公司。他对我讲，前几天协办主任他们一行五个人（其中有公司、银行、律师人员）去了一趟江西公司，主要想将在江西公司结余的 29 万元货款追缴回来，以挽回一些经济损失，但他们去了几天，还是分文没有拿到。接着他问我最近有没有时间，能不能请我再去催一次，争取能拿点回来，也可以减少一点损失。当时听到这一情况后，虽然心里想，他们五个人刚去过，再去希望很小，但也想到，市长不到关键时刻一般不会上门来提这个请求的，中国那句老话"患难见真情"我还是懂的，于是就毫不犹豫答应他，可以去试试看。当时虽然心里没有把握，但只能"死马当成活马医"了，至少在情义上也应该支持一下章市长，毕竟这么些年章市长对自己的关爱是一直铭记在心里的。所以章市长走后，我将公司工作安排了一下，第二天就带上协作公司支部书记（经理已被隔离审查）一起坐火车去了江西。

这次与我同去江西的协作公司支部书记是上次五人小组成员，在一路与他交谈中，了解到上次他们催款的一些基本情况。他们上次去江西走的是上层路线，直接找了新建县委书记，并公开指责他们下属公司诈骗，所以他们县委书记听了非常反感，于是就来了个"将计就计"，他表示既然你们说是诈骗，那这 29 万元货款先封存再说，待以后法院定案以后再按法院判决处理。由于县委书记亲自打电话给对方协作公司开户农行，通知银行行长，将应该属于我们的多余的货款封存了下来，于是造成他们五个人空手而归的结果。为此我通过分析，必须吸取上次的教训，这次千万不能再惊动上层，尤其是那位县委书记，我们这次着重去做的是基层公司的工作。

我们到了江西后，首先去了新建县协作公司，接待我们的是该公司法定经理（当时去金华谈钢材生意的其实是副经理，因经济案子那位副经理已被隔离审查），姓饶。通过初次与这位经理接触交流，我就看出他是个本分讲道理的人。后经几次深入交谈还了解到，原来他们公司那位参与诈骗活动的副经理并不是本地人，而是被县里某个领导作为能人从外地招聘进协作公司当副经理的。这位副经理到了公司以后，自以为是县里某个领导的红人，非常霸道，公司什么事情都由他说了算，而饶经理实际上早已被他架空。而如今出了问题后，副经理被隔离审查，公司经营也无法正常进行，而这时领导却装聋作哑，对公司困难处境不闻不问，撒手不管。

从与饶经理的一番交谈中，我就发现了他对副经理，尤其是对县里领导的极大不满。每次听完他的诉苦，我都会向他表示同情，同时也如实介绍了我们金华协作公司面临的困难，尤其是最近职工发工资的资金，也因为银行贷款未还，就无法再贷，因此，这次来的目的就是想将存放在你们公司的原来 175 万元货款中剩余的 29 万元取回去，好给职工发工资。我就这样用平和商量的口气与他协商。听完我的意见后，饶经理就跟我说，听你们上次来追款的领导讲，不但是 175 万元要我们负责，而且湖南的 500 万元也要我们负责，这可能不合理吧！因为那 500 万元是你们协作公司经理直接交给四川的，根本没有经过我们公司账户呀！听他口气，他们最怕的就是湖南常德那笔 500 万元责任的归属问题。当时我想这 500 万元一下也辨不清是谁的责任，而我这次任务是拿回我们自己的 29 万元。我就顺水推舟讲，你讲的也有你的道理，这 500 万元反正是湖南的，我们先搁置不去管它，我们也不再追究你们的责任。但这 175 万元，尤其是 29 万元，这明确是我们的钱，你们应该先还给我们。当饶经理听完我的意见后，马上就说，既然你说不再追究 500 万元责任，那 175 万元我们肯定认账。至于银行里 29 万元余款，我个人意见应该还给你们，但现在银行已按县委书记指示冻结了，要拿就比较麻烦了。听完饶经理的表态，当时我很高兴，因为他是公司法人，按国家法律规定，公司的存款法人完全有支配权，银行是无权随意冻结的。至于县领导下令冻结，可以慢慢做银行工作，因此公司法人饶经理的态度至关重要。

听完他的表态，我很高兴，并马上鼓励他，银行工作我们可以互相配合再一起努力一下，最后饶经理表示愿意配合我们一起做银行工作。在前面与饶经理交流过程中，我得知他爱人是一位上海知青，于是我告诉他，想去他家拜访她一下，因为上海与我们浙江老家很近，而且我父母以前也在上海工作过，饶经理听后马上表示同意。于是第二天上午，我们就买了些礼品，去饶经理家拜访了他爱人。他爱人的名字应该叫李葆珍，是一个上海大美人，一听我们是浙江客人，一下子距离就拉近了许多，如一句老话所说——"江浙一带一家人"（意思都是江南人）。互相交谈中还时不时地用上几句上海话，气氛非常融洽。后听说她的祖籍是浙江宁波的镇海，那我们就更是老乡了，因为我的祖籍是宁波的鄞州，于是我们真的攀上老乡了。当她知道我们来江西的真实目的时，也非常同情我们，表示应该将我们自己的钱拿回去，这是合理合法的。就这样通过这次拜访，更加坚定了饶经理对这件事情处理的态度和信心了。

饶经理的表态，仅仅只是这次工作的第一步，下一步的工作重点是如何说服银行解冻这笔资金。于是我们先请饶经理一起陪我们去了当地农行，那天接待我们的是他们信贷股的马股长，是一位大帅哥。他听了我们的来意后，马上就摇摇头说，这笔钱县委书记已打电话给我们行长了，先冻结，谁也不能动！再说最近行长刚去北京总行学习，听说要学三个月才能回来，这事情可能难办！听他这么一说，我也觉得难度不小，需要作好耐心与他们慢慢磨的心理准备了。那天我们没有多谈就回来了。

第二天，我一方面稳住饶经理态度，另一方面由我们出钱，饶经理出面，晚上在县城一家酒店请马股长出来吃了一顿丰盛的晚餐。趁吃饭之际，我与饶经理把我们双方洽谈的内容向他详细介绍了一遍，我当时的想法是，我们双方企业法人都已谈妥了，是不是你银行要尊重我们企业之间的意愿呀！但这话我又不敢直讲，只是叫饶经理向银行明确表个态度，如果这 29 万元以后出了问题，他们公司全权负责，与他马股长无关。后来经理这么一表示，马股长听后似乎觉得我们讲的有一定道理，但他最后还是说，行长不在，要考虑考虑！我听到马股长口气有所松动，似乎看到了解决问题的一线希望。

走到当时那一步，我们在江西已经整整工作了半个月时间。原来也想不到在此要待这么多日子，所以两个人的衣服也没有带够，到了年底又碰到气温骤降，还下起了大雪，结果两个人都患上感冒了。但银行方面还一直没有给我们正式回音，就在那年元旦前的一个晚上，我们考虑已到年关时刻，决不能泄气，应该给马股长再加把火。于是我们就想趁元旦之际，去农行马股长家，向他拜个早年。

通过饶经理要到马股长家的住址，我们在前一天晚上买了些烟酒礼品，准备第二天元旦早上去马股长家拜年。结果第二天早上到了公交车站才知道由于路面结冰湿滑，天上还大雪纷飞，全市公交全部停运。我们当时住在南昌市区，离新建县城足足有七公里路程，平时坐公交车也要半个小时，当时的心里真有"屋漏又逢雨雪天"的悲惨感觉。但拜年当天才是最佳时机，为了工作，为了早日能拿到 29 万元货款，我们还是咬紧牙关、冒着风雪，带着感冒，步行走到了新建县城，并费了好大周折才找到了马股长家。他听声打开院子大门，见到我们两个浑身湿漉漉的雪人时，简直不敢相信是我们冒雪给他拜年，他确实被我们的举动感动了。我们在他家坐了一会，他就告诉我们，明天上午你们叫饶经理一起到我们行里来办个手续吧！听到他这句话，当时我都有点不相信这是真的，心里非常激动，马上拉着他的手向他表示由衷的感谢！

第二天一早我们又去了新建县，并会同协作公司饶经理去了农行马股长处，很快办理完 29 万元划款手续。等拿到那张支票时，我终于松了口气，全身感觉轻松了许多。回想这半个多月的辛劳，总算有了今天的收获，当时的心情是可想而知的。

第一个回合的胜利，让我信心满怀，我就顺便问了饶经理一句，另外还有 146 万元货款你们打算怎么还？由于我们相互之间经过半个月的交道，大家都合作得比较愉快，看到我们高兴，饶经理也很开心，我们之间确实已经成了无话不说的好朋友。听了我的提问后，他就告诉我，现款肯定是拿不出来，目前公司连发工资的钱都没有。但他又问我要不要积压商品，我问他什么意思，他就如实告诉我说，外地有两家商场欠他们公司货款还不上，对方只愿意用积压商品抵债，如果你们想要，我可以将那些商品作为抵债转交给你们。

听完他这个方案，当时感到这是一个意外的新情况，但考虑当时自己不是协作公司法人，此事无权做主，我就告诉他，要打电话回去请示一下，再作答复。当天晚上回旅馆，我就连夜打电话将江西方面这一情况向市里领导作了汇报，当时市里领导说，你对那边情况比较熟悉，所以他想先听听我的看法。我就告诉他，鉴于当时江西公司也有面临破产的风险，如果不趁早拿回这些积压商品，到以后可能什么都拿不到，如果按我个人意见哪怕对方的"垃圾"都要想办法拿回去。当时领导听完我的意见后，就毫不犹豫表示同意我的意见，并且指示我趁热打铁，抓紧去办理商品移交手续，以免夜长梦多。

为此我将 29 万元支票先叫协作公司书记拿回金华去，而自己则与江西公司饶经理具体协商以积压商品抵债事宜。通过沟通才知道，他们两个外地欠款单位，一个是在湖南长沙，另一个是在河南郑州，两个商场共计有 150 万元商品可以抵给我们，这些商品金额与欠我们的 146 万元货款基本相互抵销。当饶经理讲他们公司目前连差旅费支出都很困难时，我想这也要不了多少开支，这些费用就是由我自己公司开支也没有问题，没有再请示上级就告诉他一切费用由我们解决。他听了也很高兴，于是我们一起去了长沙与郑州，将上述两地 150 万元商品打包托运回了金华，后交由协作公司拍卖处理。听说也回笼 70 万元左右的资金，这样加上前面拿回的 29 万元货款，两笔共计追回 100 万元左右的资金，大大缓解了协作公司的资金压力，使他们一个濒临倒闭的公司，又重新生存了下来。

所以，章副市长听到这一消息后，非常欣喜地对我说，这次你们确实不容易。他们上次五个人，还兴师动众开着小车去，结果分文未取、空手而归，而你们只两个人，还是靠自己 11 号跑车（指的两条腿走路）走去，却办成了让大家都意想不到的结果，你确实是一个会干实事的人……记得当时我只是笑着对章市长说了句：这次只是自己的运气好而已。其实老领导心里也明白，所谓的"好运"背后必定饱含着难以想象的努力，只不过自己不需要在他面前表露而已，因为完成一个可以信赖的老领导所布置的任务，是我这个下属的本分。而如今再去重温老领导当时对自己的评价，像是回味一杯陈年美酒，愈久弥香，又像是品味一杯西湖龙井，甘甜清远……

由于这起经济纠纷，牵涉到湖南常德市的一笔 500 万元资金，而且事发后，常德建材总公司立即就向法院提起了诉讼，从而引起了浙江省政府的重视，很快责成市政府彻查失职行为。于是市检察院马上成立了名为"675 经济诈骗案"的专案小组，并很快对协作办主任以及协作公司那位代理经理实行了隔离审查。

此时，国务院下达了关于进一步制止党政机关干部办企业的通知，文件明确规定党政机关干部，必须与企业脱钩，回到机关工作。而当时自己虽然不是原来机关干部下去兼经理，而是原来担任公司经理期间被提拔到机关的，但按文件规定亦必须离开公司，到协作办上班，因为当时组建协作办时，自己的人事组织关系已经被挂靠进了市协作办编制。记得为此事，当时自己曾经想辞掉协作办副主任职务而继续留在公司当经理一职，但市长说，"675 案件"后，协作办主任已被停职，案子需要处理的事情很多，所以你不但不能走，而且要挑重担才是。与此同时，他为了考虑我的积极性，就决定把我原来的开发公司划归协作办管理，但公司经理需要重新配备。就这样自己又一次被市长"连哄带骗"去了市协作办上班。

后来实践证明，我认为自己不适合机关工作的观点是正确的。因为通过在协作办几个月的工作，自己才真正体会到当时机关人浮于事、空话连篇、钩心斗角、处处设防、精于心计的不良风气随处可见。更让我不能接受的是，当时因"675 案件"，协作办主任已被停职，而我们三个副主任中，自己年龄最小，所以在日常工作中，总有人处处提防，生怕我会争夺主任位置，于是有人就不择手段违反党性、人性，在背后使用挑拨离间、恶意中伤的手段暗中伤人，以达到他不可告人的目的。但我也心知肚明，不想和私利小人计较这个官位，而是采用低调蔑视的态度看待这些行为，同时自己也积极寻找适合的机会，设法跳出机关。有句俗话说得好，明智的放弃，胜过盲目的执着。既然机关的工作环境如此"阴暗潮湿"，自己再努力也不会见到阳光，虽然自己没有吃这碗饭的本事，但自知之明还是有的。

值得庆幸的是，就在自己进协作办工作大约半年不到的时候，当时市政府为了紧跟中央改革开放需要，准备在国务院最早设立的四个经济特区（深圳、厦门、珠海、海南）设立办事处。于是我就在第一时间找到了市长，要求去深圳办事处工作。当时之所以首选深圳，是因为自己在开发公司工作期间，洽谈招商引资项目时，曾经去过深圳，相对比较熟悉。再一个是自己的性格喜欢独当一面、按自己的思路开展工作，而不喜欢受别人干扰，更不喜欢看别人的脸色行事。为此，自己还专门写了个书面申请报告，坚决要求去深圳办事处工作。后经市委常委会讨论决定，让我协作办副主任职务保留不变，同时兼任深圳办事处主任，从此自己人生迎来了一个崭新的转机。

第六辑

难忘深圳岁月

　　深圳是我一生念念不忘，值得回忆的地方。因为在自己七十多年人生道路上，在那里几乎占去了二分之一时光，而且那里也是自己最后结束工作的地方。就我个人而言，不但是深圳特区发展建设的见证者和参与者，更是特区改革开放胜利成果的收获者。可以确切地说，自己人生最后，也是最宝贵的余生，也将会在这片土地上度过，直至终老。自己所以如此钟爱、眷恋这片热土，不仅仅是因为在这里留有自己三十年艰苦创业的脚印，更难忘的是，在这土地上除了洒下过自己辛勤的汗水和殷红的鲜血以外，最后还在自己的身上留下了一道终身难以抹去的伤痕……如今回想起曾经的往事，就是用上三天三夜时间，也未必能讲得完整。尤其是回想起我们办事处初创时期那段艰苦卓绝、顽强拼搏的经历，内心就会激动无比、感慨万分，继而三十年前那一幕幕、一桩桩魂牵梦绕、惊心动魄的场景就会源源不断浮现在自己眼前……

深圳金华经济发展促进会

  1987年底，我怀着一腔对深圳特区这片神奇热土的美好向往，毅然提出了离开政府机关，要求去深圳特区闯一闯的愿望。最后在自己的努力下，得到了市政府领导的信任与支持，我的申请被批准了。于是自己就抱着"不撞南墙不回头"的决心，肩负着金华人民的重托与期望，会同四位同仁，风尘仆仆来到了中国改革开放前沿阵地——深圳，为开创金华连接深圳特区、连接港澳海外的窗口，建立金华市政府驻深圳办事处。至今还清楚记得，在我们出发前夜，市长郭懋阳留给我们的几句话：市里没有钱，只能给你们一块办事处牌子，几个人事编制，其他都要靠你们自己去设法解决。首先要做到自己养活自己，然后服务于全金华。最后还是在我的据理力争下，拿到了市财政的五万元开办费。

  之后，我们就告别了古老的婺州金华，匆匆南下，向中国改革开放第一城的深圳进军。当我们一行走出深圳火车站抬头看到街道两旁高楼林立、金碧辉煌，路面上车来人往川流不息的繁华景象时，真有点眼花缭乱、目不暇接的感觉。看到深圳如此大的变化，内心真有一种"三年不见当刮目相看"的味道，因为自己在三年前的1984年曾经来过深圳。

那时的深圳，还是初创阶段，在一望无边的黄土丘陵工地上，只见大批施工队伍，正在进行城市"三通四平"的基础工程建设。整个建设工地，机器轰鸣，尘土飞扬，一眼望去根本见不到一幢完整的高楼，脚底下也见不到一条完整的水泥路。而这次看到的是如此繁华的都市景象，两相比较，三年时间的变化，真的太不可思议了！正在此时我看到不远处高墙上，挂着一幅巨型标语，上面写着："时间就是金钱，效率就是生命。"这句口号似乎对我心中原有的疑问作出了解答，或许这句口号的内涵，就是深圳特区的魅力所在。

我一面行走在特区繁华喧闹的街道上，一面在心里不停地思索着，市政府只给了我们一块牌子和五万元开办经费，要想在深圳这样繁华的都市开创局面生存下去，谈何容易？想着想着，自己内心就产生了一种莫名的迷茫与彷徨。虽然说前几年自己在内地曾经先后几次以"白手起家"的办法，创建过几个公司，并取得了一些小小的成功，但那是在内地，从客观上有着与深圳完全不能相提并论的社会背景和广泛的人脉资源。而如今是在千里之外、人地生疏、举目无亲的深圳开展工作，各方面环境条件与内地截然不同，所以内心就有一种无从下手的感觉。面对新环境新工作，怎么办？想起自己在市长面前的豪言壮语，必须树立信心，任何畏难情绪，都不会有出路。总不能到了海边，又怕下水呀！面对大海，只能背水一战，才有希望。我们还是相信中国人常讲的一句老话，那就是"在家靠父母，出门靠朋友"，我们是在千里之外的深圳，更加离不开老乡朋友的帮助与支持。为此，我们首先想到的就是如何先把金华籍在深圳工作的老乡发动组织起来，而这本身就是办事处一项迟早都要做的工作，于是联络老乡就成了我们开展工作的第一步。

由于初到繁华的深圳都市，加上开办经费又少，尤其是在毗邻香港的深圳特区，可以说每天都要"开门见钱"，处处办事离不开钱，而且一掷千金，花钱如流水的情况也很常见。其他不说，那时光去理发店理个发，最少也要五元钱（而当时内地只需五角）。所以刚到深圳时我们手头的区区五万元开办费，说得难听点，在深圳特区，只能算个零花钱了。

由于囊中羞涩，自然花钱就不敢大手大脚，于是我们就找了廉价的湖北招待所先住下。安顿好基本生活后，就从已经掌握的少量在深圳工作的金华老乡名单中，分头进行走访联系。还记得，为了能节约点公交费用，我们买了两辆自行车，不分昼夜、冒着酷暑四处打听登门寻访分散在深圳各处的老乡。其中有一次经历让我至今都无法忘记。

听一个老乡介绍说，深圳市政府某个部门有一名金华老乡，于是我就骑着单车去市政府寻访探视，结果真的找到联系上了，他有些意外和感动。当我们分手告别时，他看到我一个办事处主任，还骑着一辆自行车去联系工作时，觉得有点不可思议。他就半开玩笑地对我说，你作为金华市政府办事处主任，这样"艰苦朴素"的形象，我们老乡对老乡不会有想法，但到市里其他部门去办事，人家就会小瞧我们金华的。当时听完他这句"玩笑"之言，我完全理解他的好意提醒，但也只能苦笑了之，根本无法向他诉说市政府给的是些什么条件。作为金华市政府的一员，也需要顾及市里面子，"家穷不外扬"。

另外还有一件让我哭笑不得的事情。深圳一年四季温差不大，气温比较炎热，尤其是太阳紫外线格外强烈，自己连续在深圳骑车奔波，皮肤晒黑不少。有一次回到金华，当我刚进家门时，两个女儿还误以为家里来了一个走错门的渔民，听到我出声时，她们才从声音中认出这个爸爸来，随即非常兴奋地投入了我的怀抱。当时自己心里虽然有些酸楚，但自己毕竟已是一个成熟的男子汉，坚强才是自己一贯本色，于是我还是以一个特殊的微笑，来表达我对她们的关爱与亏欠。

天道酬勤，由于我们全体办事处工作人员的不懈努力，最后也换来了丰硕的成果。当我们分头把市政府要在深圳建立办事处的消息告诉给在深圳的老乡后，他们很快就以老乡传老乡的形式，又联系到不少原先未知的金华籍老乡（包括金华市下属七个县市区在内）。当他们听到这一消息后，都欢欣鼓舞，纷纷来人、来电，主动与我们取得联系。他们都表示有什么需要他们帮助的，尽管叫我们开口，一定会尽力而为。在众多的老乡中，让我们印象最深，对我们帮助最大的，也是我一辈子都不会忘记的贵人，就是之后成为我们金华同乡会会长的杜志岳先生。

杜志岳先生是我们金华下属的东阳县城人氏，是一位1946年就参加革命的老同志，1982年作为北京中国人民银行总行一名处长，被组织派往深圳人民银行担任副行长。我们到深圳那年，由于年龄关系，他刚刚退居二线，但他继续发挥余热，担任银行融资公司总经理并兼管人民银行后勤资产管理工作。当他听说我们办事处没有住房，还暂住在招待所时，就主动提出，将他们银行后勤处的3套宿舍，差不多有400平方米的房子，以低价租给我们办事处使用，这一下就解决了我们面临的最大难题。

这么大面积的房子，不仅解决了我们办公、住宿用房问题，我们还充分利用多余面积，先后办起了食堂和招待所，并请老乡家属帮助我们打理。这样一来既解决了办事处吃饭问题，又为金华来深出差人员提供了不少方便，同时也为我们办事处增加了一部分经济收入。

与此同时，我们又不失时机利用当时深圳特区一些对内地企业的特殊经营审批政策，注册了一个金华地方名特优产品经销门市部，将部分金华知名产品引入深圳市场，然后通过深圳窗口转销港澳海外市场。相应的，我们又在深圳组织当时内地比较紧缺的进口家用电器，销往内地市场。就通过这样来回互换的经销形式，既宣传了金华特色产品，又增加了办事处经济收入，不到一年时间的努力，办事处不但在经济上做到了自给自足，之后又相继买了小汽车和自己的办公住房，在接待内地各类考察团时，也显得"阔绰"起来。由于有了一定的经济实力，我们还逐步加大了信息工作，拓展了与港澳海外的联络工作，并为内地企业招商引资项目洽谈做了不少工作，取得了较好的社会效果。

随着办事处各项工作不断展开，尤其是金华籍在深工作人员的名册基本收集完毕，正式成立深圳金华同乡会的事宜也就摆上了我们的议事日程。为了把同乡会真正办成一个连接金华与深圳及港、澳的起桥梁纽带作用的组织，我们按照深圳特区民政部门有关规定，参照学习其他省市深圳同乡会的一些创办经验，并广泛征求深圳广大金华老乡以及港澳地区同乡会的意见，还及时听取了浙江省政府驻深圳办事处领导的意见，最后确定，将同乡会的名称定为"深圳金华经济发展促进会"，正式通过深圳市民政局注册登记，成为深圳市一个合法的民间团体。虽然组织名称叫"促进会"，但内部组织还是以金华同乡为核心主体。首先促进会会长，由我们金华籍德高望重的杜志岳老行长担任，然后下面六个副会长，分别由我们金华下属七个县市老乡担任，促进会秘书长由我兼任，促进会的日常工作由我们办事处负责。

后来浙江省驻深办冯广修主任听到我们这种组织形式后，大加赞赏，认为我们这种形式既保留了传统的同乡会乡土气息，同时又顺应了特区改革开放发展的需要，为深圳不同阶层、不同地区进行相互学习、相互交流提供了一个很好的平台，还表扬我们的做法是一个创举，值得全省各办事处推广学习。所以当我们正式邀请他担任我们促进会名誉会长时，尽管他工作很忙，但还是毫不犹豫接受了，并在担任促进会名誉会长期间（一直到他退休回浙江之前），为我们做了不少有益工作。尤其是他的爱人，也是浙江临安人，所以她一直称呼我"小老乡"，所以也以各种不同形式帮助支持我的工作。至今回想起来，都记忆犹新，对他们的好，一一牢记在自己心里，难以忘却。

如今再回想起当年"经促会"成立时的情景，自己内心仍然会激动不已，因为那是我在深圳办事处工作中，组织得最成功、最完美的一次大型社交活动。可以说那次大会的成功召开，把我们办事处形象推向了一个新的高度，那次会议不但轰动了深圳，而且也影响了港澳与金华内地。那次大会召开的概况，在深圳特区报、香港联合早报，还有金华日报都相继作了报道。事后总结，那次大会能够开得如此成功、完美，与我们办事处前期所做大量充分仔细的准备工作是分不开的。我们对召开成立大会的目的意义进行了充分考虑研究，目的任务首先是要充分利用这一机会，宣传金华、介绍金华，扩大金华在深圳的影响。其次，是广交朋友，为金华企业与深圳及港澳企业做好牵线搭桥工作。所以在那次成立大会召开之前，我们根据金华经济发展需要，有选择性地在金华组织邀请了46家重点企业，与此同时我们又通过深圳企业家协会帮助联系，邀请了深圳46家企业，两地企业以一对一、结对子的形式参加了成立大会。因此，这次大会实际上是一次企业与企业对口进行经济交流的大会，也是一次由我们办事处搭台，以两地企业唱戏为目的的大会。除此之外，我们金华市政府和深圳市政府双方领导，都被邀请参加大会并代表双方市政府致辞讲话。与此同时我们还邀请了不少社会名流、港澳侨领，还有所有在深工作的金华籍老乡，总计到会人数有300多人。当时我们办事处虽然经费并不宽裕，但"好钢"要用在刀口上，于是我们就在当时深圳刚开张不久，也是最豪华的格兰云天四星级大酒店，摆了三十几桌酒席，招待各路贵宾来客。

那次大会的胜利召开，得到了社会普遍好评，更重要的是为我们办事处日后在深圳开展各项工作，奠定了坚实的基础。

为香港"赤松黄大仙"寻根

　　1989年上半年，我们办事处应香港东阳同乡会邀请，组织了金华部分企业经理代表赴香港进行考察。由于历史原因，那时大陆人员去香港不像现在这样凭本人身份证就可以去当地公安部门办理赴港旅游通行证，而是还需要有香港机构或亲属的邀请函，才能办理此证。那次去香港考察，是我们办事处与香港东阳同乡会合作组织的第一次邀请活动。首批去香港考察的十二名金华企业经理代表，说起来可能现在人都不会相信，几乎都是第一次去香港。而在这十二位代表中，别的人不说，就说我们金华著名企业家尖峰水泥厂厂长杜自弘，都是第一次去香港，可见当时国内对外开放的程度是什么状况了。因为香港签证只有七天有效期，于是我们就根据企业各自需要，分头进行活动。

　　我也是第一次去香港，所以日程安排也是满满的。除了拜访香港东阳同乡会永远名誉会长蒋恒鹤和会长金志坚以外，另一重点就是走访香港知名度比较高的"赤松黄大仙祠"。

　　因为在我刚到深圳不久，就耳闻香港有一个黄大仙祠非常有名，一年四季香火很旺，还听说黄大仙确有其人，而且还是我们金华人。当时我听了感到非常惊奇，所以想这次到了香港一定要前去拜访了解一下。那次是香港东阳同乡会秘书长周兆志先生亲自陪同我去的，周先生祖籍是东阳南马人。据他自己介绍，他是解放初八岁的时候被父亲从东阳接去香港念书的，后来在香港当了一名小学中文教师。他看上去四十岁左右，谈吐文雅，为人友善。通过交流，发现我们之间有许多共同语言，很快就成了好朋友。在去黄大仙祠的路上，他告诉我，来香港，若不去黄大仙祠的话，都不好意思说来过香港，并称，香港人可以不知道当时的港督是谁，但不会不知道黄大仙其人。可见黄大仙在香港人心目中的地位是多么重要了。

赤松黄大仙祠，坐落在香港九龙东北部竹园区的狮子山南麓，公交、地铁在那里都设有站台，所以交通非常方便。我们一走出地铁口，抬头望去就看到了一座气势恢宏的牌楼高高耸立在不远处，牌楼横幅匾额上有几个醒目大字：赤松黄大仙祠。字迹端庄朴实、苍劲有力。我们一起穿越门楼，绕过一道玄观，后面就是大仙祠广场，广场正面就是黄大仙殿堂，整座建筑雄伟古朴。

殿宇前台上面，人头攒动，熙熙攘攘，有很多善男信女跪地求拜。两侧香炉火光冲天，映红了半个天空。当我们走进正殿后，看到里面求签的人群，可以用人山人海形容。周先生告诉我，那里的签非常灵验，可以说有求必应。所以在他的"蛊惑怂恿"下，我这个无神论者，怀着十分好奇的心理，花了五十元港币抽了一签。我将签拿到手上一看，竟是一号签，一位老道人给我读解，说我是春秋战国时期，楚国大夫伍子胥投胎之人，是个忠臣，但要防小人暗算，等等。我听完后，一笑了之。但心里想，尽管他讲的有些夸张，但对于我这个心直口快、没有心计之人，提个醒，这应该也是一个忠告吧。花五十元钱，买个忠告，觉得也值！

之后我们又仔细参观了挂在展厅里的各个时期的历史文字资料，从中了解到，黄大仙确有其人。他实际是出生在东晋时代的兰溪人，原名叫黄初平，八岁时因家境贫寒，去了金华北山帮人放羊，十五岁在赤松山遇仙指点修炼成仙，后来专门从事精炼仙丹，治病救人，受到后人颂扬，被称为黄大仙，从此扬名天下。从他后来的故事分析，我个人认为他应该是一个古代白求恩式人物，说白了他就是一位云游四海的中医道人。据祠内讲解员介绍，黄大仙在香港同胞心目中，还是一个法力无边、神通广大之人。凡人求他，都会有求必应，因此引来了无数善男信女顶礼膜拜。港人平时出门办事、做生意，都要先来此抽签求证该不该出门、何时出门有利。以至于后来在东南亚以及欧美地区很多国家都相继建造了黄大仙分祠，随着华侨的足迹而遍布世界各地。

在参观完黄大仙祠回来的路上，我心里一直在思索，黄大仙最早发源于我们金华，在金华却没有什么大名声，就连我这个在金华待了二十几年的"老金华"，对此也知道很少。而今在香港看到的，却是另外一番繁荣景象，有种"墙内开花墙外香"的意思。由此在我心里就萌发了一个念头，要介绍更多金华乡镇以及企业领导来香港见世面开眼界，以更好地拓展他们的视野。于是我们办事处在香港与香港东阳同乡会达成了一个长期合作协议，准备每个月组织两次，每次安排十二个企业（包括乡镇）领导到香港考察。由香港东阳同乡会出面发邀请，我们办事处向浙江省旅游总公司申请办理赴港手续，这些人员到了香港以后再由香港东阳同乡会安排食宿考察事宜。这项合作活动我们总共安排了200多人次。

实践证明这种形式的活动在当时国内比较闭塞的形势下，所取得的社会效益是显而易见的。别的不说，就拿我们金华赤松乡的黄大仙资源开发工作来讲，就是一个最好的示范。我第一次香港考察回金华以后，就联系组织了金华县赤松乡党委书记为随后一批去香港考察人员。去香港后，他们经香港东阳同乡会出面与香港啬色园（香港赤松黄大仙祠主管团体）取得了联系，双方进行了认真仔细的商量洽谈，最后由金华县出面，邀请香港啬色园即香港赤松黄大仙祠，去金华实地进行考察。

香港代表团在金华县赤松乡实地考察期间，翻阅了大量历史资料，并深入民间进行详细了解核实，最终一致认定，金华县赤松乡确是黄大仙（黄初平）在 1600 年前得道成仙的地方。

当他们看到当时赤松乡那座规模狭小的"赤松黄大仙宫"时，都觉得非常惋惜和不可理解。最后他们商量提出，黄大仙享受这样的"待遇"与他对世人所作的贡献，以及他在世界各地的声望是极不相称的。必须要对他的宫殿重新加以修建完善，以便更好地向世人传播"黄大仙文化"和弘扬他"一生施药济民、救死扶伤"的精神。最后通过那次实地考察，香港啬色园一锤定音，决定回香港开展募捐活动，来重修金华正宗的黄大仙宫。

为了做好这项工作，更好加强香港与金华赤松乡的联系协调，经我们办事处与香港东阳同乡会协商，他们专门指派周兆志先生为该项目联系人。之后香港方面还先后多次派出专业设计人员，到金华赤松乡实地进行测量规划设计活动。经过香港啬色园在香港的宣传募捐活动，先后募集到几千万元重建资金。

后通过三年时间的努力，在金华县赤松乡黄大仙宫原址上，一座金碧辉煌、气势恢宏的赤松黄大仙宫高高耸立了起来。平时香客不少，尤其是每年农历八月二十三黄大仙诞辰之日，许多港澳海外香客都会千里迢迢结伴而来金华，参加祭奠活动。如今的赤松乡已成为一个远近闻名的旅游胜地。它的重建也为当地村民开辟了一条脱贫致富的道路。

对于广大的海内外黄大仙信徒而言，通过对金华赤松乡黄大仙故里的寻根问祖和后来的重建，终于实现了他们缅怀先祖、继续弘扬黄大仙救死扶伤精神的心愿。而我们办事处为这件事情穿针引线，起到了作用，也感到无上光荣和自豪！

第二次大祸

人生在世，福祸难料。1982年自己在金华地区拖拉机汽车修理厂担任副厂长期间，在一次去温州参加产品订货会途中，由于小汽车方向盘突然失灵，造成了翻车重大事故。所幸的是，在那次车祸中自己幸免于难，逃过了一劫。而非常不幸的是，十年后的1992年，又一次大祸降临在了我的头上。在第二次大祸中，自己身中一刀，被送医院缝补了二十四针后，才救回了一条性命……

80年代末90年代初，随着全国改革开放形势不断深入发展，深圳经济特区也就成了全国改革开放的样板，于是在全国就兴起了一股深圳考察热潮。为此，那个时候在内地还流传着几句顺口溜："一等公民漂洋过海，二等公民深圳珠海，三等公民北京上海。"如果你没去过深圳珠海，就说明你是三等公民，会被人小看。于是内地大大小小干部，甚至普通职工，都会以各种理由分批来深圳考察。实际就是来开开眼界，见见世面。

提起那次大祸还得从我们办事处接待工作说起。1992年10月2日晚上九点钟，这是一个自己一生都不会忘记的时间。那天晚上我们要接车的是金华市下属七个县市区（包括几个档案局的局长）来深考察团。那时我们办事处虽然已经有一辆小车，但十几个人坐不下，于是我就打算陪他们一起坐公交车去宾馆。因为那段时间深圳治安不是很好，考虑到档案局同志很少出门，于是先将他们集中在车站广场口边上，由我向他们讲几条注意事项。

当我第一句话还未讲完，就听到浦江县一名档案局长高声告诉我说，刚才放在身边的一只旅行包不见了！我马上过去问他，里面有什么东西，他焦急地告诉我说，里面有三千多元钱。三千元在当时也不是一个小数目，因此，我一面告诫大家保管好自己的行李，一面向四处张望。正在这时，边上一个保安员用手指着前方告诉我说，他刚才看到有两个人拿着你们的旅行包往西面跑了。于是我们一起追过去四个人，大约追了一百米，果然发现了二名小个子拿着一个包，拼命朝前奔跑。当我第一个冲在最前面，快要抓住其中一个人时，另一个人突然将旅行包腾空抛给了远处一个接应的人逃走了。但其中一个小个子被我死死抓在了手里，当时心想，抓到人质，就"跑得了和尚，跑不了庙"。

于是我们四个人，就围着他，让他交出东西，但他矢口否认。当我们正准备将他扭送去派出所的时候，突然从路边树林里窜出八个彪形大汉，每个人手上拿着一支黑乎乎的东西（我们还以为是折伞，因为当时下着小雨）围了上来。我想光天化日之下，他们想干什么？！正在我们互相拉扯之间，我突然看到他们从手中黑套里拔出了寒光闪闪的腰刀，而且他们八人已分成两个一组对付我们四个人，而这时小偷还死死地抓在我手里。我见状意识到问题的严重性，首先考虑到司机比较年轻，只怕他吃大亏，就叫了一声"小应快跑"。那个小偷也乘机脱身逃跑。我凭借自己在部队学过的"三脚猫"擒拿拳，与身边两个大汉厮打在一起。一个正用刀向我刺来时，我果断一脚蹬开，而另一人就趁机向我刺来，而此时自己已经来不及躲闪，被对方刺中大腿，我就奋力呼喊抓强盗，然后就看到这伙歹徒拔腿跑了。

由于当时的公安报警，没有像现在这么迅速，而我当时刀伤比较严重，司机小应就急忙把我送到医院抢救。事后小应告诉我，当时你自己看不到伤口，我们在边上看了都很害怕，这一刀已刺到骨头，里面肌肉与脂肪完全暴露出来。抢救医生说我运气还算好，没有刺到股动脉，否则等你们二十分钟才送到，血流光，早就没命了。医生从里到外总共为我缝了二十四针，这也是我一生永远不会忘记的一个特殊数字。

事后，金华市领导非常关心我的情况，除了慰问关心我的伤情外，还几次打电话，要我将情况写个报告，市里准备将我评为 1992 年度见义勇为积极分子。经过再三考虑，我还是推辞掉了。当时主要考虑：一是这次事情发生地在深圳而不是金华，明显是深圳的事情去占用金华的评比名额，内心过不去。二是这次接待的十二个局长中的一名女局长正是当时市委书记郭懋阳的爱人，为此自己心里就产生了一个顾虑，（平时最怕的就是别人在背后对自己说三道四）这样做也可以为郭懋阳书记减少不必要的麻烦。当时自己的心态是，又一次"大难不死"已经非常知足，没有必要为一个名誉和几千元奖金而斤斤计较，清清白白活着才是最重要的。

自己在部队当兵时，首长经常教导我们，"伤疤才是一个军人最高的勋章"。虽然当初自己在部队没有得到过这样的勋章，而现在在改革开放经济特区这个前沿阵地，获得了这样一块"勋章"，我想在我平凡人生道路上，同样有一种不平凡的意义，因为它在自己人生道路上留下了一个值得自豪的回忆。

中国有句老话："好事、坏事，一二不过三。"我这辈子已经经历过两次"大难"了。如今不知不觉已进入古稀之年，但愿能应验那句"一二不过三"的老话，平平安安地过上安稳的日子，毕竟现在已经不年轻了，自己的身体也经不起什么折腾。我不会奢求"大难不死，必有后福"，但求自己"大难不死，余生平安"即可。中国还有一句老话："生死由命，富贵由天，平安是福。"我一生所追求的就是平安是福。

深圳是我参加革命工作的最后一站，在这三十多年奋斗岁月里，自己不但流过辛劳的汗水和殷红的鲜血，至今身上还留有难以抹去的伤痕，但我始终对当初来深圳的选择无怨无悔，因为这里是中国改革开放的前沿，是我人生最后一搏并取得成功的地方。深圳，应该是我一辈子最正确的选择。

附 录

随笔杂谈

七十感怀

清晨醒来，睁开眼睛，觉得自己还活着。于是伸手打开手机，小小屏幕上赫然显示：2019 年 1 月 1 日。转眼一想，才从懵懂中意识到，自己的人生脚步已经正式迈进古稀之年了。

我向无大志，其中包括对自己生存年龄在内。因为我的父亲只勉强活了六十年，就不幸离开人世。此事一直在我心里留下了难以抹去的阴影。而如今，自己竟然超越他老人家十年寿命，还没有明显七十岁的感觉，内心真有些意想不到的自我陶醉。我暗自思忖，这算不算是人们常说的"青出于蓝而胜于蓝"的一种表现呢？待自己头脑稍稍清醒后，才明白，这只能是自己不知羞耻，沾沾自喜的一种表现罢了！因为，回想自己平平庸庸七十年人生，也并没有什么胜于蓝而可以炫耀的地方呀！于是我又在想，这会不会是自己继承了母亲的遗传基因（母亲享年九十六岁高龄）？中国民间有一句老话："三代不出舅家门。"于是我赶紧起床，对着镜子，上下左右，仔细看个不停，结果始终也没有看出自己长相有哪一点是像我母亲的，而自己的模样活脱脱就是我父亲的一个翻版！要不然是阎王爷对我的额外关照？思来想去，也想不出一个可信的缘由。于是干脆不再去想它了。还是听天由命吧！反正对于目前自己的身体、生活状态已经感到非常幸运与满足了。

人生真的像一场梦，不知不觉就到了古稀之年。有时候常常会想，人到了这个年纪，是否应该回头去看一看？然后再向前去看一看呢？而回头看，七十年人生经历，风尘仆仆，一路走来，可以清晰看到自己走过的一条路。这条路确实已经走得很长、很远，而且是自己脚踏实地、一步一步地走过来的。

现在回想起来，这条路的起点，应该是天目山南麓的河桥镇。在那里，五年蹒跚岁月中，自己看到的是一个绿水青山环抱中的古镇，一条清澈见底、鱼虾成群的小河，还有架设在小河上的那座高高而长长并且用铁索串着的古老木桥。还有在昏暗油灯下，父亲戴着眼镜，手里拿着剪刀，不停地裁剪着衣裳布料和母亲在一旁用双脚不停地踩踏着缝纫机踏板的背影。从这路再延伸出去，我看到了，自己六岁那年，跟随在母亲身后，徒步走出了那条弯曲延绵的山间小路，走向了人生第二故乡——武隆镇，在那里度过了十二个金色年华。让我看到的是，巍峨挺拔、青翠秀丽的武隆山，那山上山下，飘动着很多自己熟悉而亲切的小学、中学同学与老师们的面容和身影，还有父亲、母亲早出晚归、勤奋劳作，为我们所做的点点滴滴。之后，在人生道路上，又意想不到来了个重大转折！自己陡然从眼前熟悉的武隆山下，跨越式地走向了几百公里以外，金华城西，那座长满老头松的平顶山，上了那所建在城隍庙里的学堂，度过了几年难忘的蹉跎岁月。正当自己感到前途渺茫、学习生活令人泄气的时候，似乎苍天开恩，又为我开启一扇新的希望之门，让自己下决心走上了向往已久的从军之路。从此，一步一步走上了一条曲折艰难而又光明的人生之路……

回头看这条十分漫长的道路。从小到大，从蹒跚再到幼稚，再从幼稚到成熟。从青葱懵懂到后来豁达睿智。这其中，自己走过阳光大道，也走过独木小桥；有山重水复，也有柳暗花明；有迷途知返，也有绝处逢生。风风雨雨几十年，有爱过，也有恨过；有得过，也有失过；有顽强拼搏过，也有奢侈享受过。有时会像神仙一样坐着飞机漂洋过海，有时又会像小狗一样睡着火车地铺走南闯北。更让自己刻骨铭心的是，在茫茫前行道路上，还大难不死地翻过车子、挨过劫匪的刀子、遇到过金融大骗子！可以毫不夸张地说，人间的酸甜苦辣，生死磨难，在自己身上几乎都一一经历了一遍。尽管七十年往事不堪细数，但对沿途所遭遇到这些惊心动魄的事件，自己永世也不会忘记。

在七十年奋斗日子里，为了生存，为了事业，可以说自己已经耗尽了毕生精力，同时也毫无怨言地奉献了自己青春年华。现在可以自豪地说，自己所做的一切，问心无愧！向上，对得起苍天，对得起祖国，对得起父母；向下，对得起家庭，更对得起子孙后代。如果一定要说出对不起谁？那只有是自己！每当自己面对镜子，见到里面那个，白发苍苍、满面皱纹的老汉，竟是自己？确实有点措手不及！内心一时真地难以接受！仿佛此时此刻才明白，人这一辈子确实，很短、很短、很短！真的不堪回首！既然回头看如此沉重，那就调头向前看吧！

人到了古稀之年向前看，前面到底还有多少路！我自己也说不出来？也从来没有仔细想过。只知道人生道路，每个阶段都有不同的诉求，而且因人而异，不尽相同，但大致规律还是有的。学生时代，奋发努力，为的是拿到一张好的成绩单，因为它关系到自己的前途命运。而如今的我们，只要每年能拿到一份尚好的体检报告单，就心满意足了。青年时代，男才女貌，挑三拣四，结为夫妻，生儿育女，然后衣锦还乡，以满足各自虚荣之心，这也属无可非议的终身大事。而如今的我们，只求有一个互相深爱、互相信任、互相照顾的好老伴，就心满意足了。壮年时代，为了实现名利双全，拼个你死我活，轻者受到打击排挤，重者甚至不幸搭进了自己的性命。而如今的我们，已经懂得了，金钱是身外之物，够用就行，职位只是过眼云烟，没有也罢，只要有个好身体，我们就心满意足了。人的一生就这样一路走来。而如今，还有很多老人在各种场合、以各种形式提出很多类似"老骥伏枥、志在千里"的豪言壮语，而我没有，因为，自己是向无大志之人，以前做不了什么惊天动地大事，如今老了更没有什么雄心壮志。要说自己有点什么长处优点，那只能说，自知之明自己还是有的。知道自己先智不足，尤其是耿直秉性难改，加上从小起就有乡下人自卑的顽疾，而且至今尚未痊愈！所以，只能凡事遵循，笨鸟先飞，勤快一点，遇事先让人三分，低调做事，善良做人。为此，自己一向对先人诸葛亮《诫子书》中说的"非淡泊无以明志，非宁静无以致远"二句名言非常钟情。以至在家中此类字画书法藏品，品种繁多，目不暇接。就连自己卧室大衣柜门上，都裱上了"宁静致远"四个白底黑色大字，非常醒目，它几乎成了我早晚必须咏诵的"圣经"，久而久之，也就成了我人生的座右铭。在我看来，淡泊是一种美德，是一种态度，是一种修养，更是一种高尚的境界。而一个人的成功不在于如何出类拔萃，更不能为了达到一己私利，而不择手段去损人利己，光明磊落，恪守本分，为人正直诚恳，才能问心无愧，没有后悔。这些既是家教的传承，也是自己一生经历中，不断探索、不断反思、不断学习总结的人生感悟。

我非常喜欢崔永元主持的《实话实说》节目，更敬佩他台上台下，言行一致的高尚人格。我觉得，只有他才真正配戴实话实说这顶头衔桂冠。我们对待人生态度也一样，应该实事求是、实话实说。因此，我们必须清醒认识到，我们前面要走的路已经不是很长，也不再风光无限，可以说已经是进入了人生的尾巴。就像最近我在朋友圈看到的几句大实话一样，人生不过三晃：一晃就大了，二晃就老了，三晃就没了。按中国人对年龄界定习俗，三十为而立，六十为花甲。一晃也就三十年，二晃为六十年。现在到了我们这个年纪，不用讲，也已经到了人生第三晃了，所以老天爷留给我们的时间已经不多。现在我们的主要任务是如何让自己的第三晃，速度晃慢点、长点、久点，而且还要晃得潇洒点、浪漫点、快乐点。只有这样或许能够晃到九十，甚至更长一些。但从我内心讲，还是相信那句老话，人的一生：生死由命，富贵由天，平安是福！尤其是对于我们这些上了年纪的人来讲，三句话中的关键词是平安，而平安的核心是健康与快乐！

　　随着新年钟声响起，仿佛又让我听到了赵福昌同学的"三笑"。笑一笑十年少，这是人们对延续生命的一种期盼，也是达到长寿必备的心理要素。看到天底下竟有如此不用花银子就能得到的灵丹妙招，也让我这个对自己生存年龄不抱太大希望的人，从内心也产生了一种莫名的"渴望"。新年的第一声钟声，预示着新的一年开始，既然如此，我们何不把七十岁的第一声钟声，当作我们大家第一笑的开始呢？前几天，我看到陶利芳同学转发的："七十岁一个不能少，八十岁尽量不要少，九十岁越多越好。"感觉写得很好，非常温馨励志。我还想借花献佛，并冒昧再加上二句："百岁一定能创造，诀窍就是用三笑！"

　　谨以此文献给七十岁老同学——愿与大家共享、共勉、共乐！

2019 年元旦

七十春梦

今年元旦，自己刚写完《七十感怀》一文之后，转眼春节又来临了。时间过得真快。中国的元旦与春节，人们都称为过年，在我看来，它们应该是世纪年轮所衍生的一对孪生姐妹，都象征着新的一年开始。好人成对，好事成双，这正是中国人处事所希望达到的一种理念。而这种理念也给我带来了一个启发，仿佛又在我头脑里产生了一种联想：既然自己已经为元旦敬写了《七十感怀》一文，又何不为即将来临的春节也献上一篇类似的文章，让它们成双成对，成为姐妹篇呢？要不然心里总觉得有失公平，留下缺憾。于是我静下心来，前前后后琢磨了好久。按理说，新的一年刚开始，应该会有很多新的话题可写，但真提笔去写，却又无从下手。因为我曾经在《七十感怀》一文中多次讲过，自己是一个向无大志之人，对于七十岁后的人生态度，依旧如故，除了平淡，别无他选，所以一时心里觉得没有东西可写。但回头又想，人无大志，不等于不会做梦呀！凡人或多或少都会做梦。我既然是一个凡人，也不例外。于是我想还是在新春来临之际，做个梦吧！而且希望能与大家一起来做个新春之梦。经过反复思考，最后决定要写一篇做梦的文章。这篇文章的题目就叫《七十春梦》。

前些日子，我请了一位自己内心崇拜多年的良师益友，要求他出山为我所写的《七十感怀》作一次点评。主要目的，是想实事求是测评一下自己所写的文章到底水平如何。因为自己的写作之路，实际上是从退休以后的旅行过程中才开始的。如今还清楚记得，退休后，自己喜欢自助旅行，先后确实走了不少地方。在旅途中，还时不时地写些旅行笔记，久而久之，也就养成了书写旅行日记的习惯。后来又渐渐地迷上了自娱自乐的业余写作。这也可能是受"行万里路胜读万卷书"那句格言影响而产生的一种效果吧。刚开始，写作对于我一个门外汉来说，还是一件比较陌生，或者说是一件非常遥远的事情。当时心里只是抱着一种试着玩玩、边写边学当作娱乐的想法，后来也陆续试写了不少小文章。至于会发展到如今"一发不可收手"的地步，这是当初没有想到的。回头一看，也确实从写作过程中得到了不少乐趣与收获，尤其想不到的是，自己的一些小文章还得到了一些老领导、老朋友、老同学以及亲属的肯定与鼓励，这就更加增添了自己决心继续写下去的勇气。

有句俗话说得好："人贵有自知之明！"这点正是自己一生中唯有的一个优点。所以在众多的赞扬声中，自始至终保持着清醒的头脑，心里没有沾沾自喜的念头，因为我内心非常明白自己到底有几斤几两！论学历文凭，充其量是一个连中专都没有完成全部学业的学生（学校未毕业就去了部队）；讲写作水平，自己只是一个刚刚起步不久的七十老翁。与其说自己是在写文章，倒不如说自己还是停留在当年"文革"时期写大字报的那种状态，好坏自己是知晓的。我更清楚，凭自己这点水平，要想写出什么好文章，可能是异想天开，白日做梦！如果把我现在这种写作状态，比喻成在海滩上建造房子，倒是比较形象、非常贴切的。一篇篇文章，就像建在沙滩上的一幢幢房子，建得再多、再好看，没有坚实的基础，最终也逃脱不掉垮塌的结果。但好在，自己一开始就把写作当作一种娱乐、一种消遣、一种对退休生活的补充，心里所注重的是书写过程中的一种乐趣，而不是想要得到什么样的结果。因此，在我看来，房子建成也好，垮塌也罢，这些对于我来说，都不重要，重要的是只要自己能勇敢地站在沙滩上，一边观看海市蜃楼般的风景，一边书写晚年美好人生，并尽情享受眼前无忧无虑、平淡而幸福的生活，就已足够了。因为这些才是自己的初衷，才是我一生想要的东西。

而如今业余写作已成为自己的一种爱好，那就顺其自然，力所能及地坚持写下去，而且要尽最大努力，将自己心里想要表达的东西写出来，还要争取写得精彩一点。这样才不会辜负大家对自己的期望，也对自己所付出的努力有一个明白的交代。目前自己感到最大的困难是心有余而力不足。说白了，就是由于自己年轻的时候不懂事、不努力，加上墨水实在喝得太少，现在已经觉得自己就像一口没有泉眼的水井，面临着枯竭的危险，有种"山穷水尽疑无路"的感觉。如果要想扭转现在这种被动局面，"柳暗花明又一村"，单靠自己的努力，希望非常渺茫。所以我想，除了自己继续不断汲取新文化、新知识以外，还需要有高人的指点帮助，才能提高自己。"一个篱笆三个桩，一个好汉三个帮！"一个好汉都需三个帮，更何况自己是个平庸之人呢！

于是，我就想到了前面提到的那位良师益友，希望他能出山相助。当我与他取得了联系，向他诉说了自己的心愿，并提出了许多"苛刻"的要求之后，这位良师一连几天对我不理不睬，没有一点态度。后来还是在我再三恳求下，也许是被我这种求知若渴的精神所打动，他还是同意出手相助。让我感到欣慰的是，自从他接受我的请求后，果然出手不凡，发扬出了他一贯办事严谨认真的作风：首先非常认真地将文章从头到尾审阅了一遍，然后从文章的总体构思，到每个段落的布局与衔接，到语句、语法的应用，到标点符号的合理使用，都非常规范细致地进行了剖析评判，最后还认真地书写了一份完整、全面而精辟的评语。

我拿到这份评语后，心里真有点如获至宝的感觉，并怀着一颗十分激动而又紧张的心情，反复阅看了几遍。阅后真的让我心服口服，甚至可以用五体投地来形容对良师的信服。同时在我心里归纳出六个字：感动、吃惊、反思。首先，让我感动的是，良师能放下自己的架子，耐心而仔细地为我这样很不起眼的小文章，这样大手笔地进行分析点评，还在百忙之中亲手执笔书写了全面而精准的评语。现在看来，让他这样一位曾经的文化高手来点评我这样的小文章，真是有点杀鸡用牛刀的感觉，太为难他了。因此，自己内心除了对他的感激，还是感激！

而让我吃惊的是，自己这样一篇只有区区三千字的文章，里面竟然发现如此多的错句、病句和错别字，而且还有大量的标点符号的误用没有统计在内。再联想到自己以往所写的那些文章，就不知道里面会有多少问题与错误了！此时的我，真有点不敢再继续想下去的勇气了！面对这样的点评结果，开始心里确实感到有些意外，但很快就认识到，文章中所暴露的种种问题，恰恰就是自己写作中所存在的薄弱环节，也是自己目前写作水平的真实反映。说到底，自己就是一名众多业余写作爱好者中的学徒工，或者说是老树上刚刚长出来的一粒新芽而已。

此时此刻，又让我想起小时候经常听到母亲讲的那句谚语："老来学木匠，再学也不像！"按此说来，自己又像是谚语中那位不称职的老木匠了。但在我内心深处，认为这句话虽然说得有一定道理，但也不能完全苟同。因为虽然年轻人学习远比老年人学习容易得多，但这不应该是我们老年人现在不去努力的理由。尚且一个人在什么时候应该做什么事，并没有硬性规定，只要自己想做，而且又喜欢做，我认为就可以从现在开始去做。只要努力去做了，什么时候都不能算晚，关键是看自己的态度与决心。最后关于反思，可以说有一件事情是我，也包括我们这代人中的大部分人在内，是最不愿意提及，但又必须面对的事实，那就是我们这一辈都没有进大专院校学习的机会。虽然这其中有很多客观原因，也有不少主观原因，但无论是哪种原因，都是我们一生无法再弥补的缺憾！如果说还有什么希望，除非世界上真的有传说中的轮回来世。虽说自己是一个无神论者，也不相信人生可以重来，但为了圆自己的大学之梦，我情愿相信世上真的会有来世。如果真有来世，我将毫不犹豫倾其所有，去努力实现自己的大学之梦，以了却今生未能实现的人生夙愿！

元月 3 日，从电视里看到我国嫦娥四号登上月球阴面的新闻时，心情格外激动。让我更为惊喜的是，15 日国家又宣布将在春节期间，将嫦娥五号送上月球轨道。这真是，好事成双，喜上加喜的大喜讯。两个新年、二次登月，这是国家科技进步，经济繁荣昌盛的象征，也是我们七十岁人生开局之年巧遇的见面大礼。此时此刻，我想大家一定会与我的心情一样，无不为之欢欣鼓舞，为之喜笑颜开……

前几天，受西北冷空气南下影响，深圳地区迎来了今年入冬以来最寒冷的天气。为了避免受寒潮侵袭而伤风感冒，那几天晚上几乎天一黑自己就趁着三分酒意，早早钻进了温暖舒适的被窝，不一会儿就进入了久违的梦乡。也许是印证了民间那句"日有所思，夜有所梦"的老话，自己在睡梦中竟然也进行了一次太空旅行。在昏沉蒙眬的睡梦中，自己不知什么时候随着嫦娥飞船，腾云驾雾进入了太空，并很快就登上月球。

当我睁开双眼，眼前的场景，让我大吃一惊！自己竟然来到了当年老学校边上那座门楼上镶着"金汤巩固"四个大字牌匾的城隍庙门前。当我用迟疑眼神仰望着门楼牌匾，正准备要离开的时候，耳边突然听到"咣当"一声巨响，瞬间庙门洞开，从大门里走出来一位满面红光、精神抖擞、胸前飘着长长白须的老人。他快步向我走来，脸上带着微笑问我：你还认识我是谁吗？我从惊恐中定神一看就回答道：你不是我的老校长能恒刚吗？！怎么会不认识呢？！这时我也有点疑惑地反问他：老校长，你怎么还在这里呀？学校不是早就迁走了吗？当他听了我的询问后，嘴含笑意，一边夸我记性不错，一边略有所思地向我讲述了他升天以后一段不平凡的经历……

据老校长回忆，他是二十年前服从天命才来到天堂的。到天堂报到时，玉皇大帝得知他是来自孔夫子家乡的老革命，还当过学校校长，心中大喜，因为在早些时候，玉帝就打算在天堂创办一所大学，由于一直没有找到合适的校长人选，而迟迟未能遂他心愿，如今碰到这样一位合适的人选，真是千载难逢的好机会。于是他大笔一挥，就下了一道圣旨，任命老校长为天堂大学筹建委员会主任，让他全权负责天堂大学筹建工作。

听到这一决定，本以为来天堂可以颐养天年的他，怎么也没有想到还要他重操旧业，创办学校，而且要办的还是大学，这是他心里明知担当不起的重任。于是他想推辞，但此时玉帝金口已开，圣旨已下，天命难违，只能恭敬不如从命！最后他还是硬着头皮走上了新的工作岗位。

他说，自从接到玉帝任命书以后，他每天寝食难安，心里总是沉甸甸的，精神压力很大。大家都知道，当初自己在老学校担任校长时，实际学校的具体事务都是由杜世焕老师操办的，自己只是一个挂名校长。而如今要创办的是非同小可的天堂第一学府，真是有点骑虎难下的感觉。但老校长毕竟也是一位久经考验、见过世面的山东好汉，面对重重困难，他没有气馁，也不惧怕，而是经过冷静思考后，如法炮制，仍然采用以前创办老学校的办法，先设法找一个内行且可以信赖的得力助手，然后以点带面，广招贤才，展开工作。

于是他首先想到了一个老师——竺之丰，对于竺老师，他是比较了解熟悉的。竺老师是一名杭州大学毕业的高才生，也是学校最早来到天堂的。当时他也应该风华正茂、年富力强，而且杭大毕业生对从事教育事业具有非常大的对口优势。于是老校长千方百计，通过各种渠道，四处打听，最终在天堂花果山附近的一所天竺植物园里，找到了竺老师。据说，当年竺老师刚来天堂报到时，由于年轻单纯，脾气耿直，又刚在人间遭遇恐吓，惊魂未定，在语言表达方面宁波地方口音太重太硬，未能讲清楚自己的专业与特长优点，而天庭有关部门也官僚主义严重，在他没有完全表达清楚自己意愿的情况下，就主观臆断地按照"竺之丰"的字面意思，将他误解为一个培养竹子的专业人才，把他安排到天堂的天竺植物园去工作了。这对于他来说，明显是学非所用，但竺老师还是安分守己，没有作过多的辩解，就默默选择了服从。就这样，他在天竺园里一待就是三十年，过着几乎与世隔绝的隐居生活。老校长的到来，让他感到非常惊讶与意外，开始都有点不敢相信这是真的！直到听了老校长创办天堂大学并邀请他参加筹建工作的消息时，才回过神来，并当即表示非常愿意为老校长办学助一臂之力。得到了竺老师的明确表态后，老校长心里也非常欣慰与高兴，他马上将竺老师的情况写了奏折，向玉帝奏了一本。得到玉帝认可后，竺老师很快被任命为大学筹建委员会副主任，协助老校长开展工作。

竺老师上任后，确实不负众望。他首先联络上了继他之后陆续来到天堂的他的几位学生弟子，将他们一一招聘进来，并委以重任。先前已经在天堂安居的几位学校老员工，得知刚来天堂的老校长已受玉帝委托要在天堂开办大学的消息后，也欢欣鼓舞，纷纷找上门来，向老校长、竺老师提出要求，表示要为创办天堂大学添砖加瓦、贡献自己的力量。在这些员工中，有大家非常熟悉的原校医姜似莲阿姨、原学校财务室每个月专门为我们发放饭菜票的沈永庆会计，还有大家都不会忘记的烧得一手好菜好饭的食堂负责人黄绍荣师傅。

当老校长回想起这段情景时，显得非常激动，他深情地说，当时看到这些老员工一个个站在他们面前，内心说不出有多高兴，大家分别了这么多年，如今他们还是这样记挂他、信任他、支持他。当时正是他办学急需人才的时候，真是雪中送炭、求之不得的大好事，于是他马上与竺老师碰头商量，当即决定，一个不少全部录用，并迅速将他们安排到相应的工作岗位上，充分发挥他们各自的专业才能。

由于大家同心同德、齐心协力，通过不到一年时间的努力奋斗，一所颇具规模的大学就这样建成了。玉帝闻讯后，心中大喜，专程陪同王母娘娘来新学校视察了一番。最后玉帝钦定这所大学校名为"天宫大学"，并亲笔挥毫，写下了"天宫大学"四个金光闪闪的大字，作为学校御用金字招牌，向全球招生！老校长因建校有功，被玉帝正式下旨任命为天宫大学第一任校长，任期为五十年。而竺之丰老师也被任命为大学第一副校长兼教务处主任，更可喜的是我们那些已在天堂的同学，都先后被破格晋升为大学教授。

听到这些介绍，让我羡慕不已，也为他们在天堂所取得的进步赞叹不已！

老校长接着介绍说，自从大学正式启用之后，为了更好适应全校师生生活后勤保障需要，同时也想为天庭做些实事，来报答玉帝对学校无微不至的关怀，学校还开设了天宫大学附属医院。医院除了对全校师生实行免费医疗服务外，还对外开放，取得了很好的社会效果。这都是院长姜似莲努力的结果。与此同时，学校对食堂也进行改制，对内除了负责向全校师生免费提供餐饮服务外，对外已注册登记为"天宫大酒店"，面向全社会开放经营。值得一提的是，现任大酒店总经理黄绍荣，原先在老学校开发秘制的私房菜辣椒炒肉片、咸菜油条汤，还有陶罐水蒸米饭，现在已成为天堂家喻户晓的菜肴，享誉天庭。而原来学校财务室会计沈永庆，现在已升任为大学财务总监，掌管全校内外财政大权。可以说，凡是已在天堂的老学校师生员工，在老校长关心爱护下，几乎都得到了提拔与重用。他们所享受的生活福利待遇，也让我目瞪口呆，羡慕不已！据老校长介绍，按照学校制度规定，凡是达到副教授级别以上的教职员工，每人每户都可以分得建在天堂花果山附近或瑶池边上的独门独户别墅一幢，而且每幢别墅还免费配有全球服务水准最佳的菲律宾用人和印度籍保安各一名，可以提供二十四小时优质服务。除此之外，天庭一年四季会定期向每户派发美味可口的仙桃和瑶池桶装仙水。逢年过节，天庭酿酒大师吴刚会手捧桂花酒，免费向大家敬酒。还有周末夜晚，尤其是每年八月十五中秋节，嫦娥会携带玉兔，在七仙女的陪伴下，到天庭音乐喷泉广场表演大型歌舞晚会。如果遇到一年一度王母娘娘举行的生日寿宴，那就盛况空前、美轮美奂，让你眼花缭乱……

老校长对天堂美好生活的描述，让我内心产生了许多涟漪与遐想，真想马上进去一睹为快。于是我冒昧地向老校长提出，能不能现在带我进去看一看？老校长听到我这一要求后，马上收起脸上笑容，非常严肃认真地对我说：你知不知道什么叫"天堂之门"？我听后，马上答道：知道啊！上天堂、下地狱。分设有"天堂之门"和"地狱之门"呀！老校长听后又说：知道就好。那我告诉你，你眼前这扇庙门，现在已不是从前的普通庙门了！它已变成"天堂之门"了。而你现在还是个凡人，是不能随便进这道大门的，否则就有"有去无回"的下场！我听到老校长一席警告后，心里真的有点惊恐，但更多的是纳闷与不解，接着我就向他提出自己的疑问。于是，老校长又向我讲起了这座庙门的来龙去脉。

他说，几年前，他听说人间有人为了赚取暴利，准备将大片土地连同老学校，还有城隍庙一起，统一征用拆迁，然后进行房地产开发。经查实确有此事后，就迅速将情况报告玉皇大帝。玉帝闻讯后，大为震惊与不满，在他看来拆除庙宇是违反天规、大逆不道之举。于是，他下令并派遣天兵天将，将整座城隍庙连同老学校一起搬迁到了天堂，下旨交由老校长处置。

老校长告诉我说，他当时考虑以后老学校师生最终也会到天堂安居，为了不使他们在来天堂的路上迷失方向，找不到我们的老学校，所以想把这座学校附近的标志性建筑安置在天宫大学前面，为以后来天堂的师生们起到一个指路作用。于是，他以为学校招揽人才名义，向玉帝奏了一本，要求玉帝批准将这庙门安置在天宫大学前面，并用作今后老学校师生专用升天通道。玉帝看了老校长奏折后，感到有些为难，因为自古天堂只设一道天门，重设天门，有违天规。但他看到老校长此举是为学校招揽人才，也为老校长这种有情有义、爱才惜才的精神所感动，经过再三考虑，最后玉帝采用了变通的办法，以照顾学校招揽人才为由，同意在学校大门外设立一道小门，就是后来被公认的天堂"二天门"。同时，玉帝还补充批示：今后凡是老校长原来学校师生员工来到天堂，无须办理任何签证手续，只要老校长认可，就可以直接经"二天门"进入天宫大学任职，并可享受教授级待遇。

当我听完老校长一番妙趣横生的叙说之后，心中对于庙门神奇的变迁有了新的认识。同时，也从中觉得世上似乎真的有轮回来世存在。自己心里或多或少有了一丝慰藉，因为有了来世，才有机会实现自己的大学梦想，但内心深处对此事还有些怀疑和不确定。于是，我又用将信将疑的口气询问老校长：世上真的有轮回来世吗？老校长听后，用非常肯定的口吻回答说：当然有啊！我们天宫大学的学制就是按照人间轮回年限而设定的。人类一个轮回为一百年，所以我们大学的学制也是以一百年为一届而确定的。一百年大学毕业后，除少数表现特别优秀的学生留在天堂做事外，绝大多数学生，还是由送子观音按男女适当比例，用渡船送到人间，然后投胎，重新做人。他笑着说，人间不是有句谚语"百年修得同船渡"吗？指的就是这个意思。他接着又说，当然，也不是所有学生都可以顺利毕业，也有少数学生，表现极差，或者违反了天规，将被打入十八层地狱，永世不得翻身。

此时，他深有体会地说，以前自己在人间的时候，每当听到旁人告诫"人在做事，天在看"，总认为是迷信，不可信，后来自己到了天堂才知道，这是一句真话。天底下的一切事物，在天上看得一清二楚。现在你们人间公安到处装有监控天网，虽然可以随时回放调看，但比较麻烦。我们天堂就不一样，因为我们个个都是千里眼、顺风耳，还随身带有照妖镜，对人间一举一动，了如指掌。就比如你们的"友谊池"活动，我就知道得一清二楚。因为我对老学校还是有很深感情的，会经常关注大家的一些生活健康状况，尤其是对你们提倡的保八、争九、创百健康目标，非常赞赏。我也会在天堂遥助你们这些目标的实现。但你回去必须转告大家，无论在天上，还是在人间，都要做一个善良的人。说具体点就是：要凭良心做人，用良心做事。真正做一个问心无愧之人！凡作恶者必招祸，为善者必得福；卑鄙者必速朽，高尚者必长寿！

最后，老校长动情地说，以前在人间一生，他感到最亏欠的人就是杜世焕老师。在老学校时，名义上自己是校长，而实际上，学校几乎所有的事情，都由杜老师操劳经办，整天忙忙碌碌，他才是名副其实的校长。自己对他的亏欠至今没有机会报答。请我回去转告杜老师，自己在天宫大学校长任期为五十年，现已干了二十年，还有三十年到期，再过三十年，一定将校长位置让给他。现在自己会在天堂保佑他在人间再待上三十年，到那时再来天堂接班。不过三十年后，学生也都一百岁了，到时候干脆也跟随杜老师一起来天堂，进天宫大学算了，因为天堂生活条件确实不错。到了那天，自己一定会在天堂"二天门"前迎接，就像1965 年 8 月 21 日那天一样。大家重新欢聚一堂，一起学习、一起生活、一起嬉笑打闹，还有一起穿上工作衣，唱着《打靶归来》，徒步向远方实习工厂走去……

正当我与老校长重温五十年前那段如诗如画如歌的黄金岁月时，突然从不远处的云端里飞来一只丹顶仙鹤，它乖巧轻盈地侧停在老校长身边，并在他耳边细语了几声。老校长听后告诉我，玉帝派仙鹤来接他，有要事商量，今天只能告辞了，抱歉！说话间，只见他一跃而起，驾鹤西去。紧接着，只见一道耀眼的闪电从空中划过，随着一声巨响，眼前那扇庙门也轰然紧闭。于是，我的一场春梦也被惊醒。过后一看，才知道，自己是在睡梦中，被楼下孩子们施放的迎春爆竹声给惊醒了！

时光飞逝，逝水东流。五十年弹指一挥间，蓦然回首，浮想联翩。如今有的虽已各自阴阳，但对这些人、这些事，记忆犹新、眷恋尚存，就像历史车轮辗转的印迹，难以抹去。而今只能用点滴文字来祭奠远去的呼唤，用余香缭绕来诉说前世缘半世情。不久的将来，我们终会重走半世纪前的老路。让我们携手同行，重温那段风雨同舟、和衷共济的难忘岁月。这就是我们至尊、至纯、至爱的同学情！

2019 年春节

故乡的年味

　　人到了我们这个年纪，越来越不知道年是什么味道了。尤其是我们这些远离故乡，长期居住在异地他乡的人群，年味就更加觉得清淡乏味，就好像一杯被冲泡了几遍的茶水，虽然还是有些茶的味道，还能见到杯中上下浮动的茶叶，但实际已是寡淡稀薄的感觉了。只是在这一时刻常会情不自禁地回想起小时候在家乡过年的那种欢乐无穷的场景。继而故乡的风土人情、生活习俗，就会清晰无误地展现在自己的脑海之中……

印象之一：杀年猪

　　小时候，我的家居住在浙江西部天目山南麓一个叫昌化的小县城里（经过几十年的变迁，现在该地已归属杭州市临安区管辖）。由于县城地处偏远山区，交通闭塞，经济落后，加上解放初期整个国家都处在一穷二白的状态，所以当地百姓生活大多数都比较贫穷，可以说家家户户都是遵循精打细算、省吃俭用的原则过日子。那个时候虽说生活过得清贫简朴，但人们心中也不失愉悦与知足。特别是到了春节临近之际，人们所有的生活都会变得不同寻常，一切的一切都会围绕一个"年"字展开。别的不说，就说逢年杀猪，那是家里一年之中最隆重、最热闹的大事，也是我对小时候过年印象最深、最美好的记忆。

小时候，在我们家的后院，有一个蛮大的猪圈，中间用一个木制的隔栏将它一分为二，可以供两家人使用。记得每年春天，母亲就会去镇上农贸市场买回一头十斤左右重的小猪仔，将它放置在猪圈中饲养。早先几年，母亲饲养的都是产自当地的一种黑毛土猪。这种猪个儿小，很难养，饲料喂得再多也长不大，辛辛苦苦一年养下来，百把来斤就算了不起了。如果运气不好，碰到猪瘟之类疾病，那就惨了，连老本都拿不回来。不过，在我的记忆中，母亲运气一直很好，从来没有碰到这种倒霉的事情。这种黑毛猪虽然难养，个儿小，但肉质非常鲜香可口。如果是养来供自己品尝享用，还是一个很好的选择。到后来几年，母亲从集市上买来一种白毛新猪种，据说是从苏联引进的，正式名称应该叫约克猪。可能因为是进口的原因，当地老百姓称为白毛洋猪。这种猪的特点是容易饲养、膘肥个大，同样饲养一年，就可以养到二百多斤，甚至更大。缺点就是肉质比较粗糙，口感比黑毛猪要逊色很多。但因为这种猪还有一个更大的优势，就是抗病能力强，成活率相应就高，饲养成本就低了，所以深受百姓欢迎。就这样，我母亲也照样画葫芦，跟着别人饲养这个品种了。

过年杀年猪，这是我们家乡的一个重要习俗。在小镇上，几乎家家户户都养年猪，只是每户人家饲养的数量有所不同。一般来说，镇上居民户口人家，因为口粮是国家定量供应的，没有多余的粮食来饲养生猪，因此受条件限制，每户一般都饲养一头，主要是供自己食用，同时也是为了迎合风俗而为之。我们家的情况就是如此。而镇上一些农业户口的人家，饲养年猪的数量就大不一样，他们是根据自己家土地多少、粮食收成如何、家中劳力强弱来决定饲养数量的。

记得每年到了冬至，母亲就会去农民家中收购一些玉米、番薯之类的精饲料，拿回来喂养家中那头年猪。每当我见到这种情景，经常会认为这是一种浪费！甚至还会在心里产生一种不满情绪，认为猪比人都吃得好，这样有失公平！这时母亲会一边喂养饲料，一边耐心给我解释说：现在是大冷天，是年猪最容易长膘的时候，现在给它吃好一些，可以长得肥一点，到春节杀猪时，可以多产些猪肉。讲到这里，她会反问我一句，是玉米、番薯好吃，还是猪肉好吃啊？！听了母亲这么一讲，我心里也明白了许多，认识到给猪吃好一点是应该的、合情合理的。

尽管当时社会上有一种不成文习惯，打猪草都是女孩子干的事，如果男孩子去干，就会被人家取笑，但我听了母亲的话以后，也顾不上人家取笑，经常会跟着母亲一起去山坡、野外采摘一些野菜、山果子来喂养家中的年猪。可见，母亲的教育，对一个孩子的影响是多么重要！

时间很快就到了春节杀年猪的日子。那一天，是家里一年中最热闹的。一大早，父亲前一天联系好的镇上的屠夫带着两名帮手，拿着整套工具，急匆匆地赶到了家里。此时，父亲先递上三包香烟，每人一包，母亲为他们分别泡好茶水，并顺手付清屠宰工费。记得那时候每头年猪的屠宰工费是六元钱。后来从父亲那里了解到，这名屠夫姓谭，湖南人，是一位当地最有名的杀猪匠。从外表看去，人高马大、身体健壮，而且满脸长着络腮胡子，与我们平时在电影上见到的杀猪匠没有两样。两个帮手中，一个是他的儿子，体格也相当魁梧、健壮，因为他的头发是棕黄色、有点像西方人，加上他们家里又都是杀猪的，所以当地一些人就为他取了一个好听又好记的绰号"洋猪"。刚开始我听到有人叫他"洋猪"，觉得好奇又好笑，但他满不在乎，他已习惯了吧。三位壮士，抽了烟，喝足了茶之后，就要动手了。

其实，杀猪并不是我们想象中那样，只凭体力就可以做的行业，还是要讲究技术与互相配合的。他们先由一个手脚麻利的人，伺机抓住猪的一条后腿，另外两个人再一拥而上，顺势将猪摁倒在地上，然后用他们备好的绳索，把猪的四条腿交叉捆绑起来，接着合力将整条猪抬放在案台上。这时的猪好像已知自己末日来临，于是会歇斯底里嚎叫、挣扎，我们这些站在外围的人，也会有震耳欲聋的感觉。这时只见屠夫拿起一把锋利的杀猪尖刀，熟练地照着猪的咽喉处，就狠狠地捅了进去。瞬间，就看见鲜红的猪血冒着热气从刀口处喷发而出，流入下面一个早已准备好，并加有盐开水的木盆里。这时的大肥猪，一边不停地抽搐、一边还拼命垂死挣扎，反抗还是非常激烈，只是被两名壮汉死死地摁着，不得动弹，直到奄奄一息，最后完全毙命为止。从开刀到毙命，前后也就十几分钟时间。但当时的情形，非常激烈，可以用惊心动魄加以形容。

接下来，他们将整条毛猪，放进一个大号木桶里，先用开水浸泡几分钟，然后将全身猪毛刮洗干净，再用各种专用刀具将白条猪卸成八大块，猪头、猪腿、猪腰，一一分割完毕，并将它们分别挂在通风处晾干。最后，将其中的大部分猪肉用粗盐腌制在一个硕大的缸里，上面压上几块大石块，盖上缸盖，作为来年全家人一年的荤腥菜肴慢慢享用。

年猪杀好以后，按照当地的风俗，不论是谁家杀猪，都要在当天烩上一锅现杀的猪肉，邀请隔壁邻居、亲朋好友、单位同事，以及当地德高望重的领导或老人，来家中品尝一顿。这时，我们这些孩子，往往被大人吩咐到左邻右舍搬运借来的板凳、桌椅、碗筷、酒杯之类的各种用具。每到这时，家中高朋满座，好不热闹，满桌酒菜，香气扑鼻，大人们七嘴八舌地议论着猪肉的口感品质、味道如何，个个吃得津津有味。而我们这些小孩按规矩不允许上桌与大人们一起品尝，只能流着口水，站在一旁观望。此时的母亲为了消除这种尴尬场面，她会从厨房里拿出一些猪油渣之类的边角碎肉，给我们每个孩子手上分上一把，然后吩咐我们先到外头去玩，并承诺待大人们吃好了以后，再让我们享用更好吃的东西。于是我们一群孩子就应承母亲的话，到外面尽情地玩耍去了……

如今回想起小时候杀年猪那种既惊心动魄，又其乐融融的场景，心中还是那样眷恋与怀念。只是这些动人刺激的画面，随着时代的变迁、经济人口不断发展，现在已经很难见到了，也可以说是一去不复返了。

现在能做的，只有将这些深深铭刻在自己心中的记忆书写成文字，去慢慢品尝、回味！……

印象之二：大扫除与置年货

每逢春节前夕，家家户口杀年猪以外，还有两件事情是必须要在年前完成的，那就是家里大扫除与置办年货。在我们家里，这二件事情分工是非常明确的，父亲因为是家中经济主要来源，所以就负责购置年货，而艰苦繁重的大扫除任务就落在我母亲身上。

我印象中，在整个腊月期间，母亲总是一刻也不得清闲。每次大扫除之前，母亲会先将一把大号笤帚用细绳子绑在一根长长的竹竿头上，然后在自己头上包上一块布巾，脸上、脖子围上围巾，双手拿着加长的笤帚在屋里屋外、从上到下、四处转着打扫，待她将屋里屋外打扫干净以后，自己也变成了一个浑身尘埃的灰人了。

大扫除，除了打扫房屋卫生以外，还包括拆洗衣服、被子。这些都是非常劳累的活，因为在那个年代还没有像现在这样的洗衣机、烘干机，可以说是全自动的，当时洗衣服完全是靠双手搓洗后太阳晒干的。母亲事前都要选择一个好天气，一大早就起床，先把被子全都拆下来，还包括一家人的换洗衣服，这样一洗就是大半天。看到母亲洗得胳膊酸痛时，我们也为她的辛苦感到不安，于是，我们哥俩会一起帮母亲到屋后的小河里去漂洗、晾干。当时已是寒冬季节，河水冰冷刺骨，但看到母亲如此辛苦，我们也忍着寒意，全力以赴帮她一把。被单晾晒前，需要先将漂洗后的水拧干，我们哥俩用双手各抓一端，使出吃奶般的力气拧绞，才能达到母亲的要求。晾晒时，如果碰到天气晴朗有大太阳，这是我们最开心的事情，因为洗的东西当天就可以晒干。如果碰到变天，那就比较麻烦，母亲就会在被单八九分干的时候，将它拿到屋里，放在火炉旁，用双手翻烤，慢慢烘干。被单洗净烘干以后，母亲还要马上穿针引线，将被褥全部归原缝好，为了赶时间，我们经常看到母亲晚上加班熬夜干活。有时半夜，我们一觉醒来上厕所，仍然见她眯着眼睛劳作，至于她后来什么时候上床睡觉，我们就浑然不知了。

我想，是母亲把她一生对家庭、对我们的关爱与希望一针一线地用真心缝进了漫长而艰辛的岁月里，最终把我们全家以及她的后代幸福美好的日子连缀成一串串、一行行光明的愿景，才使我们有了今天这样幸福美好的生活。我们以及我们的后代，千万不能忘记母亲一生为我们付出的辛劳与贡献，这是"喝水不忘掘井人"的最基本的道理吧！

父亲购置年货，与母亲大扫除相比，虽然要轻松许多，但在那个物资极度匮乏的年代里，要想买到真正称心如意的年货，也是一件很不容易的事。无论在过去还是现在，民间都有一句"有钱能使鬼推磨"的俗语，但在那个年代却不是这么回事，因为购买很多商品除了支付金钱以外，还要凭票供应。像买米吃饭，要凭粮票，而且还分为全国通用粮票、省内地方粮票。穿衣、买裤要凭布票。有些大城市还发放一些不同类型的公分券，可凭券购买一些纺织品，如袜子之类小商品。我还清楚记得，有一年，我去学校途经杭州，用杭州的王惠娟同学之前送我的几张公分券，买了几双称心的袜子。此事影响深刻，一辈子也难以忘记。而当时在我们小县城里，就连最基本的生活用品，如火柴、食盐、煤球都要凭票供应。如果将当时所有凭票供应的商品全部列出清单，少说也有几十上百种。

说起粮票，让我又想起了一个小插曲。记得这件事情发生在60年代初期，有一天早晨，我跟往常去小店打酱油一样，手里拿着父亲交给我的一角钱，还有半斤粮票去买油条。那天父亲手上刚刚没有二两半一张的小额粮票，就递给我一张面额为半斤的粮票，并提醒我要找回二两半，我一面应承着，一面急匆匆去镇上饮食店购买油条。那时的油条是二分钱一根，另加半两粮票，我顺手交了钱和粮票，买回来五根油条，其中二根是给父亲的，因为他是家中正劳力，又是出资人，多吃一根也是应该的，另外三根，母亲与我们兄弟各一根。就这样用油条蘸点酱油，下稀饭吃，搭配非常合理，油条既可当菜，又饱肚子，味道香喷喷的，非常好吃，这也是我们家当年最好吃的早餐。正当我端起饭碗要吃早餐时，父亲向我要应找来的二两半粮票，我顿时傻了眼！竟一时想不起这二两半粮票在什么地方了，是商店未找还，还是我途中丢了？面对父亲的质问，自己红着脸，低着头，无颜回答，父亲见状，大为光火，我只好让他骂得狗血喷头，一点不敢出声。当时如果没有母亲在一旁劝说、袒护，可能还要受到父亲更加严厉的惩罚。后来还是母亲凭着她多年居委会主任的脸子，去找了饮食店经理商量，他们当时只是说：要等到月底盘存以后才能知道有否多余的粮票。后来听母亲说，第二天店里一位姓陈的经理就将二两半粮票交还给母亲了。听到这一结果，我才感到松了一口气，心里也觉得轻松了许多。同时也深刻认识到粮票在当时老百姓生活中是多么重要，也牢记了由于自己的粗心大意，给父母带来了这么大的伤害与麻烦！

春节期间，有很多商品虽说是可凭票供应，但实际上并不是很有保障。因为春节临近，人们都会在节前一段时间内集中采购，这样无形中就形成了一个购物高峰，而物资供应紧张难以满足。当时大部分商品，主要依靠外地运进，县城离杭州最近的城市也有毛二百公里路程，而且那时的公路不像现在的高速路，一个半小时就可以了，路途遥远、交通不便，更是影响了物资供应。我记得1965年从昌化坐客车去杭州，早班车是六点半出发，一直到下午一点半才到杭州，途中足足开了七个半小时。可见那个时候的运输条件是无法跟现在相比的。尤其是碰到冬天大雪封山，交通中断，商品更是无法进山，所以经常会出现有钱有票无货的现象。每当遇到这种情况时，父亲会别出心裁提出精神文化过大年的倡议。

记得在我们很小的时候，父亲经常会说，现在的商店，买什么都要凭票，唯独只有新华书店最好，里面什么东西都不凭票。他还说，过年大鱼大肉是好吃，营养也好，但书本里的文化知识同样也有一个人所需要的文化营养。对于父亲当时这些说法，由于我们当年尚小，不懂他讲话中深层次的意思，只是当作讲笑话而已。现在回想起来，父亲在那样一个贫穷落后的年代，能意识到文化的重要性，也是一件很不容易的事。

听我哥哥讲，父亲是一个有一定文化知识的人，他在解放前就读过好几年私塾，后来由于祖父突亡，不得已辍学当了学徒。平时他能写信、阅读报刊，非常关心国家大事，还会唱一些当时流行的革命歌曲，如国歌、《白毛女》、《解放区的天》、《社会主义好》等，还有很多歌曲都能演唱，有时还能听到他哼上几句越剧。我学校放假去他工作单位去玩，经常见到他在自己裁剪房里，一边工作，一边自娱自乐唱着这些歌曲，而且唱得非常认真、有模有样、动人好听。另外，父亲还有一个爱好，就是喜欢观看苏联进口的"二战"反特影片。只要镇上放映这方面的片子，可以说他每场必到，而且百看不厌。因此，在当时社会整体文化水平还不高的情况下，像他这样生活状态的人也确实不多，父亲算得上是一个爱好文艺的小知识分子了。

每年春节期间，当地的新华书店也是父亲必去的地方，他去那里，会买些对联、年画，还有一些科普卡片、连环画小孩书籍作为新年礼品送给我们，并鼓励我们多学点文化知识，说以后有用。对联、年画，拿回来以后，他会在母亲打扫干净的屋里屋外、墙上、门框上，合理有序张贴起来，将原来陈旧不堪的老房子，布置得鲜艳醒目、井井有条，欢乐、祥和、喜庆的节日气氛一下子凸显了出来。

记得当时，县城里还有一个解放初刚从上海内迁过来的文华越剧团，剧团里的人员都是从上海原班人马迁过来的，所以都是上海人，讲的都是上海话。我父亲也是从上海来的，所以一下就混得很熟了，他们经常邀请父亲去观看他们的演出。春节期间如果碰到好看剧目，父亲一定会托人买上最前排戏票，带领我们全家去观看演出，这也是我们全家感到最温馨、最幸福的时刻。父亲在春节期间安排的这么多丰富多彩的文化、文艺活动，是他为精神文化过大年准备的最好"年货"。

六十多年前，一个普普通通的工人，就能把物质文化与精神文化有机结合在一起，并在自己家庭中加以实施，他这种远见与胆识，是我们这代望尘莫及的。这也是我无限崇拜父亲、怀念父亲的一个主要原因。

其实，年味就是家的味道，是与父母团圆、与亲朋好友团圆，尤其是在故乡怀抱里大团圆。但要达到这些愿望，对于我们这些上了年纪，又远居他乡外地的人来说，似乎有些苛刻，或者说是一种梦想。因此，为了缓解自己心中对故乡、对亲人的思念之情，也为弥补外地年味的不足，趁夜深人静之际，遥望故乡，提笔草写了此文。第一，把它当作自己过年的饕餮大餐，可以解馋。第二，把此文献给与我年龄相同、经历相仿、感同身受的人参阅。从某种意义上讲，美好的回忆也是一种幸福的享受。所以，我想把这种幸福馈赠给大家，一起分享。

2018 年 2 月 20 日正月初五

忆好同学陆鑫根

　　光阴易逝，转眼清明节就过去了，不久我们又将迎来宁波同学会的召开。每当自己准备参加同学会之际，心里总会想起已经离开我们并已在天堂安居十八年的陆鑫根同学。我想大家不会忘记，也不应该忘记，他是我们学校第一届同学会的主要倡议发起人之一。1998年下半年，在我们学校同学中有这样一句顺口溜，叫作：三个女人，一个病人，一台好戏！这句话的意思是说：我们学校第一届同学会是由三个女同学和一个生病的男同学共同倡议组织召开的。其中一个病人指的就是陆鑫根同学。从1998年在杭州召开第一届同学会，到最近即将在宁波召开的同学会，十九年时间里，已先后进行了四届同学会。如果没有当年他们四个人发起组织的第一届同学会，就无从谈起后来几届同学会的存在。喝水不忘挖井人，我们每次参加同学会的时候，最不能忘记的一个人就是陆鑫根。

　　当时陆鑫根同学已经知道自己得了不治之症，心里更明白他自己在这个世界上已来日不多，但他仍然不忘初心，不忘同学之情，为了实现与同学们见上最后一面的愿望，想方设法要召集同学会。为此，他带病四处奔波、八方联系，在那没有手机、没有微信，同学们又分散在四面八方、地址不明、信息不畅的年代里，要组织召开这样一个大型会议，其中的难度是可想而知的，其间所遇到的周折、所付出的辛劳也是不言而喻的！更何况他还是一个重症病人！但他毫不退让，知难而进，团结依靠其他几位同学，克服种种困难与病痛，在共同努力下，终于实现了他人生最后的梦想与愿望——与聚会在西子湖畔的同学们见上最后的一面！

遗憾的是就在那次杭州同学会召开以后不久，陆鑫根同学就于1999年上半年，带着对同学们的无限眷恋与不舍，离开了人世，离开了我们这个大家庭！但我坚信：他在离世时的瞬间，不仅仅带着眷恋与不舍，还应该带着满意的微笑和知足，因为他在自己生命最后的时刻，已经把同学之情看作第一生命、把开好同学会看作他人生最后的梦想，二者的结合他做到了，而且做得非常成功、非常完美！对于陆鑫根同学这种情义至上、友谊第一的精神，直到现在回想起来，也无不为之动容、为之感动！特别是在当时，社会发生信仰危机，物欲横流、人情如纸，相比之下，他的这种义比天高、情义无价的情怀，更加显得难能可贵！我想把他这种精神冠以"陆鑫根精神"在我们同学中加以推崇、加以赞扬、加以学习！哪怕作为我们学校全校师生今后的行动准则与努力方向，也为之不过！而且一定会得到大家的认同与支持！现在陆鑫根同学已经离开我们很久，但他的这种精神将永远留在我们同学心中！

如果说第一届同学会的总导演是陆鑫根的话，那么另外三个女人（姜之敏、颜月红、胡桂花）就是这台戏曲中的主演明星。俗话说得妙：三个女人一台戏！事实还正是如此！第一届同学会在他们的共同努力下，首战告捷，会议开得非常成功、非常圆满，而且还为以后几届同学会积累了不少经验，打下了良好的基础。但自己感到遗憾的是，因为在那次同学会期间，刚巧我市一个赴港考察团中转深圳，接待需要，自己实在无法脱身参加会议，只能以电贺形式作罢。虽然事后与陆鑫根同学在几次电话中作了说明，也得到他的理解，并对他的病情给予关心与帮助，但对于那次同学会自己未能成行前往，与他见上最后一面，始终是我这一生中最大的遗憾！甚至可以说是对他的一种最大的亏欠！因为陆鑫根同学是在我人生低潮时，曾经给予我很大帮助的一位同学，是一位有恩于我的人。

　　记得那是 1971 年的夏季，我为处理"初恋风波"，先后两次去过小浦。记得有一次在小浦厂大门口，偶然碰到刚从湖州开车回小浦的陆鑫根同学（他当时已借调到湖州工作），我们二个人在路边谈了很久，内容也很多。在我脑海里印象最深的是，他最后悄悄地提醒我说：小浦厂内人事复杂，地方势力严重，领导层中有流氓恶势力当权现象存在，还有些人，出于私心，加上年轻幼稚，与之称兄道弟，沆瀣一气，伤害本校女生……并提醒我还是小心为妙！当时听了他的一席话，除了震惊，还有些疑惑不解，但在内心也引起了一些警惕！直到我第二次去小浦，事件真相完全败露以后，再回想起整个事件前前后后、点点滴滴经过，尤其是联想到自己在小浦期间，我们每次傍晚在外散步，总会有几个熟悉的身影始终跟踪在我们后面，"保驾护航"一样，当时只感到疑惑不解，直到这时才幡然醒悟，明白了其中的原因！此时此刻，才真正体会到陆鑫根同学当初提醒的真实性与可靠性！才真正体会到陆鑫根同学对我的真诚与善意！这也是我人生第一次体会到"患难见真情"的深刻含义！内心对他的感激之情油然而生！人是不能忘恩的，陆鑫根同学的善举与帮助应当终生相报，但遗憾的是他英年早逝，没有留给我机会，就连最后见上一面的机会也都因我而错过了！现在想起来，对自己的所作所为，非常自责，后悔一生！如果世上真有来世，我一定誓与他再续同学，情同手足兄弟，以此来报答他对我的恩德！

　　如今重提这些尘封已久的"风月花边"往事，或许有些不合时宜，这也可能是一个人对于初恋往往难以忘怀之故，也可能是人生到了七十岁以后，自然与不自然地会进入"一半回忆、一半继续"的一种生活状态之故。其实对于时过境迁的往事，确实没有必要再去较真，而且每个人在年轻时代里的所作所为，无论对错，都是可以理解的，毕竟那个时候大家都太年轻、幼稚、不懂原则，盲目跟从造成了一些后果。那都是过去的事情，就当作故事讲着听听吧。讲完了听完了就把它当作陈年烂谷，统统倒进垃圾堆里，再点上一把火，将它烧成灰烬！从此一笔勾销！用包容和解的心态看待一切，把心思用在如何过好今后每一天，这才是最明智的选择，也是我们努力的方向！因为岁月已经给了我们成长，给了我们经历，同时也给了我们收获！我们当然就应该学会报答与感恩，因为人不能忘本、心不能忘恩、事不能蒙混、情不能二心！所以，这一切的一切，首先要感恩我的好同学、好兄弟陆鑫根！同时也要感谢曾经通过各种形式关心帮助过我的人士！因为是他们改变了我的人生方向！改变了我的命运！

值此清明时节，谨以此文纪念永远活在我心中的好同学、好兄弟——陆鑫根同学！

2017 年清明

三分　三碗　三笑　平凡

　　岁月匆匆，转眼就进入了 2018 年。我们这批"百年修得同船渡，五世修得同窗读"的同学们随着年轮的不断增长，已经或者即将步入七十岁人生。自古以来，在我们国人心目中都有"人生七十古来稀"的思想，这种观念，放在现在这个时代来认识，显然已不合时宜了。话还得说回来，虽说不合时宜，但按照世界卫生组织颁布的年龄界定标准，七十岁确实已被列入老年人行列，这是不争的事实。所以对于任何一个人来说，七十岁是人生一个重要转折点，一个重要的人生关口。

　　岁月如歌，这是人们经常用来讴歌美好人生的赞美词，现在也有人把美好人生比喻为交响乐曲的五大乐章：青少年时期，从出生到学习成长的过程，被喻为第一乐章；进入社会，参加工作，逐步成熟自立，喻为第二乐章；谈情说爱，组建家庭，生儿育女，喻为第三乐章；为了养家糊口，勇挑生活、工作重担，对下培养教育儿女成才，帮他们成家立业，有的甚至接着照顾孙辈，对上孝敬父母，为他们养老送终，经历人生最艰难困苦的岁月，这被喻为第四乐章；最后，也就是现在的我们，不知不觉地已经进入了人生第五乐章。前面的四大乐章，我们都已经历过，并为之不懈努力奋斗过，也全身心地拼搏过，而且毫无怨言奉献了我们最宝贵的青春岁月，现在我们可以自豪地说：自己所做的一切问心无愧！我们向上，对得起祖国、对得起人民、对得起党。我们向下，对得起父母、对得起家庭、对得起子孙后代！如果一定要说对不起谁？那只有我们自己！道理不用多说，只要我们每个人对着镜子，看看自己已经花白，甚至全白的头发，再看看自己脸上布满的纵横交错的皱纹与"五彩斑斓"的面容，就足以证明：我们是无愧于国家与人民，无愧于家庭与人生。应该说我们是最伟大、最坚强、最吃苦耐劳、最有奉献精神的一代人。也是传承中华孝道的最后一代人！如果此时此刻把鲁迅先生笔下吃的是草、挤出来的是奶的那头孺子牛，对号入座在我们身上，那是太恰当不过了。我想，这也许是因为我们的属相是牛，所以上天给我们的命运就该如此罢了。

2018 年是我们步入七十岁人生的第一年，也是我们人生交响乐曲最后乐章刚刚开演的第一年。第五章既是全部乐曲的最后一章，也是人生乐曲的最后一幕，它应该也是最高潮、最精彩的一章！在之前的四大乐章中，可以说我们都是为别人演奏，为别人歌唱，而且唱的都是奉献之歌，唱的都是悲壮而沉重的"码头工人"之曲，还有就是高亢响亮的"新奴隶老保姆"之歌！唯有现在开始才是真正为我们自己献歌，唱出我们自己心中希望的"新主人、新人生"之歌！所以如何演奏好这人生最后的乐章、规划好七十岁以后人生，是摆在我们面前的新课题、新的设想。

需要说明的是，世界卫生组织界定七十岁为老年人标准，仅仅是指一个人的生理年龄，并非心理年龄，而心理年龄是因人而异，有诸多不同因素，是无法统一界定的。就拿我的父母亲为例子，在同样的生活环境下，我父亲只活了六十岁就没了，而我的母亲却活到九十六岁才去世！所以七十岁从生理年龄上讲才刚刚步入老年人行列，只能算老年人之中的年轻人，与那些八十岁、九十岁的人相比，只能算个"小弟弟"罢了！现在社会上有句顺口溜讲得好："老人两件宝，第一身体好，第二心不老！"我想其中心不老，指的就是一个人的心理年龄。一个人生理年龄增加并不可怕，因为这是自然生长规律，是无法抗拒的，可怕的是心态变老！所以及时调整好心态，才是关键，非常重要。

如今，一讲到养老、长寿，养生、健康，各种各样广告铺天盖地而来，内容繁多，花样翻新，数不胜数。有的还时不时引进一些西洋养生保健品来忽悠国人，弄得大家（特别是老人）晕头转向，无所适从。有的人盲目采用，适得其反，造成不良后果！但对我而言，这些乱七八糟的东西，充其量只能当作参考而已，不可全信。真正让我信服的还是我母亲在世时经常念叨的三句老话："生死由命，富贵由天，平安是福！"简单归纳起来就是一句话：一切顺其自然，平平安安就是幸福！即时下网络上的一句经典名言："复杂的事情，简单去做！"什么问题就迎刃而解了。

其实我们老年人如何安排好晚年生活也一样非常简单，大家所需要的答案，就在我们眼前，而且就在我们校群微信交流内容之中。不知大家有没有留意？

2016 年以来在我们校群微信交流内容之中，有些内容经常出现在我们的眼前，那就是郑大姐、杜志超每天发布的三分钟财经新闻，鱼同学每天发布的三条各类信息，福星同学常用的哈、哈、哈三个笑声，以及谢焕祥同学的网名"平凡"二字。我把它们简单归纳为：三分、三碗、三笑、平凡。四组、八个字！如果把它们分别用寓意的形式解释后，再联系起来看，一幅如何过好老年人生活的蓝图就会清晰地展现在我们大家眼前。

首先来讲解三分。中国有句谚语："一寸光阴一寸金，寸金难买寸光阴！"意思就是时间贵过金子。所以这里暂且把三分钟比喻为三分金（也可以比喻为三分银，也就是一个人日常必须拥有的基本生活费用）。再来解释鱼的三碗。因为之前，他曾经把校群比喻为一个友谊池，而池中之水，是大家你一碗、我一碗汇集而成的，所以把这三碗比喻为三碗水或者三碗精神食粮，也就是生命所需的一日三餐。而福昌的哈、哈、哈三笑，我想不用太多解释，大家就会明白一日三笑的意义所在。至于"平凡"二字，也一样，平平安安过好每一天，意思就更一目了然了！

现在我们回过头再把上述四组、八个字的注解内容连贯起来看，大致意思就出来了：一个人，尤其是老人，金钱不用太多，有三分够用就行，如果多了，变成遗产反而麻烦更多。一个人，一日三餐有三碗粗茶淡饭、吃饱就行，如果天天山珍海味、吃出"三高"身体麻烦就多。唯有一日三笑，才能使人开心快乐、无忧无虑、健康长寿。结论就是：平平淡淡、简简单单过好每一天，才是人生真谛！所以我们无须到处取经，更不用像唐僧一样，带着徒弟，千辛万苦，去西天取经，因为真经就在眼前，只要在我们校群里面就地取材就可以得到非常简单完美的人生秘方。

所谓的真经就是：三分、三碗、三笑、平凡。四组、八个大字！

如果再将它们用我们友谊池七湖五江的心灵之水熬制成一帖中药汤剂（汤剂名称可叫"八子四味养生汤"），我想它的功效一定不会亚于著名的六味地黄丸，而且不久将来会名扬天下！八子四味养生汤中最关键的一味药就是"三笑"。俗话说得好，笑一笑十年少，一笑可抵十年，三笑就可以抵三十年，所以七十岁的我们，如果每天做到三笑，就可以轻松活到一百岁。更何况现在还有我们校群独创秘制的八子四味养生汤为我们免费提供保健调养服务，我们何愁不能实现百岁人生梦想？！

所以我建议从现在开始，大家应该制订一个长远人寿规划，初步定为三大目标：第一目标确保八十岁，第二目标力争九十岁，第三目标创造一百岁。我想只要我们大家继续发扬我们这代人独有的老黄牛精神，同学们齐心协力，携手并进，互帮互助，永不止步，并用"三笑"理念调整好我们的心灵，在校旗坚定有力的指引下，在福星三笑精神光辉照耀下，在八子四味养生汤精心调养护理下，通过不懈努力，我们的三个目标一定会达到，也一定能够达到！

待到我们成为百岁老人之后，我们倾其所有，并用我们经营多年的友谊池作抵押，向天庭嫦娥租用一条大型飞船，并高薪聘请航天英雄杨利伟帮忙，把我们送上飞宫，去享受真正的天伦之乐，去完成我们这代人这辈子未曾完成的大学之梦！我想这就是我们新的一年的期望，也是今后人生的最后梦想！

　　注："八子四味"，"八"的谐音为百，代表我们一百个同学，"四味"代表四年同窗好友！

没有调查，就没有发言权

才溪，当你见到这个地名时，一定会感到茫然与陌生。它是坐落在闽西大山深处的一个乡村小镇，可以说绝大多数人都没有去过，甚至没有听到过这个名字。但如果提起"文革"期间，大家非常熟悉的毛主席语录中那句"没有调查，就没有发言权"的经典语录时，你就会恍然大悟，觉得无人不知、无人不晓了。这句著名的论断，就是毛主席在八十多年前深入才溪的一次农村社会调查实践中发表的。

我国交通事业迅猛发展，尤其是高铁、高速公路建设，可以用纵横交错、四通八达加以形容，而且还不断在祖国广袤地域延伸拓展。其中让我感受最深的是，随着长深高速公路（长春至深圳）的全面贯通，往返于浙粤两地的公路交通距离瞬间缩短了一大截，这为我们两地出行互通提供了不少便利。更值得一提的是公路沿线原来一些长期受交通闭塞困扰而未能开发的红色旅游景点，也相继得到了开发利用。这对支援革命老区经济建设，促进当地旅游事业发展，进一步贯彻落实习主席提出的尽快实现贫困山区脱贫致富的方针政策，起到了至关重要的作用。而才溪，作为红色旅游景点的挖掘与开发，就是一个最好的例证。

今年清明前夕，和往常一样，我们像候鸟似的，趁着春暖花开、气候宜人，专程从广东驱车赶回浙江故里扫墓，以此来祭奠先人在天之灵。但今年与往年不同的是，随着交通线路不断创新与增加，我们回程可选择余地也随之增多。两地行驶距离的大幅缩减，让我们的行车成本以及自身体力消耗都大幅度减少。我们这些上了年纪的人，更注重的是后者，随着年龄不断增长与体能的下降，这方面的体会比较深刻。虽然目前自己尚未衰老蜕变成老态龙钟的模样，实际年龄也暂未达到国际老年人标准，而且内心还经常萌动一种不服老的"犟劲"，但在生理体能承受能力方面，是不可能以个人意志来抗拒的。还是那句老话说得好，毕竟年岁不饶人呀！所以在这次回程线路与日程安排方面，我们还是按照实事求是、量力而行的态度，对以往的行驶观念与一些不科学的行车方法，进行了一次认真的反省与调整。纠正了原来自己在长期工作中所养成的所谓雷厉风行的生活工作习性，特别是对自己开车时的那种不良顽疾———一上路，就会一脚油门踩到家门的毛病———有了新的认识。这样做既疲劳，又不安全，还经常因超速违章被扣分，甚至造成驾照被扣，强制参加学习班，然后还要重新考证的惨痛后果。而现在我们采用了"择近选优、分段慢行、灵活应变、边走边看"的十六字方针。这次回程实践证明，我们新制订的行车方针，确实已达到了我们预期的目标。它既安全，又省力，还可以随时随地停车旅游。而这次才溪之旅，就是一个十分意外的收获。

记得三年前，我们曾经对以江西瑞金为政治中心和福建长汀为经济中心的中国第一个苏维埃红色政权所在地，进行过一次比较全面深入的"红色之旅"。自己对这片热土有如此浓厚的兴趣，与我们这代人的成长经历是密不可分的。因为我们都是新中国的同龄人，对以毛主席为代表的老一辈无产阶级革命家，都怀有一种深厚的阶级感情。我们心中都明白，毛主席是旧中国亿万劳苦大众的救星，是我们新中国的缔造者，也是直接带给我们幸福生活的恩人。毛主席在世时，他是我们心中的红太阳。毛主席去世后，他是我们心中一座永恒的丰碑。可以说，毛泽东的名字会伴随我们一生，甚至可以伴随我们的子孙后代，直至千秋万代。他的英名早已深深融入中华民族生命血脉之中，他的思想早已牢牢植根于中华民族灵魂之中。毛泽东的英名将千秋万代、永垂不朽！

瑞金，是毛泽东继开创井冈山根据地之后，创建的中华苏维埃第一个红色政权。后来由于受到共产国际盲目干扰与指挥，加上党内以王明为代表的"左"倾教条主义错误路线的严重干扰，毛泽东的正确路线受到了无端的批判与排挤，甚至完全剥夺了他的军事指挥权。使这块由他千辛万苦创建起来、原本红红火火的革命根据地，遭到了毁灭性破坏。最后红军被迫进行了二万五千里长征。作为一名新中国的同龄人，党组织的一员，对于早期党内这段不寻常的斗争历史，进行一些了解探索，使自己从中学到点什么，我认为是非常必要的也是很有意义的，这也是自己对红色旅游的一个心愿与动力。

让我意想不到的是，在这次回程路上，当我们途经粤闽两省交界，刚进入福建上杭县境内一个大山时，在公路边上看到一块崭新的旅游指示牌，上面写着：毛泽东才溪乡调查报告所在地。除此之外，上面没有任何注解说明。开始我对此心存一些疑惑与不解，心想这么一个荒凉偏僻、人迹罕见的地方，毛主席真的来过？但当我脑子一转，回想起三年前那次瑞金、长汀红色之旅，心里似乎意识到，虽然对才溪这个地方毫无印象，而且心中还有些不以为意的感觉，但看到它与毛泽东名字放在一起，感觉就非同小可了。心想它一定与毛泽东以及当年中华苏维埃革命历史有着某种联系。想到这里，在我内心又燃起了对红色旅游的极大兴趣。于是我二话不说，当即与老伴商议，并取得了她的支持后，决定在前面出口下高速，前去实地认识一下才溪这个神秘的地方。

小车向前行驶不远，就到了才溪出口处。于是我们按指路牌下了高速，来到才溪收费站。从远处望去，收费站规模不大，进出只有两条收费通道。但周围环境不错，绿树成荫、风景秀丽。最引人注目的还是在出口处的边坡上，高高矗立着一座规模不小的雕塑。其内容是一面象征中华苏维埃政权的旗帜，上面刻有镰刀锤子，还有一颗硕大的五角星。在雕塑的下面刻有一排"中华苏维埃政府第一模范乡"字样，一眼看去非常醒目。雕塑整体印象：红旗招展、威严壮丽，很有一种革命感染力。

当我们将车开到收费窗口后，就迫不及待一面交费，一面向服务员打听才溪景区的情况。此时，只见收费员一边认真办理收费手续，一边仔细观看当时我们后面没有其他车辆后，就笑容可掬、非常热情地向我们介绍了才溪旅游景点的基本情况。最后她们还叮嘱我们晚上可以去住她们乡政府刚刚新开张的才溪山庄（招待所），据说那里比较正规舒适。听完她们的一番介绍后，我们内心对她们这种对自己分外工作也能不厌其烦、有问必答的服务态度非常欣赏，备受感动。从她们的言行举止中，也看到了革命老区人民至今还保留着的淳朴热情的民风。这又仿佛让我们回到了中国大地六七十年代风清气正的社会环境之中。当时的内心真有一种思绪万千、感慨良多的味道。我们无比激动之余，竟然对她们的优质服务一时无法用更多语言来加以表达。为此，在我们离开收费站的时候，只是向她们竖起大拇指，以表示对她们的赞赏与谢意。才溪收费站的经历虽然是短暂的，但她们那纯真可爱的笑脸至今都留在我们的记忆中。

告别收费站。我们沿着服务员指点的方向继续上路，经过一段弯曲惊险的盘山公路以后，发现前面有个丁字路口，抬头一看，在路口末端正前方一个山坡下，高高竖立着一幅巨型木制标语牌。仔细一看，上面红底黄字镶嵌着一句似曾相识的语录："没有调查，就没有发言权。"在牌楼顶端一颗五角星的下面还镶有一块方形小牌匾，上面写有"光荣亭"三个字。虽然上下两组字句，都没有注明出自谁人手笔？但凭借这些年自己对毛主席诗词著作的阅读与学习，心里估计这些字迹应该均出自毛主席惯用的书法——狂草。后来经过询问了解，证明我们的判断是完全正确的。为此，在我们感到非常欣慰的同时，我们还兴致勃勃地下车，在这座语录牌下留影纪念，以表示对毛主席他老人家的深切怀念。

之后，我们按照指路牌方向，向公路左侧继续行驶了五公里路程，就顺利进入了才溪景区。一眼望去，整个景区周围都挂满了鲜艳的红旗，山上山下，一面面旗帜，在山间清风吹拂中，迎风招展，我们眼前仿佛成了一片红色的海洋。尤其是在公路两旁，有序相间飘动着一面面红旗，仔细看去，每一面旗帜上除了印有统一的党徽之外，还在上面印有各种内容不同的宣传字句。内容很多，可以说目不暇接，一时也无法记全。但让我印象较深的有两条：一条是"苏维埃政府模范之乡"，另一条是"红军将军之乡"。这些飘扬在弯曲公路两旁的红旗，在山间翠绿层林、茂密植被映衬下，红绿相嵌，非常清晰。一眼望去，就像一条在绿色海洋上翻腾飞舞的红色长龙，气势雄浑、震撼无比！而我们的小车犹如行驶在一条红色大道上，一边享受着明媚的春光，一边饱览着山上山下红旗漫卷如画，就像毛主席诗词中所形容的那种气势恢宏、震撼心灵的美景一样。此时我们的内心除了无比兴奋，还有的就是满满的喜悦……

由于我们经过才溪景区的时候已过晌午，预计当天需在才溪过夜，所以考虑还是先安排好住宿，然后再来景区游览，心里才比较踏实。于是我们继续向前行驶大约三公里路程，就到了才溪小镇。在镇中心一个三岔路口，我将车靠边停下，正准备下车去打听一下先前收费站服务员介绍的才溪山庄具体地址，突然听到坐在副驾驶的老伴"哎"的一声惊呼，并用手指着车外右上方，示意我看看！当时我见她大惊小呼的，也弄不清发生了什么事情，就顺着她所指的方向望去，只见在车窗右上方有一座颇具规模的石墙大门楼，上面横幅牌匾上清晰写着"才溪山庄"四个金色大字，在斜阳照耀下，熠熠生辉，非常耀眼。我恍然大悟，一时还不敢相信自己的眼睛，世上竟有如此巧合的事情？此时我也不敢往下再想，就直接将车开进了山庄。

进了山庄后，见到里面优美舒适的环境，恍惚走进了一个梦境中的家园：崭新大方的门楼、宽敞幽静的庭院，还有那坐落在花丛林荫之中、非常具有客家民俗风情的三层小楼。真的让我有驻足观看、流连忘返的感觉。

　　当我们停放好车辆，满怀信心前去服务总台联系住宿时，抬头看到接待大厅电子屏幕上显示：热烈欢迎电影《毛泽东在才溪》摄制组下榻才溪山庄。看到这条消息，当时心里感到有些惊喜，同时也有点担心。惊喜的是，才溪竟然要上电影了，不久将来，小小的才溪要变成大明星了。内心也为我们这次能提前见到这位"大明星"的尊容感到十分荣幸。而让我们感到担心的是，电影摄制组的入住，他们必定人多势众，而且财大气粗，会不会将山庄房间全包走了？那样我们岂不是要露宿街头？于是我们赶紧跑到服务总台问个究竟，结果总台服务员告诉我们，这几天摄制组人员确实已陆续入住山庄，但只是一些先遣人员，大批人马要再过两天后到达，你们住上一二天没有问题。听完服务员最后一句话之后，我们才将悬着的心放松下来，并赶紧办理了入住手续，进房稍作休息。然后，马不停蹄按照山庄提供的才溪景区导游图确定了几个主要景点，如才溪苏维埃政府旧址、列宁堂、光荣亭、红军田，还有毛泽东才溪乡调查纪念馆，分别进行了参观游览。其中毛泽东才溪乡调查纪念馆是我们参观的重点，它也是才溪景区的核心，是每个游客必看的地方。

　　通过一番认真仔细的参观了解，才溪八十多年前那段神秘而又辉煌的历史就渐渐地浮现在了我们眼前。才溪地处闽西山区，与江西会昌县相邻，与瑞金相距也不到二百公里，它也是当年苏维埃政权核心地带。如今的才溪是福建省上杭县下属的一个乡镇，整个乡人口不足八万，其中小镇常住人口不足两万。才溪地方虽小，但它的名气可不小，尤其是在当年红色苏区时期，它是毛泽东亲手树立的一个响当当的模范乡，是红色苏维埃一面不倒的红旗，就像新中国六七十年代，由毛主席号召并树立起来的大庆、大寨二面红旗一样，是人民学习的榜样。毛泽东当年树立才溪为苏维埃政府模范乡，是按一切从实际出发，实事求是，独立自主，通过调查研究，遵循中国革命需要的原则而确定的。这些原则体现了毛泽东一生极为鲜明突出的工作方法与特点。

　　才溪在革命年代里，也确实为当时革命斗争作出过相当大的贡献。

为了巩固和发展苏区，为了中国人民解放事业，这个当时仅有一万六千人口的乡村，先后就有三千四百多人告别了亲人，走出了山村，踏上了革命道路。才溪涌现了许多父母送子、妻子送郎、父子兄弟争当红军的感人事迹。他们当中的大部分人都为中国革命献出了宝贵的生命，同时也为中国革命培养出了九军十八师的军队干部，（据统计才溪先后曾出过九个军级干部，十八个师级干部）拥有红军"九军十八师"的美誉。而才溪更具特殊意义的是毛泽东先后三次深入该乡考察，其中1933年11月下旬第三次深入才溪调查考察期间，他写下了著名的《才溪乡调查报告》，并提出了"没有调查，就没有发言权"的论断。才溪乡的调查报告，是毛泽东光辉思想的一个重要组成部分，记录了中国革命的光辉历史！

中国革命之所以能在毛泽东领导下取得伟大胜利，是因为他的核心思想，就是根据中国国情，实行农村土地革命，调动广大农民参加革命的积极性，在此基础上，形成了"以农村包围城市"最后武装夺取全国革命胜利的正确道路。而这条正确道路，就是毛泽东通过不断深入中国农村调查研究，而得出的。

正如邓小平1980年8月会见意大利记者法拉奇时对毛泽东的评价：没有毛主席，至少我们中国人民还要在黑暗中摸索更长的时间。毛主席最伟大的功绩，是把马列主义的原理，同中国革命的实际结合起来，指出了中国夺取革命胜利的道路。习近平主席曾经指出，以史为鉴，可以知兴替。他强调：历史是最好的教科书。对我们共产党人来说，中国革命历史是最好的营养剂。所以，这次我们重走当年毛泽东走过的才溪踪迹，实际是给自己上了一堂意外而生动的党课。由此更加深了自己对他老人家无限的崇敬与爱戴。才溪之行也是我一生最难忘的一次党课。

次日清晨，当我们迎着朝阳，准备踏上回归征程之际，内心对才溪仍然怀有一种依依不舍的眷恋。为此，特赋散文诗一首，以表此心。

再见吧，才溪！

八十年前
毛泽东亲手撒下星星之火的种子，
播下了民族解放的希望，
您的努力成了中华苏维埃的一面旗帜。

八十年后
中共中央吹响脱贫致富的号角，
提出绿水青山就是金山银山的发展模式，
您又成了新时代红色旅游的榜样。

再见吧，才溪！

您是中国革命的星星之火，
您是中华苏维埃的一面旗帜。
您将伴随着毛泽东的英名，
永远飘扬在祖国大地，
永远飘扬在人民心中，
永远飘扬在我小小的心田！

才溪，一个让我终生难忘的地方！

2019 年 5 月 1 日于浙江临安

西南行

　　这次西南之旅其实三年前我们就有打算了，由于种种原因未能成行，一直到今天才下决心要完成这个愿望。这次出行我们还是采用自助游，因为这样要比随团游自由宽松很多。于是我们就作了些简单必要的准备，然后一人背上一个双肩旅行包就出发了。

贵阳市

　　这次我们要去的第一站，是贵州省的贵阳市。从深圳到贵阳行程大约一千二百公里，坐上高铁列车，上午九点钟起动，下午两点钟就顺利到达贵阳北站，前后只用了五个小时，中途只停靠广州东一个车站，速度之快，令人咂舌。记得80年代初，有一次出差，我是从浙江金华乘坐k字头的特快列车（那时每小时120公里算是最快速度了）去贵阳，其间路程与这次也差不多，结果整整用了一天一夜二十四个小时才到达，与这次车速相比，差距之大，就不言而喻了。所以事实证明，我们国家实行改革开放以来，在经济建设方面所取得的突飞猛进的发展与成就，是不可置疑、必须肯定的。

列车到达贵阳后，我们在车站稍作停留，就于当天下午转乘大巴车去了贵阳市西南方向的黄果树，因为黄果树大瀑布是我们这次要去观看的第一个景点。

提起黄果树大瀑布，就让我回想起小时候内心一个特别难忘的心结，那是50年代末60年代初的一件往事。当时自己还在念小学四年级，因为我父亲平时爱抽烟，而且烟瘾很大，每天都要消费两包以上，所以那些印有花花绿绿图案的烟壳纸，就成了我必得的玩物。我经常会把父亲赏给我的烟花纸片，认真折叠成三角纸包，然后用它与小伙伴们进行交换玩耍。记得有一天，父亲顺手递给我一个崭新的烟壳纸，并用手指着印在上面的图案告诉我说，这上面印的是，离我们很远很远的贵州黄果树大瀑布，它是中国和亚洲最大的瀑布，他还鼓励我要好好念书，以后有机会一定带我去看大瀑布。现在回想起来，当时国家正遭遇三年自然灾害，连肚子都吃不饱，要想去这么遥远的地方旅游，那只能是空口白话哄哄小孩而已了。但当时在自己幼小的心灵中，始终相信这必定是父亲的一个心愿，而将它牢牢记在心里。

我们买了门票进了景区大门不远处，就听到从前方传来了一阵阵惊天动地的水泻轰鸣声。当我们走近一看，一幅气势磅礴的大瀑布就清晰地展现在我们眼前，场面非常壮观。一眼望去仿佛一条通天大河从天而降，水流不断从高处直泻而下，这与我小时候看到的父亲那张烟纸上印有的瀑布图案相比，那是天壤之别、无法比拟的。据在场的工作人员介绍，这座瀑布是在几万年前的一次地壳升降运动中，因河道中段整体下沉而形成的自然景观。另从说明书上得知，瀑布上下落差竟有七十九点八米，相当于二十几层楼房那么高大，水面宽度也有一百零一米，到目前为止，它还是中国乃至亚洲最大的瀑布。值得庆幸的是，就在我们到来的前几天，当地刚下了一场大雨，所以这几天因水量充沛，瀑布的场景比平时要壮观好看许多。知道这些介绍，内心甚感幸运，同时也在心中暗忖，这是否父亲在天之灵，知晓我们要来黄果树，他老人家不顾脸面，特地向天庭申请，求来了这场及时之雨，以饱我们的眼福？想到这些，让我感到万分失落与遗憾的是，由于父亲过早离世，在他生前未能实现我们父子同游的愿望。

在我们认真观赏大瀑布风景的同时，工作人员又向我们介绍说，在这座大瀑布的中段内侧还暗藏有一条能够横穿瀑布的通道，景区还将这条瀑布中的通道命名为"水帘洞"，并开设了一个免费为游客服务的游览景点。于是我们也不甘心落后，抱着新鲜好奇的心理，临时买了雨衣，打着雨伞，随着长长的人群队伍，小心翼翼跟了进去。洞窟的路面比较崎岖湿滑，洞壁内侧都是凹凸不平的岩石，而靠近瀑布外侧，除了两端是岩石立柱外，中间全是飞流直下的水流幕墙，抬头看去滚滚洪流自上而下从自己身边擦肩而过，让人看了真有点不可思议、胆战心惊的感觉。尤其是听到里面震耳欲聋的水泻轰鸣声，加上有时又在伸手不见五指的场景中摸索前行，仿佛自己走进了阴曹地府，阴森恐怖的感觉油然而生。好在通道距离不长，通过二十几分钟努力，终于见到前面微弱的出口亮光，直到完全走出洞口以后，我们才松了一口大气。回头再回味洞内洞外那人间地狱两重天的感觉，确实是够神奇够刺激的。同时也真正感悟到，大自然鬼斧神工的创造力，是无所不能、必须敬畏的！

从自己小时候见过父亲烟纸上的瀑布图案，再到眼前见到真正的黄果树大瀑布，时间虽然已经过去整整半个多世纪，但触景生情，睹物思人，此时，当年父亲指点江山的身影仿佛又浮现在我的眼前。在我心里始终认为，这次黄果树之旅，不但是为了圆自己小时候的梦想，也是带着对父母的思念，带着对父亲的感恩，因为是他老人家从小给了我认识大瀑布的知识、给了我去实践这个梦想的决心与动力。所以我想，这次黄果树之旅，也是为了完成父亲生前未能实现的梦想而去，如果他们天堂有知，一定会为我的"孝心"感到无比欣慰与高兴。这也是我这次西南之旅首选黄果树大瀑布的主要目的所在。

遵义市

西南行的第二站我们到了贵州省的遵义。遵义是个地级市，地处贵州北面，是四川通往贵阳的必经之地，著名的茅台酒就出自遵义下属一个叫茅台镇的地方。到了遵义后，平时不爱喝白酒的我，也被当地酒文化的氛围吸引住了，于是就在当地一家古香古色的小酒馆里，来了半斤散装茅台，两人对饮品尝了起来。虽然与自己家乡的白酒口味没有多大区别，但内心还是得到一种不一样的满足感，主要还是为了给此行留下一个美好难忘的记忆。

提到遵义，大家自然会想到遵义会议旧址，与其说去遵义是旅游，不如说是对革命、对先烈、对伟人的缅怀追忆。按现在时髦的说法，应该叫红色旅游。对于这一说法，我是非常认可的，因为我们这代人生在解放初长在红旗下，对共产党、毛主席怀有深厚的感激之情，对中国革命发展历史自然比较关心。在去遵义之前，我们先后去过很多中国革命遗址，如上海与嘉兴南湖中共一大旧址、革命摇篮井冈山、中华苏维埃首都瑞金、革命圣地延安……所以遵义是我们一定要去瞻仰的地方，因为遵义与其他五个地方相比，虽然地方不大，相对革命斗争时间也很短，但它的实际政治意义非同一般。因为遵义会议是在我党我军处在生死存亡关键时刻，广大红军指战员冒着极大政治风险，坚决批判了博古、李德等人的错误军事路线，重新确立了毛主席的军事领导地位的会议。从此在毛主席正确军事路线引导下，四渡赤水、用兵如神，三万多红军，跳出了蒋介石四十万军队重重包围，爬雪山、过草地，经万里长征到达延安……当我们翻开中国革命这一幕幕历史画卷，分析每一个革命时期节点与作用时，就会让我们更加体会到遵义会议的重要意义。

巍巍峨眉

离开遵义我们完成了在贵州四天的行程，9月2日坐火车直奔素有

"天府之国"之称的四川成都，到达成都的第二天我们又马不停蹄去了中国四大佛教圣地之一峨眉山（另外三个分别是山西五台山、浙江普陀山、安徽九华山）。

峨眉山坐落于成都西南面一百九十公里的峨眉山市，景区很早就被联合国教科文组织列入世遗名录，所以它的知名度不但在国内家喻户晓，在国外，尤其那些佛教国度知名度更高。峨眉山也是我们这次行程计划中必去的地方，因为中国四大佛教圣地我们已去过三个，唯独峨眉山需要这次补齐。

我是个无神论者，从不相信任何宗教信仰，因为我心中只相信国际歌中前几句歌词是真理，而且将它记得很熟："从来就没有什么救世主，也不靠神仙皇帝。要创造人类的幸福，全靠我们自己！"我不但记得很熟，而且一直把它当作人生座右铭对待。

虽然我不信佛，但我的母亲非常信佛，在我小时候印象中，每逢一些特别的日子，我母亲总会约上几个同伴去附近一些稍有名气的寺庙烧香拜佛，而且每次回来都会兴致勃勃、脸带笑容地告诉我们，她在菩萨面前为谁谁谁求了签，还捐了多少多少钱，求菩萨保佑大家平安等，她那激动兴奋的心情溢于言表，让旁人很受感动！那时自己年纪还小，对母亲的行为似懂非懂，对她费时又贴钱的行为有些不理解，但看她高兴的样子，而且也是为大家平安，想来应该是件好事，也就认可了！后来随着自己年龄增长，对母亲信佛的良苦用心就越来越包容理解和支持了。

记得 1995 年下半年，她老人家第一次出远门到深圳与我们住了一段时间，那年她已是八十三岁高龄了。她说：八十三再不出来走走，八十四就不能出远门了。她的意思我知道，按老话说"七十三、八十四阎王爷不请自己去"，老人最怕客死他乡而不能叶落归根！虽然老观念不合时宜，但一些老人的想法与心情应得到尊重与理解。所幸的是我母亲她一直活到九十六岁于 2010 年阴历九月十六日才去世。去世那天在医院病房里，一位不认识的老太太轻轻地告诉我：九月十六日是观世音升天的日子，你母亲是跟着观世音一起升天的，是个好日子！当时我想这可能与我母亲信佛有关，我听后心里也得到些许安慰。

母亲来深圳的一段日子，也是我们母子相处最幸福的时光，除了物质尽孝心外，在精神层面也想方设法满足她的爱好。其实她一生没有什么特殊爱好，就信佛，于是我先后几次陪她去深圳最大的弘法寺烧香拜佛、捐款。每次她见到高大的佛像总是兴奋不已，不顾劝阻，八十三岁的年纪执意要对菩萨一跪、三拜、九叩头，使我这个不信佛的门外汉也为之感动！真正领略了宗教力量的无穷与伟大！从那次回来后在我心中产生了一个新的理念，那就是：可以不信佛，但必须敬佛！我心中的佛就是生我养我的母亲——她才是我心目中唯一的观世音！

峨眉山从山脚到山顶主峰高度为 3200 米左右，据说在 70 年代前，上山下山全靠双脚行走，经济条件好的可雇人抬轿上去，如果行走，来回要走上二十几个小时，像我们这把年纪在那个年代只能望洋兴叹了！好在现在只要花上百元人民币就可上下风雨无阻了！峨眉山最大的看点就是主峰上铜质鎏金的建筑——金顶，因为它是中国目前历史最久远、规模最大的金顶，它的总重量有五百多吨。我先前去过湖北武当山，它是中国最大的道教圣地，也有一座金顶，而且材质相同，但总重量只有二十几吨。1000 多年前，古人要把这 500 多吨浇铸铜件，在没有交通工具，没有像样道路的条件下，搬上 3000 多米高的山顶，是一件不可思议的事情！这时脑海里突然浮现出我老母亲在寺庙里一跪、三拜、九叩头的场面，我的心自然就释怀了：世界上信仰的力量是无穷无尽的，是不可战胜的！

都江堰与青城山

9 月 5 日我们游览了峨眉山，原打算第二天跟团去九寨沟，但那天回到成都太晚了无法临时组团，要推迟一天去九寨沟，于是我们临时决定第二天参加成都郊区一日游，去游览都江堰与青城山。

都江堰离成都只有四十几公里，坐大巴车也就个把小时，因为是临时增加的景点，没有什么思想准备，所以事先对都江堰的一些情况不是很了解，只知道它是一个古代引水工程。但事后证明我们的认识与观点大错特错了。通过对景点的不断深入观看与了解，我们对它的认识有了一个180度的大转变，归纳起来有三个想不到：第一个想不到这个引水工程历史竟如此久远，它始建于2000多年前的秦朝，建造时间与北京古长城相同。第二个想不到这个工程规划如此科学、规模如此宏大、工程质量如此坚固耐用。第三个想不到的是，这个引水灌溉工程，能惠及整个成都平原一点三万公顷土地，相当于我们浙江省的一半面积，它不但造就了一个天府之国，而且今后乃将默默无闻为成都人民服务千秋万代。我想无论在国内还是在国外，一个引水工程能为人类作出如此之大、如此之久的贡献，在世界水利建筑史上都是独一无二的奇迹。

相比之下，万里长城虽然历史与它一样悠久，规模比它宏伟庞大，而且闻名世界，但从现实意义分析，长城只是古代军事防御设施，它应有的功能早已消失，如今只作为历史和旅游资源存在。虽然每年有可观的门票收入，但对它每年保养、修复所需的费用也不是小数目，否则国家也不会设立长城专门修缮基金，号召全民捐款。但都江堰就不同，它不但已为当地百姓服务了2000多年，而且还会源源不断服务下去，它不但创造了一个天府之国，而且它还起到了把中国古代历史不断向前推动的作用。所以我认为都江堰的名气虽然比不了长城，但它存在的实际意义应该胜过长城，它不但是成都人民心中的一座丰碑，而且是与北京古长城齐名的中国水上长城！

事实上，这座千年水利引水工程建设者的丰功伟绩，是不可能被后人忘记的，就在都江堰堤坝对面不远的半山高坡处，就建有一座叫二王庙的寺院，这是当时百姓为纪念都江堰引水工程大英雄李冰父子修建的，故叫二王庙。庙宇建筑规模相当宏伟，外观不亚于杭州灵隐寺大雄宝殿。

在结束都江堰游览回来的路上，我内心始终还有一种为都江堰鸣不平的感觉，同为秦朝古建筑，为什么北京长城名气就那么大，而都江堰却如此一般？这是不是受"京城有人好做官"那种世俗潜规则的影响而造成的呢……

青城山是我们成都一日游中另一个景点。从都江堰坐车十几公里就可到达景点门口，交通非常方便。青城山是中国四大道教圣地之一（其他三个分别是湖北十堰的武当山、安徽屯溪的齐云山、江西鹰潭的龙虎山）。说起道教，脑子里自然会浮现什么阴阳八卦、风水八字、太极拳、炼仙丹之类的东西，心里总会对它有神秘感。在我心里对道教与佛教的认识也差不多，即：不信，但必敬！因为世界上不论什么教派，门类虽多，信仰各异，但有一点是一致的，即与人为善、普济众生，否则它们几千年下来不可能有生存发展的理由。来到青城山，我们一走进山门，迎面就见到一座有黑白相嵌的阴阳八卦图案的玄关照壁，这与其他各地道观建筑风格大同小异。据导游介绍青城山道观也有近千年历史，是道教先人张天师寻仙问道、做道场成仙升天的地方，听说里面的签也很灵验，所以香火自然就旺，知名度也随之而高了。

介绍中，当我们听说解放前中华民国总统蒋介石曾到过此地并在山顶上清宫留下他写的字，开始还有点不太相信，是不是导游开玩笑忽悠大家？因为这么多年下来，跑过的地方也不少，见过蒋某人的一些照片，字迹文章也有很多，但将他的墨宝金匾还悬挂在庙宇、道观上的真还从未见过，所以我们抱着好奇的心理在还没有听完介绍的情况下，就三步并作两步往上行走。从山门到山顶高约一千米，由于没有索道，要靠双脚步行上山，好在山势平缓，石阶齐全，我们一口气走了大约个把小时就到了山顶主殿上清宫。站在大殿门前抬头一看，一块金字匾额悬挂在正门上方，上面写着"民国二十九年 上清宫 蒋中正"几个端正金色楷体大字。按民国二十九年换算，公历应再加十一年，等于公历1940年，由此看来蒋介石确实到过此地，当时应该在抗战时期国民政府迁都重庆那段时间。

据说当年蒋某人题写这几个字后，请道长为他卜一卦：蒋、毛之争谁能胜？老道长当面很为难，不敢直说，又不能不说，只好抬起左手，手心光的一面朝自己，手背有毛的一面（据说老道长全身体毛很长很浓）朝着蒋介石，说了一句：天机不可泄也！边说就边走开了。后来老道长私底下对人说，当时的意思就已告诉他了，因为他已将有毛的手背向着蒋某人了，意思是说毛会胜的！

在山顶上我们不但观看了上清宫，还观看了道教圣人张天师塑像和他做道场升天的地方，心里很有满足感，而让我们真正感到满足的，主要还是见到了蒋介石题写的金匾，因为它不仅是一个古迹文物，更重要的它是中国历史发展的见证。

九寨沟

9月6日我们终于踏上西南之旅最后一站九寨沟。这次我们参加的是成都青年旅行社组织的散客团。因为成都去九寨沟有五百公里路程，没有直达班车，如果自行前往，中途需几次转车，非常麻烦，所以我们决定参团前往。

去九寨沟是三日游，每人只需交四百八十元费用。（其中包括往返车费、途中二天住宿费、七顿餐费，以及九寨沟与黄龙二个景点门票）当时我们仔细一算，这个价格太便宜了，有点不敢相信，因为别的费用不说，光二张景区门票九寨沟220元、黄龙180元，就要400元，剩下还有80元，要支付七费八费肯定是不够的。后经了解得知，成都市政府为了促进当地旅游行业发展，又要打开地方企业产品销路，试行一种叫旅游企业与工业企业互动合作的新模式，说白了就是带游客购物消费。听后心存疑虑，但好在行前青旅社与每个游客签订书面合同，条款中写明购物实行自愿原则，不得强迫买卖。（事后证明他们做得非常到位）途中只要求旅客配合导游每到一个购物点都去看一看，买不买自定。据导游讲，他们可以凭每次签到人数一并向所在企业收取一定的补助金，否则他们旅行社要对每位游客倒贴200元以上的费用，那确实是无法承受的，这点我个人是认可的，因为我一般情况下是不会在旅游服务区购物的。之所以在这里多写几笔，目的就是提醒大家，今后如果打算去九寨沟旅游，你们不必在出发地参加旅游团，现在交通很发达，车票也好买，可以自助先到成都，然后参加成都当地正规旅行团，一般稍大点的旅馆都有旅游服务点，一打听就知道，这样既可以享受当地优惠政策，价格便宜不少，又可以随机应变，自由自在两全其美，这又何乐而不为呢！

九寨沟是我们早已向往的地方，因为旅游界早就有这样一句顺口溜："五岳归来不看山，黄山归来不看岳，九寨沟归来不看水！"可见九寨沟的山水早已深入人心，誉满天下。美色可餐，到了成都岂能放过这顿视觉盛宴！

从成都出发去九寨沟，全程五百公里左右，因为没有全程高速，大部分走国道，而且这段路刚刚处在青藏高原岷山山脉大山深处，山高路险，加上弯道特多，行车速度缓慢，五百公里在内地最多四五个小时，但那天足足开了十二小时才到达九寨沟。经过一夜休息，第二天一早用完早餐带上干粮，就跟着导游向九寨沟景区出发了。

走到离景区大门很远的地方，就被前面人群挡住了去路，往前一看，惊讶发现，在景区进口广场上黑压压一片，人头攒动，道路挤得水泄不通，进口处七拐八弯已排成长龙。这还不算，在四周树林小路上还有一队队举着各色小旗，胸前挂着游客标牌的人流从四面八方向广场涌来，其中还有不少外国团队。当时心里在想，这些人一下子真不知道从哪里冒出来的。看到眼前的情景，让我想起"文化大革命"的1966年10月1日，我跟施怀均、张汉楚、马承昌、孙忠焕几个同学去北京参加天安门广场毛主席检阅时的那个场面，也是人山人海。中国人真是太多了！

这时我抬头看到远处景区大门上方一个大型电子屏幕上的醒目大字：当天已出售门票四万一千张。如果按220元一张计算，九寨沟当天门票收入就800万元，再加上黄龙景区门票按180元一张计算，也有

700万元，两个景区一天收入就1500万元，再加上餐饮、住宿、大型歌舞门票等收入起码在3000万元以上，还不包括外汇收入在内。如果是旅游旺季还要不得了！这可是一天的收入呀，就是造币厂一天也不可能印出这么多钞票！可见习近平总书记倡导的"绿水青山就是金山银山"的理念与论断是多么具有前瞻性和创造力！九寨沟效应就是一个最好见证！

经过四十几分钟的排队，我们终于进入了景区大门。进去后导游嘱咐大家在景区内自由游览时间的安排及注意事项，然后就各自分散游览了。为了做到心中有数，我们又仔细查看了景区导游图，了解了一些基本概况：九寨沟自90年代就被联合国教科文组织列入世界自然遗产名录，同时获得国际5A级旅游景区称号。在国内同时获得两个金字招牌的景区，属实罕见，即使有千年文化历史底蕴的中华五岳，也望尘莫及！

九寨沟景区内的地理环境并不复杂，进入大门后，再往前走大约九百米就是景区内公交中心，再往上就分成左右两条通向两个山沟的盘山公路，整个路线酷似一个Y字，而主要景点就分布在两个山沟之中。景区内交通比较方便、畅通，每个景点都设有停靠站，从进口到两端终点也不过三十几公里路程。我们在景区工作人员指点下，先坐车到终点站，然后倒走回来，一个景点一个景点观看，效果非常不错。这样既少走一趟回头路，又达到景点一个不漏之目的，感觉我们还是挺聪明的。

一进入主景区，第一感觉就是我们进入了水的世界。水，可以说是九寨沟的灵魂，在这两条不算太长、太宽的山沟里竟然有108个海子。（当地所谓的海子，其实就是我们内地的湖泊，因为藏民从未见过大海，他们非常仰慕大海、敬重大海，将当地大小湖泊当作大海的儿子来对待，将它们统称为海子，其实这也是藏民对大海的敬畏。）这些湖泊大小不一，形状各异，小的半亩左右，大的据说有一二千亩，湖泊中的水个个清澈透明，深可见底，它们各自分布在崇山峻岭的原始森林之中，如同一块块翠绿宝石镶嵌在崇山峻岭之中，光芒四射，显得格外耀眼。在大小不同的湖泊之间都以不同形态的水流互相贯通，互相承接，主要有泉、溪、滩、河，还有不少湿地，它们连缀一体，有的地方水流湍急，有的地方静谧如镜，在周围各种色彩树木的倒映下，颜色非常丰富。一眼望去，山偎着水，水绕着山，树在水边长，水在树中流，那种山水相映，林山相亲，奇湖错落的美景，使我们目不暇接，眼花缭乱。抬头远方望去，蓝天白云、远山近林，还有藏族特色浓郁的建筑，倒映在湖水中，水上水下真假难辨，美不胜收，自己恍惚进入了童话世界、人间仙境，真有让我见一眼，就终生难忘的感觉。

在游览九寨沟美景之中，最让我们难忘，或者说影响最深的有四个。第一个就是珍珠滩大瀑布（也叫诺日朗大瀑布）。它是《西游记》电影实地取景点，瀑布规模虽然没有黄果树那么大，但非常有特色。珍珠滩的尽头便是诺日朗瀑布起点，大小无数水帘从上方珍珠滩飞泻而下，汇成一大片白色的水帘、水花、水雾，气势壮观！称奇的是形成瀑布的水流从珍珠滩密林中狂奔出来时，受到前面无数树干、树枝阻挡，形成叠瀑，跳跃式奔腾，不断溅起朵朵水花，在阳光照耀下，点点水珠犹如一颗颗珍珠洒满天空，同时在上方的水雾里形成了很多七色小彩虹，非常漂亮！这也是黄果树瀑布无法比拟的地方。彩虹映珍珠，我想这应该是珍珠滩得名的理由吧！

第二个是长海子。它是九寨沟最宽、最长、最深的湖泊，湖宽大约500米，长度因源头无路可进，据说有7公里之长，水深处有200多米，湖水呈深蓝色，四周群山环抱，层峦叠嶂，远处高高的雪山和原始森林倒映在长海之中，美色无与伦比。而且它的水源源不断流向下游所有大小湖泊，所以它有九寨沟"母亲湖"的美称。

第三个应该是犀牛海。它位于右边山沟景区终端，海拔略微低一点，湖面规模比左边山沟长海子也要小很多，是九寨沟景区内第二大湖泊。湖面虽小，但玲珑剔透，湖面平静的犹如一面大镜子，蓝天白云，伴随着山峰树影，倒映在硕大的镜面上，交相辉映，随处望去，就像一幅幅天然油画展现在眼前。这种美景真是无法用更多语言与词汇来形容。如果左边的长海子是九寨沟的母亲湖，那我就认为右边的犀牛海应该称为九寨沟的"父亲湖"，因为它和长海子一起，把自己的乳汁和汗水源源不断灌溉到下游的 106 个湖泊，滋润了九寨沟的生灵万物，体现了伟大的母爱与父爱！

第四个是素有"九寨沟精华"之称的五花海。五花海与黄龙景点中的五花池曾被誉为国内水景之首。九寨沟因地质原因，景区里面的水含碳酸钙成分特别高。（这种水的特点是清澈见底，有防腐作用，但美中不足的是不能食用，否则易得结石。）五花海面积不大，在景区 108 个湖泊中属中等水平，之所以名气大，关键是在整个湖水下面生长着很多不同种类、不同颜色的水草，一群连一群，有些是点点红色，有些是簇簇绿色，有些是片片黄色，再加上湖边树叶颜色倒映在湖水中，在阳光照射下，幻化出缤纷色彩，用五颜六色形容这里非常恰当。湖底望去有如一幅幅梵高抽象派风景油画展现在眼前，大有美妙绝伦的感觉，观看后无不为之惊叹！

我想如果让天堂王母娘娘见到，她一定会去西天质问玉帝，为什么把世间所有五彩斑斓美景都糅进了九寨沟？！

我们在景区内足足待了七个多小时，虽然很累，但始终陶醉在九寨沟美色之中，流连忘返！

2016 年 9 月 26 日于浙江临安